Gerhard Zwerenz / Die Geschäfte des Herrn Morgenstern

Gerhard Zwerenz

Die Geschäfte des Herrn Morgenstern

Satiren

Universitas

Schutzumschlag: Bine Cordes, München, unter Verwendung einer Illustration von R. Susanne Berner
Satz: VerlagsSatz Kort GmbH, München
Druck und Binden: Carl Ueberreuter, Wien
Printed in Austria 1980
ISBN 3-8004-0886-4

Von allen Legenden, Sokrates angehend, gefällt mir diejenige am besten, wonach der Philosoph der Nachwelt eine lächelnde Totenmaske versprach, bevor er zum Schierlingsbecher griff.
Wenn wir eines unfernen Tages unsere Erde in die Luft gesprengt haben werden, wird nach den langweiligen Detonationen im Weltall nur zurückhallen, was in den Wind ging: ein Gelächter.

Inhalt

Der unaufhaltsame Aufstieg des Dichters Brösigge

Wenn mehrere Schriftsteller beisammen sitzen, nennen sie sich Kollegen und gründen einen Verein. Der Verein heißt Verband, und nun kommen immer mehr Schriftsteller und treten ihm bei.

Jetzt braucht man eine Geschäftsstelle, eine tüchtige Sekretärin mit Schreibmaschine und Telefon sowie eine zweite Schreib- und Telefonkraft für die Zeit, da die erste Sekretärin krank ist oder in Urlaub oder ein Kind kriegt.

Hat man erst einmal einen Verband gegründet, muß man sich ums Wachstum nicht sorgen. Man glaubt gar nicht, wie viele Dichter es bei uns gibt.

Das aber stürzte uns in die größten Konflikte. Autoren, die hart an der Maschine arbeiten, finden sich immer zu wenig. Die Verlage suchen sie unentwegt, ohne genügend davon aufzuspüren, und in unserem Verband bleiben sie auch in der Minderzahl.

Dichter jedoch kamen nur so angeströmt.

Wer hat nicht, mindestens in der Pubertät, Verse geschrieben. Fast jeder.

Wenn von 100 Deutschen garantiert in ihrem Leben 90 irgendwann irgendwelche Verse schmiedeten und davon wiederum nur 20 im Lokalblatt, dem Bäcker- oder Schrebergarten-Anzeiger, einen Vierzeiler abdrucken lassen konnten, so besteht fast ein Fünftel aller Deutschen aus Poeten.

Das macht an die zwölf Millionen.

Nun sind nicht alle in unserem Verband organisiert. Sonst

stellten wir ja den ADAC oder DFB in den Schatten. Aber gleich danach an dritter Stelle kämen wir.

Im allgemeinen verstanden wir uns glänzend. Wenn einer erst Dichter ist, so besitzt er eine zarte Seele, was den Umgang mit ihm erleichtert und fördert.

Leider gibt es Ausnahmen.

Unsere Ausnahme heißt Dr. Brösigge.

Ich will nichts Nachteiliges über ihn berichten, denn unter Kollegen schickt sich sowas nicht.

Doch, offen gesagt, der Mann machte uns zu schaffen.

Obgleich es ihm niemand ansah.

Er war ein jovialer, gemütlicher, maßvoll beleibter Mensch, der die argen Wechselfälle des Lebens gut überstanden und sich ein beschauliches Dasein als Pensionär verdient hatte.

Die Sicherheit seiner Bezüge, das garantierte Gleichmaß seiner Tage versetzten unseren Dr. Brösigge, der von seinem 20sten bis zu seinem 60sten Jahre für die Wasserstraßendirektion gewirkt hatte, in Unruhe.

Er war noch rüstig, gut bei Kräften und zu Fuß, den Freuden des Lebens zugewandt, und also erinnerte der Mann sich seiner frühen Jugendzeit, da er Gedichte verfaßte, von denen auch zwei gedruckt worden waren in einem wohlrenommierten Literaturblättchen, Auflage 500 Stück, das hernach einging, aber nicht an den Brösigge-Strophen.

Unser Lyriker versuchte sich abermals mit Poesie, und man muß anmerken, die Beschäftigung eines Pensionärs mit Gedichten ist zweifellos als viel vernünftiger einzuschätzen als jeder Primaner-Vers. Dem Pensionär ist sein Geld gewiß, dem Schüler oder Studenten durchaus nicht. Also könnte Dichten den jungen Menschen zum Verhungern bringen, den älteren Herrn aber keineswegs.

Allerdings gelangen Dr. Brösigge keine Gedichte mehr, weshalb er auf Sinnsprüche verfiel, die ihm recht flott von Hirn und Hand gingen, etwa: Im Alter geht die Maus nicht mehr

ins Feld/ Sie bleibt zuhaus/ Bald ist ihr Leben aus. Oder: Die Liebe ist das Lied der Jungen/ Die alten haben's auch einmal gesungen.
Gute fünf Jahre hindurch sandte Dr. Brösigge seine Sinn- und Kalendersprüche an die großen angesehenen Verlage des Landes, und weil er sie nach gewisser Zeit zurückerhielt, belieferte er die weniger großen und angesehenen Verlage damit, hernach die kleinen Verlage, endlich sah er ein, sein Talent würde in dieser Welt nicht gewürdigt, und so brachte er sein Werk im Selbstverlag heraus, denn das konnte er sich als Pensionär der staatlichen Wasserstraßendirektion leisten.
Da alle Wege nach Rom führen, stand unser sinnvoller Kalenderspruchmacher eines Tages im Büro unsers Verbandes.
Fortan war er Mitglied.
Kollege.
Wir mochten ihn. Er mochte uns.
Gesellige Typen finden einander wie von selbst.
Der Dichter Dr. Brösigge sah darüber hinaus wie der alternde, doch sehr vitale, trinkfreudige Gerhart Hauptmann aus: imponierender Kopf mit Silberhaarmähne, rotes Gesicht, kräftiger Nasenzinken, leuchtende Feueraugen.
Ein alter Herr aus dem Bilderbuch.
Besonders bei den Besuchen ausländischer Autorendelegationen machte sich unser Repräsentationspensionär gut.
Seine frappante Ähnlichkeit mit Gerhart Hauptmann stach einem japanischen Literaturwissenschaftler ins Auge.
Er fragte uns, ob der Herr tatsächlich Gerhart Hauptmann sei. Ich bin mir nicht sicher, bejahten wir die Frage aus lauter feuchtfröhlichem Übermut oder schlich sich ein Übersetzungsfehler ein, Japanisch ist ja sehr schwer.
Nun hat der Ferne Osten über Goethe seit je enge Bindungen zur deutschen Kultur, überdies hat Japan seine Eigenheiten und exotischen Neigungen, die man gerade als Schriftsteller und Dichter tolerieren sollte.

Selbst als wir hörten, die Kalendersprüche Brösigges würden mit größtem Erfolg ins Japanische übersetzt und erreichten Massenauflagen, schwante uns noch nichts Schlimmes. Wußten doch viele mit Auslandserfahrung unter uns, welche Kraft Gott in die Übertragung zu legen vermag. Man konnte darin auch den ausgleichenden Arm der Gerechtigkeit sehen. Warum sollte ein verdienter Pensionär nicht in Japan Bestsellerautor werden.

Nervös machte uns erst der Besuch einer dänischen Schriftstellerdelegation. Die Gruppe bestand aus elf höchst liebenswerten älteren Herren und einer noch liebenswerteren alten Dame. Alle zwölf sprachen ausgezeichnet Deutsch.

Jetzt schlug Dr. Brösigges große Stunde. Berauscht von seinem Glück, schwärmend von seinen japanischen Erfolgen, hielt er Hof an unserer gemeinsamen Tafel.

Jeden dänischen Autor bedachte er mit einem Exemplar seiner Kalendersprüche, Selbstverlag, handsigniert, versteht sich.

Uns wurde etwas mulmig.

Einige blätterten in dem Bändchen, lasen hier eine Zeile und dort einen Satz, meinten dann, ihr Deutsch sei wohl nicht gut genug, die Qualität des Dargereichten umgehend zu erkennen.

Die entzückende Dame, Mitglied der Delegation und ein vollkommenes Hochdeutsch sprechend, schlug dagegen resolut ihr Exemplar auf und begann laut daraus vorzulesen.

Uns stockte der Atem.

Vom Stimmgewirr und Gedröhn der Festtafel hob sich die deutlich akzentuierende Stimme der klugen Dänin ab.

Es erklang ein Kalenderspruch unseres Kollegen Brösigge: »Im Alter und dem Himmel nah/ kommt manch einer nicht mehr zu Pott/ da hilft nur eins/ der liebe Gott.«

Die dänische Dame unterbrach die Vorlesung.

Schüttelte verwundert den Kopf.

Las laut ein zweites Mal.
Wir senkten die Lider und verstummten.
In die Stille hinein erklang Dr. Brösigges sonores Organ:
»Schön, was?«
Die Dame aus Dänemark blickte den deutschen Dichter an ihrer Seite streng an.
»Ist das tatsächlich eine Probe der neueren deutschen Literatur?«
Wir saßen gelähmt. Waren stumm, blind, taub, gar nicht vorhanden.
Endlich ermannte sich unser Erster Vorsitzender und erklärte, es gebe in der gegenwärtigen Literatur sehr, sehr viele Tendenzen und Strömungen, man könne nie von einem Werk aufs andere, von einem Autor auf den nächsten schließen, das sei eben so in der pluralistischen Belletristik.
Still und in sich gekehrt, verbrachte die Dänin den Rest des Abends.
Es war völlig klar, man mußte etwas unternehmen. Als eine norwegische Schriftstellerdelegation anreiste, fertigten wir für Dr. Brösigge eigens eine besondere Einladung an, die ihn ins Hotel Mercator beorderte, während wir uns mit den Norwegern im Kaiserhof trafen.
Auf diese verwegene Weise gelang es, den Ruf unserer Literatur in Norwegen zu erhalten. Bei den Schweizern glückte es uns auch.
Dann kamen die Schweden. Die Stunde der Wahrheit schlug. Wir ahnten, die Schweden würden noch besser als die Norweger und fast so gut Deutsch wie die Dänen verstehen.
Am liebsten hätten wir Dr. Brösigge nach Helgoland in Urlaub geschickt. Das versuchten wir auch. Sammelten Geld. Jeder spendete, auch wenn's ihm nicht leicht wurde. Nur lehnte Dr. Brösigge unser freundliches Angebot rundweg ab. Er fühlte sich vollkommen gesund und rüstig und brauche keine Ferien. Wir sollten einen Jüngeren schicken.

Auch der Trick mit der falschen Einladung gelang nicht zum zweiten Mal. Dr. Brösigge rief die Verbandssekretärin an und erkundigte sich mit verstellter Stimme, wo die deutschen mit den schwedischen Autoren zusammenträfen. Das Mädchen gab den korrekten Treffpunkt bekannt. Man konnte ihr nichts vorwerfen, jeder von uns wäre auch reingefallen.

Im Storchenschnabel, wo wir die Kollegen aus dem Norden festlich empfingen, erhielt jeder Schwede unverzüglich das fatale Brösigge-Werk vom Verfasser in die Hand gedrückt.

Der berühmteste von der Delegation war Johann Johannsen, der wenig später den Nobelpreis für Literatur bekam.

Er warf einen Blick in die Kalendersprüche und erbleichte.

Wir erbleichten mit.

Das war nun der Ruin der deutschen Literatur auch in Schweden.

Der Erste Vorsitzende flüsterte mir hinter vorgehaltener Hand wütend zu: »Jetzt hab' ich's satt, wir schmeißen den Kerl einfach raus aus unserem Verband!«

Ich nickte, nicht weniger wütend.

Plötzlich brach der schwedische Nobelpreisträger in spe in schallendes Gelächter aus.

Er lachte, daß ihm die Tränen über die Wangen und in den kräftigen Begrüßungstrunk kullerten.

»Jetzt verstehe ich erst...« brachte Johannsen mühsam keuchend heraus und schwenkte dabei das Brösigge-Buch, »ich begreife, Sie sind ein Spaßmann, wie – ein Humorist!«

Er schlug dem verdatterten Kalenderspruchdichter derb auf die Schulter, nun lasen auch die anderen Schweden hier eine Zeile und dort einen Satz und begannen wie verrückt zu lachen. Bald amüsierte sich die ganze Tischrunde. Jeder zeigte jedem einen Kalenderspruch, und schon brandeten neue Gelächterwellen auf.

Was soll ich sagen.

Dr. Brösigge wurde nicht aus unserem Verband ausgeschlos-

sen. Im fernen Japan gilt er als deutscher Tragiker und Klassiker und im nahen Schweden als der größte deutsche Humorist.
Und bei uns im Verband wurde er gerade zum Ersten Vorsitzenden gewählt.

Ausblicke – oder das Leben ohne Fernsehen

Früher sahen wir abends oft fern. Dann kam die große Programmreform, womit sie das vorher geltende Kontrastprinzip abschafften. Jetzt herrschte der Proporz. Lief im I. Programm ein langweiliger Film, gab es aus Gründen der Ausgewogenheit im II. Programm gleich zwei langweilige Filme. Um uns trotzdem ein bißchen in Stimmung zu bringen, tranken wir einen guten Wein, davon wurde zwar das Programm nicht besser, aber uns.

Nach ein paar Wochen merkten wir, nicht nur Fernsehknabbereien machen dick, Fernsehtrinkereien auch.

Wir stellten das TV-Gerät nach der Programmreform ans Fußende unserer Doppelliege. Wenn wir, bei der Sendung des einen Kanals eingeschlummert, kurz aufwachten und auf den anderen Kanal umschalteten, konnten wir gleich ungestört weiterschlafen. Zu langes Schlafen macht allerdings auch dick.

»So geht das nicht weiter«, sagte meine Frau. Wir schleppten den TV-Apparat in den Keller.

Anfangs fiel es uns nicht leicht, abends auf unser gewohntes Einschlafmittel zu verzichten. Bald aber lebten wir auf.

Wir gingen tanzen, zu kulturellen Vorträgen, ins Theater oder Kino. War draußen nichts los, lasen wir daheim Bücher, spielten Schach, Mühle oder Dame, auch mal Mensch ärgere dich nicht. Manchen Abend saßen wir einfach da und redeten miteinander.

»Wir wären beinahe vollkommen kommunikationsunfähige Bildkonsumenten geworden«, sagte ich. »Jetzt dagegen

kannst du die Bücher, die du rezensierst, auch tatsächlich lesen.«
Ich gebe zu, das war etwas ironisch formuliert. Doch meine Frau hat Humor, und man kann ihr schon was unterjubeln.
»So richtig spannend und interessant ist unsere Literatur heute nicht mehr«, meinte sie. »Früher ereiferte man sich wegen Henry Miller oder Jean Paul Sartre oder Wolf Biermann. Na und was ist jetzt? Den Biermann gibt's nicht mehr in der DDR und nicht mehr im westdeutschen Fernsehen. Der Sartre ist zu alt und zu links, na und der Miller ist zur Schullektüre geworden.«
»Nein. Du meinst, die Schüler lesen ihn unter der Schulbank.«
»Also die Schüler lesen ihn –«
»Und du meinst nicht den Miller, sondern den Bukowski.«
»Gleiche Brüder, gleiche Kappen. Jedenfalls war das literarische Leben früher viel interessanter. Da entschied noch der Leser über ein Buch und nicht die Werbeabteilung des Verlags.«
»Die irren sich auch oft.«
»Ich will ja auch nur sagen, daß ich es nicht schön finde so. Du hast selbst eingestanden, du mußt wieder einen Bestseller schreiben. Das führt doch zum Untergang der Literatur, wenn die Schriftsteller nicht mehr schreiben, was sie anmacht, sondern was sie wohlhabend macht.«
»Hm.«
»Eins gebe ich zu«, sagte meine Frau, »so interessante Gespräche über Literatur führen wir erst wieder, seit der Fernseher im Keller steht. Wir reliterarisieren uns ganz deutlich, das ist prima.«
»Nur eins stört mich ein bißchen«, wandte ich ein, »man weiß nie, welche Partei gerade im Lande regiert.«
»Laß mich kurz nachdenken«, antwortete meine Frau. »Die Preise steigen, die Jusos opponieren, der Wehretat wird auf-

gestockt, die Kulturetats werden beschnitten, die Russen sind gegen die Neutronenbombe, die Amerikaner sehen davon ab, sie zu bauen, die CDU ist für die Wiedervereinigung Deutschlands, für Kernkraftwerke und die Neutronenbombe. Also ist gerade die CDU an der Regierung.«

»Moment mal, da kann doch was nicht stimmen. Als wir damals den Fernseher in den Keller schleppten, stiegen die Preise auch und die Jusos opponierten und der Wehretat kam rauf und der Kulturetat runter, und die Russen waren gegen die Neutronenbombe, die die Amis nicht bauen wollten, und die CDU wollte Deutschland wiedervereinigen und Atomreaktoren bauen und die Neutronenbombe. Es war alles genauso, wie du es sagtest, aber damals war die SPD an der Regierung.«

»Das ist eben Politik«, gab meine Frau zu bedenken, »das ist so in einer Demokratie, daß sich die Parteien abwechseln.«

»Wenn eine Partei auf die andere folgt und sonst alles beim alten bleibt, was ändert sich dann?«

»Alles bleibt nicht beim alten. Wenn die SPD ans Ruder kommt, wechseln viele Beamten von der CDU zu den Sozialdemokraten. Das ist doch ein ganz gewaltiger Unterschied.«

»So – und worin zeigt sich dieser gewaltige Unterschied, bitte sehr?«

»Eben darin«, sagte meine Frau und blickte zum Fenster hinaus.

Ich kannte diese Haltung nur zu genau. Immer wenn sie bei einer Diskussion in die Enge getrieben wird, tut sie, als gingen draußen die abenteuerlichsten Dinge vor. Das ist so ihre Art, sich aus der Affäre zu ziehen.

Ich sagte versöhnlich: »Schon gut. Streng dich nicht weiter an. Gib doch zu, du merkst den Unterschied auch nicht. Jedenfalls weißt du, seit die Glotze im Keller steht, genausowenig wie ich, wer gerade bei uns regiert.«

»So? Meinst du?« Sie schaute weiter stur aus dem Fenster.

»Nein, du weißt es nicht!«
»Dann will ich's dir sagen, wer regiert: die CSU!«
Mich gewaltsam zur Ruhe zwingend, sagte ich so sanft wie ich konnte: »Die CSU kann gar nicht regieren, weil sie nämlich nur eine Regionalpartei ist, die gibt's bloß in Bayern. Zwar versuchten einige Superschwarze, die CSU auf andere Bundesländer auszudehnen, aber damit sind sie bisher immer noch gescheitert.
»Die CSU regiert!« sagte meine Frau starrsinnig.
Es hatte wenig Zweck, gegen soviel Unvernunft anzurennen. Immerhin sollte diese engstirnige Frau den Quatsch, den sie von sich gab, wenigstens begründen.
»Woran, meine Liebe, erkennst du denn, daß die CSU bei uns regiert?« fragte ich, meine Beherrschung und Engelsgeduld bewundernd.
Meine Frau antwortete: »Draußen ziehen immer mehr von ihnen vorbei.«
Jetzt hielt es mich nicht mehr. Mit unleugbar höhnischer Stimme fragte ich: »Daß es CSU-Leute sind, erkennst du sicher an ihrer schwarzen Farbe, wie?«
»Was heißt hier schwarz«, sagte meine Frau, »meinst du, ich bin farbenblind? Sie sind gelb!«

Wie ich Millionär wurde

»Wir leben wirklich in einem Rechtsstaat«, sagte meine Frau, »die Staatsanwälte Zille und Kille von der Sonderkommission für Schwerpunktkriminalität haben doch glattweg Akten beschlagnahmt, aus denen hervorgeht, daß unser Ministerpräsident Oskar sich gewisse finanzielle Vorteile erschlichen hat.«

Meine Frau legte zufrieden die Zeitung weg, und ich köpfte nicht weniger zufrieden mein Frühstücks-Ei.

Es ist ein gutes Gefühl, Bürger eines Staates zu sein, in dem alles seinen gerechten Gang nimmt.

Am nächsten Morgen las meine Frau wieder aus der Zeitung vor: »Der Oberstaatsanwältin Wiener verlieh man feierlich den *Bullenorden*. Die Auszeichnung wird von einer Vereinigung höherer Kriminalbeamter vergeben und ist für besonders tüchtige Polizisten oder Juristen der Strafverfolgungsbehörden gedacht.«

Ich mischte das Gelbe in meinem Frühstücks-Ei mit einem halben Kaffeelöffelchen Butter und ließ es mir richtig munden. Kauend sagte ich:

»Die Oberstaatsanwältin Wiener ist die Dienstvorgesetzte der beiden Staatsanwälte Zille und Kille, die die Akten unseres verdächtigen Ministerpräsidenten Oskar beschlagnahmt haben. Da sieht man wieder, wie couragiert es bei uns zugeht.«

Ich griff schwungvoll nach dem Frühstücks-Ei meiner Frau und ließ mir auch das noch schmecken. Am dritten Tag las meine Frau die Zeitung auffallend leise.

»Steht was Schlechtes drin?« fragte ich.

»Die Oberstaatsanwältin Wiener ist vom Dienst beurlaubt. Sie steht im Verdacht, die Immunität unseres Ministerpräsidenten verletzt zu haben«, murmelte meine Frau.
»Was hat sie verletzt?«
»Die Immunität unseres Ministerpräsidenten.«
»Wogegen ist er immun?«
»Weil er doch außer Ministerpräsident auch noch Abgeordneter ist. Als Ministerpräsident regiert er und als Abgeordneter ist er immun. So ist das in unserem Rechtsstaat.«
»Immunität hin und her«, sagte ich, »wenn er sich aber doch bereichert hat?«
»Solange er immun ist, darf er das.«
»Das darf er nicht«, sagte ich und kaute, noch nie hatte es mir so gut geschmeckt. »Die Justiz darf allerdings auch nicht gegen ihn ermitteln, solange er immun ist.«
»Das kommt doch auf dasselbe hinaus.«
»Kommt es nicht. Das eine ist rechtsstaatlich, das andere ist es nicht.«
Am Tag darauf. Meine Frau kam mir schon an der Tür zur Küche entgegen mit der Zeitung in der Hand.
»Denk nur, die Oberstaatsanwältin Wiener ist strafversetzt worden und die beiden Staatsanwälte sind es auch.«
Ich begann zu frühstücken.
Die Brötchen schmeckten fad. Die Butter hatte einen Stich.
Das Ei blieb mir auf der Zunge kleben.
»Keinen Appetit?« fragte meine Frau.
Ich stand auf und ging ab, bevor sie aus der Zeitung vorlesen konnte.
Am nächsten Morgen sparte ich das Frühstück ein.
Man muß für seinen Rechtsstaat auch mal hungern können.
Als ich wieder zum Frühstück erschien, hielt meine Frau die Zeitung schon bereit.
»Stell dir vor, unsere Oberstaatsanwältin Wiener hat sich nicht nur einer Rechtsverletzung schuldig gemacht, als sie die

ihr untergebenen Zille und Kille die Immunität des Ministerpräsidenten Oskar verletzen ließ, sie war überdies auch noch publicitysüchtig!«
»Was war sie?«
»Öffentlichkeitsgeil!«
»Was hat sie denn getan?«
»Sie ließ sich fotografieren, sprach mit Journalisten, nahm offensichtlich erfreut den *Bullenorden* entgegen und gestattete Ermittlungen gegen unseren Ministerpräsidenten.«
»Das ist wirklich ein starkes Stück«, sagte ich und köpfte mein Frühstücks-Ei.
Das Messer landete in meinem linken Daumen.
Am nächsten Morgen, mit dickem Daumenverband, am Tisch.
»Bitte lies mir heute nichts aus der Zeitung vor«, bat ich.
»Gute Nachrichten«, sagte meine Frau, »soll man frohgemut entgegennehmen. Hör zu. Die Frau Oberstaatsanwältin ist wieder zurückversetzt worden auf ihre alte Dienststelle. Die Vorwürfe gegen Frau Wiener haben sich als unhaltbar erwiesen.«
»Siehst du«, triumphierte ich, »das ist der Vorteil des Rechtsstaates. Er kann irren, aber er kann seine Irrtümer auch korrigieren.«
»Und die beiden Staatsanwälte Zille und Kille, was wird aus denen?« fragte meine Frau.
»Steht darüber nichts in der Zeitung?«
»Nein.«
»Dann bleiben sie strafversetzt.«
»Das finde ich aber ungerecht. Die Oberstaatsanwältin wird rehabilitiert, aber Zille und Kille müssen bezahlen.«
Schon wollte ich sagen: Das ist der Rechtsstaat. Doch schien mir die Bemerkung nicht recht zu passen, und so unterließ ich sie.
Während ich mein Frühstücks-Ei mit dem Löffel öffnete (das

Messer nahm ich besser vorläufig nicht zu Hilfe), fiel mir ein, daß meine Frau die schlimmsten Zeitungsmeldungen immer dann vorlas, wenn ich mein schönes Gelbei mit Butter genießen wollte.

»Und?« fragte ich mißtrauisch, »was schreibt die Zeitung über unseren Ministerpräsidenten Oskar?«

»Er behauptet, es sei unrechtmäßig gegen ihn ermittelt worden. Außerdem habe er sich nicht strafbar gemacht. Überdies sei ein Teil der Vorgänge längst verjährt. Endlich genieße er Immunität.«

Ich stand auf und sagte: »Ab sofort möchte ich kein Ei mehr zum Frühstück haben!«

Am nächsten Morgen fand ich wieder das gewohnte Gedeck, inklusive Eierbecher. Frauen sind unverbesserlich.

Ich öffnete das Fenster und warf das Ei hinaus.

»Das finde ich unklug«, sagte meine Frau.

Ich kaute finster die pappigen Brötchen und gelangte darüber zu viel besseren Einsichten.

»Übrigens«, sagte meine Frau, »gegen die Oberstaatsanwältin Wiener wird nun doch scharf durchgegriffen, steht hier in der Zeitung.«

»Mich interessiert nur ein Aspekt«, sagte ich.

»Ja?«

»Unser Ministerpräsident Oskar hat sich doch von der *Helau*-Bank fast ein Milliönchen Bausparkredit geben lassen, obwohl er keinen Pfennig in einen Bausparvertrag eingezahlt hatte.«

»So ist es.«

»Dann werde ich jetzt gleich anschließend zur *Helau*-Bank fahren.«

»Was willst du dort? Wir haben unser Konto doch bei der Stadtsparkasse«, sagte meine Frau.

»Du und deine Logik!« rief ich. »Manchmal scheint mir, ihr Frauen könnt doch nicht scharf genug denken. Was ich bei der

Helau-Bank will? Ich hole mir meine Million ab. Das ist doch klar. Hat sie der Oskar eingesackt, werde ich sie mir auch verschaffen. Vor dem Gesetz sind alle gleich. Das ist so in einem Rechtsstaat.«

»Mein Lieber«, sagte meine Frau kühl, »du vergißt nur eines. – «

»So?« fragte ich.

»Du bist nur ein freiberuflicher Schriftsteller und kein Ministerpräsident des Landes Hessen!«

Jetzt wurde ich richtig wütend.

»Da sieht man wieder mal, du kannst einfach nicht kapieren, was ein Rechtsstaat ist, der auf Gleichheit aller Bürger basiert – «

»Gleichheit meinetwegen!« schrie meine Frau, »aber nicht vor den Banken!«

»Das will ich jetzt wissen!« brüllte ich, »im Rechtsstaat gilt die Gleichbehandlung, der Ministerpräsident kann nicht mehr und nicht weniger verlangen als der einfache Mann auf der Straße! Jawohl!«

Ich fuhr sofort zur *Helau*-Bank.

Was soll ich sagen. Mein Vertrauen in den Rechtsstaat zahlte sich aus.

Seither sind wir Millionäre.

Am besten, Sie gehen auch gleich los und holen sich Ihre Million ab.

PS: Etwa ein halbes Jahr lang lebte ich ziemlich ungestört als Millionär. Weil ich über meine guten Erfahrungen mit der Bank eine Geschichte veröffentlicht hatte, war eine ganze Anzahl meiner Leser auf den Trick gekommen und hatte sich auch ihre Million bei der Bank abgeholt. Während wir überall die Freiheit und Demokratie in unserem Lande sowie die Gleichheit aller Bürger vor dem Gesetz und dem Geldbeutel lobten, hatten sie ganz heimlich einen Untersuchungsaus-

schuß eingesetzt, und plötzlich hieß es, jeder, der Geld von der Bank erhalten hat, müsse es zurückzahlen.
Es traf sich gut, daß wir gerade vor Wahlen standen. Wir gründeten also eine Bürgerinitiative zur Verteidigung junger Millionäre und setzten den Parteien ganz schön zu. Die CDU erklärte sich sofort mit uns solidarisch, denn daß aufgrund der sozialliberalen Regierung und Gesetzgebung die Millionäre eines Tages notleidend würden, hatten sie schon immer vorausgesagt. Jetzt war der Tag da.
Die FDP wollte uns sofort in ihre Partei aufnehmen, aber wir mißtrauten dem linken Flügel dieser Partei, der die Verbindung zu den einfachen Wählermillionären längst verloren hatte. Blieb nur die SPD, deren Arbeitnehmerflügel allerdings nicht unser volles Vertrauen besaß, zumal es in einigen Gewerkschaften noch eiskalte Enteignungsparagraphen im Programm gab.
Mehr der Not gehorchend als dem eigenen Wunsche gründeten wir deshalb eine neue Partei, den *Bund zur Erhaltung des großen Geldes bei kleinen Leuten.*
Bei unserer ersten öffentlichen Wahlversammlung kam es zu Auseinandersetzungen, weil einige weibliche Millionäre unbedingt die Reform des Abtreibungsparagraphen in unser Programm aufgenommen haben wollten. Die meisten männlichen Millionäre sahen darin eine unzulässige ideologische Einengung unseres Parteiprogramms und widersetzten sich den feministischen Kräften, die sich daraufhin von unserer Partei abspalteten und eine linksradikale Kampffront zur Liberalisierung des Abtreibungsparagraphen für weibliche Millionäre gründeten. Allerdings spaltete sich diese Kampffront zwei Tage später noch einmal auf, und zwar in eine mehr konservative Rechte, die nur eine Erleichterung der Abtreibung bei weiblichen Millionären anstrebte, und eine trotzkistisch beeinflußte radikale Linke, die die Abtreibung gänzlich freigeben wollte und ihr Ziel in der permanenten Abtreibung sah.

Unser *Bund zur Erhaltung des großen Geldes bei kleinen Leuten* erhielt indessen starken Zulauf von allen Seiten, besonders von Kleinrentnern, Kleingärtnern und Kleingewerbetreibenden, kurz allen jenen, die darauf hoffen, es einmal zum Millionär zu bringen, und die bis dahin brav von der Hand in den Mund leben. Bei unseren Massendemonstrationen trugen wir eine große Fahne mit eingeflochtenem Goldenen Fünfmarkstück vor uns her, und als die Partei mehr als eine Million Mitglieder zählte, ersetzten wir die Münze durch einen Goldbarren. Natürlich wagte nun längst niemand mehr, von uns die Rückgabe der Million zu verlangen, zumal wir eingedenk des alten Spruchs, der Angriff ist die beste Verteidigung, forderten, jedem Bürger eine Million durch seine Bank auszahlen zu lassen.
Diese Forderung erhoben wir zu unserem wichtigsten Programmpunkt, und damit brachten wir es auf gute fünf Millionen Mitglieder. Wahrscheinlich hätten wir in den nächsten Monaten alle anderen Parteien an die Wand gedrückt und die Regierung gestellt, aber nun übernahmen die anderen Parteien unseren Paragraphen 1 in ihre eigenen Programme.
Ich hatte rechtzeitig die Gefahr erkannt und war mit meiner Familie und unserer Million außer Landes gegangen.
Nun liege ich hier in Kalifornien in der warmen Sonne und genieße mein Leben. Meine Frau meint, so richtig gut gehe es immer nur den ersten Millionären. Ich gebe ihr recht, denn ich lese hin und wieder in den Zeitungen, die ich mir von daheim nachsenden lasse. Nachdem alle Parteien sich unsere Forderungen zu eigen gemacht hatten, mäßigte sich das Wachstum unserer Partei und hörte bald gänzlich auf. Da die Gefahr aber vorübergegangen war, zeigte sich bald, daß die anderen Parteien gar nicht ernstlich gewillt waren, unser Volk zu einem Volk von Millionären zu machen. Dies gerade stärkte die linken Parteiflügel, die schon wieder mit ihren Enteignungsplänen hausieren gehen. Ich als Millionär jedenfalls

werde solange nicht heimkehren, wie die Verhältnisse dort so unsicher sind. Ich habe mir mein Geld sauer und schwer genug verdienen müssen, jedenfalls lehne ich es ab, mit irgendwelchen hergelaufenen Habenichtsen meine Million teilen zu müssen oder das ganze Geld an den Staat zu geben. Daß der Staat nicht besser damit wirtschaften kann als wir Privatleute, das haben wir doch gesehen. Jedenfalls denken wir nicht daran, zurückzukehren, solange dieser Staat nicht unseren Besitzstand garantiert, wir sind schließlich für die Freie Marktwirtschaft und nicht für irgendeinen sozialistischen Kollektivismus.

Stadtschreiber in Bergen-Denkheim

Die Idee mit den Stadtschreibern ist gar nicht so übel. Als der kleine Ort Bergen-Denkheim, kurz bevor er nach Frankfurt eingemeindet wurde, groß damit herauskam, berichteten sogar amerikanische Zeitungen der Westküste von dem menschenfreundlichen Plan, einen armen Schriftsteller dadurch zu fördern, daß man ihm ein ganzes Jahr hindurch Behausung und monatliches Salär spendiert.

Die Bergen-Denkheimer hatten, Schlitzohren, die sie sind, ganz klug kalkuliert. Da wir als eigenständige Gemeinde sowieso verschwinden, hatten die Stadtväter überlegt, werden wir, bevor es dazu kommt, unserem Ortsnamen noch weltweiten Ruhm verschaffen. Hat die Stadt Frankfurt uns dann geschluckt, müssen die Frankfurter auch unseren literarischen Stadtschreiber bezahlen.

Heute wissen wir, die Rechnung ging glänzend auf. Überall in Westdeutschland werden, mit Hinweis auf Bergen-Denkheim, Stadtschreiberposten offeriert.

Am weitesten preschte Hamburg vor, wo man sogar zwölf Stadtschreiberstellen auslobte.

Allerdings gibt es gewisse Schwierigkeiten mit den zur Wahl stehenden Dichtern.

Das zeigte sich anfangs schon in Bergen-Denkheim. Ursprünglich sollte die Stadtschreiberposition einem jungen unbekannten Schriftsteller Starthilfe geben. Zwölf Monate Bett und Brötchen, da könnte so ein Autor ja tatsächlich sorgenfrei dichten.

»Was aber wird der Mann denn schreiben?« fragten furcht-

sam die verantwortlichen Stadtoberen und kratzten sich gezielt am Kopf.
Nachdem auf diesen Punkt hin gefragt wurde, kamen verständlicherweise die kritisch-realistischen Autoren der Bundesrepublik nicht mehr in Betracht.
So ein Fanatiker hätte vielleicht Nachteiliges über Bergen-Denkheim berichtet. Schließlich gibt's in jedem Ort ein paar dunkle Geschichten. Die wollte man auch fein im Dunkeln lassen.
Nachdem die kritischen Schriftsteller ausgesondert waren, schieden auch die armen und jungen Autoren aus, denn über einen namenlosen Stadtschreiber würde die Presse kaum etwas bringen. Da mußte ein Prominenter her.
So fiel als erstes die Wahl auf Ernst Pückler. Er hatte vor mehreren Jahrzehnten einige gute und wichtige Bücher publiziert, war damals öffentlich viel gescholten und wenig gelesen worden. Der Ruch des kritischen Kopfes hing ihm seither an.
Einige konservative Stadtväter und Jurymitglieder wurden nicht müde, deshalb vor Ernst Pückler zu warnen. Doch die Progressivisten hielten dem entgegen, erstens habe Pückler seit langer Zeit nichts Neues mehr vorgelegt, zweitens habe er eine Frau, die mit den Nerven herunter sei, drittens saufe er selbst. Also müsse er für seine Familie sorgen, und für andere Arbeit bliebe ihm wenig Zeit. Im übrigen sei Pückler ein wunderbarer Mensch, der am liebsten im engsten Familienkreis einen zur Brust nehme, weshalb eine längere Anwesenheit des Stadtschreibers in Bergen-Denkheim nicht zu befürchten stehe.
Die Konservativen waren nicht beruhigt, denn sie wußten, die Revolution breche bestimmt in Bergen-Denkheim aus, wenn man einen Ernst Pückler herhole und finanziere. Was sollte schon heißen, daß der Mann lieber vorm Weinglas als an der Schreibmaschine sitze, man weiß doch, wie diese Bolschewisten sich tarnen.

Nun lagen die Mehrheitsverhältnisse in Bergen-Denkheim so, daß die Fortschrittlichen sich durchsetzten. Ernst Pückler wurde gewählt, reiste an, nahm fast gar nicht schwankend Urkunde und Scheck entgegen, besichtigte seine Stadtschreiber-Klause und fuhr, freundliche Sätze murmelnd, wieder heim.
Das Problem hatte sich von selbst gelöst. Im Jahr darauf wählte man Gregor Simon, den Lyriker. Wieder erhoben die Konservativen die Stimmen und schwerwiegende Einwände, denn Simon hatte vor 30 Jahren in einer Studentenpostille antifaschistische Verse veröffentlicht.
Jetzt schlug die große Stunde der Progressiven, die überzeugend nachwiesen, daß Simon sich seit 15 (in Worten: fünfzehn) Lenzen nur noch mit Walther von der Vogelweide beschäftigte.
Weil das stimmte, sammelten sich die Konservativen zum Gegenstoß: Erstens sei Walther von der Vogelweide politisch ein unsicherer Kantonist, der gewiß nicht auf dem Boden der FdGO (Freiheitlich-demokratische Grundordnung) stehe, und zweitens stammten aus seiner Feder jugendgefährdende Lieder.
Politisch instinktlos, wie bei uns fortschrittliche Kräfte sind, ließen sie sich von diesen durchschlagenden Argumenten nicht beeindrucken und wählten aller Vernunft zum Trotz den revoluzzernden Lyriker Simon.
Der reiste fröhlich an, nahm Urkunde und Scheck entgegen und verschwand für ein volles Jahr im warmen Bett einer jungen, schönen Bergen-Denkheimerin.
»Er ist doch ein Vogelweiden-Jünger!« schmunzelten die Progressiven, und die Konservativen sagten gar nichts, denn zwar fürchteten sie um die öffentliche Moral am Ort, doch war es schon besser, man hatte einen Erotomanen als einen Politomanen zum Stadtschreiber gekürt.
Im dritten Jahr erwählten Linke und Rechte gemeinsam

den Romancier Ludwig Leipert, einen von Haus aus unbegüterten Schriftsteller, der es durch Fleiß und Können zum Millionär gebracht hatte.
Zwar konnte man Leipert nun wirklich nicht als förderungsbedürftig ausgeben, wie es die Preis-Statuten vorsahen, doch bot der berühmte Romanschriftsteller die Gewähr, nichts Nachteiliges über Bergen-Denkheim zu verfassen. Er saß gerade über einer zweibändigen Luxus-Geschichte der Weltliteratur, darin würde Bergen-Denkheim gewiß nicht vorkommen, wenn aber doch, so nicht negativ zersetzend.
Leipert hatte eine gemütliche Villa und so viel Vermögen, daß er das Bergen-Denkheimer Salär glatt als Taschengeld verjuxen konnte. Das tat er dann auch, gab Lokalrunden für die freundlichen Bürger seiner Stadtschreibergemeinde, und wenn ihm nach fröhlichem Umtrunk der Weg in die heimatliche Villa zu gefährlich erschien, übernachtete er sogar in der ihm zugewiesenen Dichterklause. Kleinen Kindern der Gemeinde schenkte er Bonbons, und den erwachsenen Bürgern signierte er seine Bestsellerromane, nie ohne den freundlichen Zusatz: Alles Gute von Ihrem Stadtschreiber Ludwig Leipert.
Des waren reihum alle froh. Auch die Zeitungen, denn sie hatten einen berühmten Stadtschreiber zu vermelden. 100 Prozent Imagegewinn für die eingemeindete kleine Stadt.
Die Bürger freuten sich.
Im vierten Jahr freuten sie sich nicht mehr.
Soviel man auch suchte, es fand sich einfach kein würdiger Dichter. Es gab nur noch junge und arme oder ältere, aber kritische Schriftsteller, jedenfalls konnte man keinem der Burschen so recht über'n Weg trauen. Man suchte und plagte sich ungeheuer, die Wohltaten der Gemeinde Bergen-Denkheim an den richtigen Mann zu bringen.
Es fand sich kein würdiger Kandidat. Schon wollten die Verantwortlichen entmutigt den Stadtschreiberposten abschaffen, da kam Kunde aus der Nähe von Wasserburg am Inn.

Dort lebte ein hochtalentierter Dorfpoet, der schon zwei äußerst begabte Vierzeiler im Hammerswiesener Neujahrsboten veröffentlicht hatte.
Frischen Mutes brach eine vierköpfige Delegation auf ins Oberbayerische.
Sie blieb zwei Wochen lang weg.
Daheim sorgte man sich um ihr Schicksal.
Da kehrten die vier ausgesandten Bürger zurück. Sie brachten den genialen Lyriker gleich mit.
Im Sarg.
Es stellte sich heraus, der vielversprechende Poet war wenige Tage zuvor plötzlich verstorben. Die Abgesandten, die nicht unverrichteter Dinge nach Bergen-Denkheim zurückkommen wollten, hatten, die Gunst der Stunde begreifend, den Leichnam kurzentschlossen weggeschleppt.
Das gab zuerst einiges Aufsehen im Gemeinderat. Man erkannte aber bald die Vorteile der Lage und ließ den toten Dichter unter Glockengeläut in die Stadtklause bringen.
Da stand der Sarg das ganze Jahr über, die Bürger gingen hin und setzten sich, betrachteten den aufgebahrten Poeten, gingen wieder fort und waren's sehr zufrieden.
Erstmals stimmten Konservative und Progressive in tiefster Seele überein.
Man hatte den idealen Stadtschreiber gefunden. Der Mann war jung und unbekannt. Er war überdies arm. Daß er naturgemäß nicht mehr schrieb, nahm am meisten für ihn ein. Keine Texte – kein Risiko. Aber einen Dichter in ihren Mauern zur allgefälligen Ansicht. Was will eine kleine Stadt mehr, und was kann eine Jury Größeres erhoffen?
Indessen ist das Jahr bald um. Für den jungen toten Poeten heißt es dann: Ab und zurück nach Hammerswiesen.
Man sucht einen tüchtigen Nachfolger.
Nach den guten Erfahrungen, die man mit dem verstorbenen Dichter machte, kommt natürlich wieder nur ein Toter in

Frage. Allerdings ergaben sich bei der Auswahl einige Unzuträglichkeiten.
Ein Linksradikaler im Gemeinderat – weiß Gott wie sowas da hineingelangen konnte – schlug Heinrich Heine vor.
Die Mehrheit der Konservativen und Progressiven war absolut dagegen. Die Fortschrittlichen wehrten ab, indem sie ökonomische Gründe ins Feld führten. Der Transport vom Pariser Friedhof Père Lachaise käme einfach zu teuer. Die Konservativen unterstützten den Einwand, indem sie hinzufügten, wer zu Lebzeiten aus Deutschland emigriert, den wollen wir als Leiche erst recht nicht wiederhaben. Wir besitzen auch unseren Stolz!
Der Linksradikale war zwar anderer Ansicht, doch kam er mit einem Kompromißvorschlag heraus: »Georg Büchner! Das ist immerhin ein hessisches Landeskind!«
Man ging nach Hause, beschaffte sich in den folgenden Wochen die Schriften Büchners, trat wieder zusammen und lehnte entsetzt ab.
»Kurt Tucholsky!« rief daraufhin ein von radikalen Ideen verseuchter Lehrer.
»Keine Polen!« protestierten die Konservativen. Der Preis sei für Deutsche ausgelobt.
Da fielen den Progressiven keine passenden Gegenargumente ein.
Der Lehrer aber, vor Zorn schon bebend, warf jetzt den Namen Heinrich Mann in die Debatte. Die Linken verstummten erschrocken. Die Rechten konterten, wenn schon Mann, dann nicht den aufrührerischen Heinrich, sondern den besänftigenden Bruder Thomas.
So einigte man sich auf den weltberühmten Lübecker Patriziersohn. Ein Nobelpreisträger hatte Bergen-Denkheim gerade gefehlt.
Leider stellte man bald fest, die Schweizer Friedhofsbehörden wollten die Leiche des dort Bestatteten nicht herausrücken.

Verunsichert und zerstritten tagt man in Bergen-Denkheim noch heute. Denn es ist zwar besser und gefahrlos, einen toten Stadtschreiber statt eines lebenden zu küren. Doch selbst unter toten Dichtern ist die Auswahl nicht so groß, wenn die Ansprüche derart hochgeschraubt werden.

Kalte Füße

»Teilnehmer für das Kommunikations-Kollektiv *Sensibilität* gesucht« stand in der Zeitung.

Mich interessierten die neuen Bewegungen schon lange. In der Psychotherapie, das mußte man zugeben, tat sich was. Ständig versuchte man neue Methoden. Alle Professoren schrieben. Entwicklungen wurden sichtbar. Immer neue Bücher erschienen.

Kommunikationsgestört ist heute fast jeder. Warum also nicht neue Wege einschlagen, dieses Leidens Herr zu werden.

Der Kursus fand im Hintergebäude eines vormaligen Kleingewerbebetriebs statt.

Eine resolute dicke Frau öffnete mir die Tür. Ich dachte, sie sei die Kursleiterin. Sie hatte aber auch Störungen und wollte sie beheben.

Später erfuhr ich, sie brachte ihren Mann, einen Bäckermeister, zur Verzweiflung, weil sie sich nicht in den Laden traute. War sie erstmal drin, ging es. Wehe aber, der Kundenstrom riß ab. Sie verließ dann den Brotladen und hielt sich in dem angrenzenden Stübchen versteckt.

Schlug die Ladenglocke an, wagte sie sich nicht aus dem Stübchen ins Geschäft zurück.

Außer der Bäckersfrau und mir fanden sich noch ein: zwei junge Verkäuferinnen, die eigentlich bei der Volkshochschule einen Stenokurs hatten belegen wollen.

Sie blieben bei uns, als sie erfuhren, es handle sich um eine neuartige Methode zur Überwindung zwischenmenschlicher Beziehungsstörungen.

Dann war ein verhemmter Schullehrer da, der vor lauter Schüchternheit stotterte und den Mund nicht aufmachte, weil er fürchtete, wir belächelten ihn wegen seines Stotterns.
Endlich waren im Kursus noch 1 Polizist, 1 Hundezüchter, 1 arbeitslose Blumenverkäuferin und 1 städtischer Beamter vom Büro für Müllabfuhr. An Kommunikationsstörungen litt er nicht direkt. Seine Kommunikationsfähigkeit war eher im Übermaß entwickelt. Schon nach zehn Minuten beschimpfte er uns als lebendigen Müll. Ich riet dem Kursusleiter, einem Adonis von Mann, der nun auftauchte, dem Beamten einen Reißverschluß zwischen die Lippen zu nähen.
Daraufhin erntete ich einen unwilligen Blick.
Erst in der dritten Stunde erfuhr ich, der Müllabfuhrbeamte war gar kein Müllabfuhrbeamter, sondern ein Angestellter des Kommunikationsinstituts, der die Aufgabe hatte, uns durch seine ständige Quasselei zu nerven. »Provokationsmethode durch Überdosierung verbaler Energien« nannte sich das.
Tatsächlich krachte sich der Kerl mit jedem von uns und jeder von uns mit ihm. Wenn wir uns gegenseitig tüchtig ausgeschimpft hatten, haßten wir den Mann nach Herzenslust. Weil Haß aber Schuldgefühle erzeugt, fühlten wir uns zu den anderen Kursteilnehmern um so stärker hingezogen, und da wir nun genug und übergenug gescholten und gebrüllt hatten, geschah es ganz von selbst, daß wir einander zu berühren begannen.
Bald streichelten wir uns gegenseitig.
Die Kommunikation war ebenso hergestellt wie die Sensibilisierung.
Eine todsichere Methode.
Es wäre auch alles gut gegangen. Aber da gab's noch die kollektive Aussprache.
Genau genommen hieß sie Friedliche Dämmerstunde.
Man schaltete das elektrische Licht aus. Auf dem Tisch, um

den wir saßen, brannten zwei Kerzen. Nun brachte jeder vor, was ihn am meisten bedrückte.
Es kam nichts Besonderes heraus dabei. Eine Frau sorgte sich übermäßig um ihre Kinder. Die Bäckermeistersgattin litt an der Zwangsvorstellung, einzelne Kunden nur mit Hilfe eines Roboters bedienen zu können, den sie aus ihrem Hinterstübchen steuerte.
Ich hatte gerade Kummer mit dem Finanzamt. Die zwei jungen Verkäuferinnen kicherten immerzu, und das bedrückte sie.
Es wäre alles im Rahmen des Üblichen geblieben, doch von der zweiten Stunde an nahm Frau Königsberg an unseren Übungen teil.
Niemand hätte geahnt, welche Komplikationen sie mit sich brächte.
Frau Königsberg sah aus wie eine moderne Frau. Das war sie auch. Eine Dame. Dazu verheiratet. Wohlsituiert, also mit allem Schmuck versehen. Kein Gold war zu schwer, kein Stein groß genug.
Frau Königsberg brachte in der Friedlichen Dämmerstunde den Mund einfach nicht auf, obwohl sie sich sonst durchaus in wohlgesetzten Worten zu artikulieren wußte.
Kaum brannten die Kerzen, verstummte unsere attraktivste Teilnehmerin. Kein Zweifel, soviel verstand ein jeder, und wäre er auch ein blutiger, kommunikationsgestörter Anfänger, der Fall unserer schönsten und reichsten Dame hatte es in sich.
Bei der zehnten Friedlichen Dämmerstunde drangen wir gemeinsam auf die schweigsame Frau ein.
Endlich öffnete sie die Lippen zu einer Antwort:
»Ich bekomme kalte Füße!«
Das war's. Nicht mehr und nicht weniger. Kalte Füße.
Die Bäckersfrau begann ebenfalls über ihre kalten Füße zu klagen. Besonders schlimm sei es im Winter, obwohl sie die

besten Fellpantoffeln trage, die es im Handel überhaupt gäbe.
»Ich rede aber nicht vom Winter!« sagte Frau Königsberg.
Jetzt griff unser Kursleiter ein, der Adonis.
»Kalte Füße im Sommer deuten auf eine neurovegetative Störung hin«, begann er einen längeren Vortrag. Als er endlich erschöpft schwieg, sagte unsere Patientin klar und bestimmt:
»Ich bekomme aber nicht im Sommer kalte Füße. Jedenfalls nicht *vom* Sommer!«
Daraufhin brach alle Kommunikation ab. Denn wenn jemand kalte Füße bekommt, aber nicht im Sommer und nicht im Winter, dann blieben ja nur noch Frühjahr und Herbst übrig. Wir hingen gemeinsam unseren traurigen Gedanken nach. Da flüsterte Frau Königsberg:
»Ich bekomme so schrecklich kalte Füße, wenn mein Mann und ich – also wenn wir uns lieben.«
Das Geständnis verblüffte uns für einen Moment. Wir blickten einander an, als wären wir nicht von dieser Welt. Doch schon im nächsten Augenblick redeten alle drauflos. Man verstand nicht, was der einzelne vorbrachte, aber soviel kriegte ich mit der Zeit mit, es hatte ein jeder Kursteilnehmer ganz besondere Erfahrungen mitzuteilen. Die Frau Bäckermeisterin meinte, sie bekomme davon heiße Füße, der Schullehrer zitierte auswendig lange Passagen aus einer Anleitung zum gesunden Sexualverkehr – ganz ohne zu stottern –, der falsche Beamte von der Müllabfuhr berichtete, er leide danach immer unter Migräne, woraufhin ihm die Bäckersfrau zu verstehen gab, er solle es doch der Abwechslung halber mal im Stehen versuchen. Nur die beiden Verkäuferinnen kicherten blöde herum.
Die nächsten Friedlichen Dämmerstunden verliefen wie die erste, in der Frau Königsberg ihr Gebrechen enthüllt hatte. Es ging nichts weniger als friedlich zu. Bald wußte jeder von jedem jedes. Wir erfuhren, der Bäckermeister hatte eine Freundin und trieb es außerdem noch mit leichten Mädchen, der

Hundezüchter war in dritter Ehe verheiratet, doch die Frau war ebenso frigide wie ihre beiden Vorgängerinnen, die arbeitslose Blumenverkäuferin sagte, mit ihrer Arbeit zugleich habe sie ihren Verlobten verloren, woraufhin ihr alle erklärten, das hätte bestimmt keine sexuellen Hintergründe. Die beiden jungen Verkäuferinnen glaubten, sie fänden nie im Leben einen Mann, weil sie bei allem und jedem kicherten, woraufhin alle kicherten, und als alle alles gesagt hatten, hörten wir Frau Königsberg sagen:

»Ich bekomme immer noch kalte Füße.«

Es war aber sowieso mit dem Kursus zu Ende, und um keinen schlechten Eindruck aufkommen zu lassen, bot der Kursleiter mit dem Aussehen eines Adonis der armen reichen Dame einen Privatkursus an.

Zwar war der Kursus auch für die Bäckermeisterin nicht recht erfolgreich gewesen, immerhin hatten wir ihr aber erklärt, sie traue sich nicht in den Laden, weil sie unbewußt fürchte, der Freundin ihres Mannes oder einem seiner vielen leichten Mädchen zu begegnen.

Der Bäckermeisterin bot der Adonis jedoch keinen Privatkurs an.

Indessen war Sommer geworden. Fabriken und Schulen schlossen, die Leute fuhren in die Ferien.

Anfang September las ich wieder die Annonce in der Zeitung: »Teilnehmer für das Kommunikations-Kollektiv *Sensibilität* gesucht.«

Aus reiner Neugier ging ich hin.

Als der Adonis erschien, fragte ich ihn nach Frau Königsberg. Er schoß einen langen Blick auf mich ab, richtete sich zu voller Schönheit auf, Bauch rein, Brust raus und erklärte blitzenden Auges und im sonoren Tonfall des Siegers:

»Ach, das wissen Sie noch gar nicht? Frau Königsberg läßt sich scheiden.«

»Nanu – wegen der kalten Füße?«

»Kalte Füße sind auf die Dauer nicht auszuhalten. Das sollten Sie begreifen.«
»Und wie kommt Frau Königsberg zu warmen Füßen?«
Der Adonis lächelte:
»Indem sie mich heiraten wird.«
Das saß. Ich krümmte mich wie nach einem Volltreffer in den Magen. Unser Kursusleiter litt tatsächlich nicht an kommunikativen Störungen oder an fehlender Sensibilität.
So ein tüchtiger Bursche! Hatte er es doch verstanden, der armen Frau in seinen kommunikativen Bemühungen zu warmen Füßen zu verhelfen. Alle Achtung!
Ein halbes Jahr später traf ich die gewesene Frau Königsberg in der Stadt.
Sie hieß jetzt Merkel wie unser Kursusleiter, der vitale, prächtige Adonis und mordstüchtige Mannmensch.
»Da darf ich Ihnen zu Ihrer Hochzeit gratulieren!« sagte ich und konnte ein leichtes Gefühl von Eifersucht nicht unterdrücken. Was war dieser Kursusleiter doch für ein toller Kerl!
»Leider nein!« sagte Frau Merkel.
Ich fiel aus allen Wolken.
»Wieso nein?«
Die Frau kaute verlegen auf der Unterlippe.
Ich trat nahe an sie heran und kraulte ihr das Genick, wie wir es im Kursus zur Überwindung von Kommunikationsstörungen gelernt hatten. Die Leute ringsum beobachten uns etwas reserviert, doch wenn jemand den richtigen kommunikativen Kurs mitgemacht hat, dann stört ihn sowas nicht sonderlich.
»Ach wissen Sie, ich lebe schon wieder in Scheidung!«
Ich erschrak. Offensichtlich handelte es sich hier um einen ganz besonders schweren Fall von psychischer Störung.
»Sie sollten Selbststudium treiben«, sagte ich, »gehen Sie doch in die nächste Buchhandlung und kaufen Sie die allerneuste Literatur über Gruppentherapie.«
»Ich bin doch keine Gruppe.«

»Es gibt auch eine allerneuste Literatur für Einzeltherapie. Irgendwas wird schon helfen, Sie müssen es nur versuchen. Manche leiden seit ihrer Geburt an Platzangst. Dagegen hilft die Schrei-Methode des Amerikaners Norbert Schaman. Sie legen Ihre Schüchternheit ab und beginnen lustig draufloszuschreien.«
»Das könnte ich auch ohne Buch.«
»Oder Sie versuchen es mit einer Streichelanleitung. Darin sind momentan die Inder ganz groß.«
»Und was ist das?«
»Diese Psychotherapie bevorzugt die Spontanregung. Wenn Ihnen jemand gefällt, gehen Sie einfach zu ihm hin und beginnen ihn sanft zu streicheln.«
»Haben Sie das schon mal versucht?«
»Ich kriege jedesmal Prügel. Aber vielleicht haben Sie mit dieser Therapie mehr Erfolg.«
»Ich fürchte nein.«
»Das neueste auf dem Gebiet ist indianischen Ursprungs. Der Autor stammt vom großen Häuptling ›Schnelles Feuer‹ ab und schwört darauf, daß es in seinem Stamm keinen einzigen Fall von psychischer Störung gegeben hat, weil alle die ›Rückwärts-hü‹-Methode kannten.«
»Und worin besteht die?«
»Darin, daß man sich ein Pferd nimmt und sich mit dem Gesicht nach rückwärts draufsetzt. Ein Ritt, bei dem man nicht sieht, wohin es geht, festigt unser Vertrauen in den Gang der Dinge. Die Indianer gesundeten alle dadurch.«
»Aber die Indianer wurden ausgerottet!«
Ich sah ein, ich konnte mit neuer Psycho-Therapie-Literatur nicht dienen. Die Frau war zu störrisch. Wahrscheinlich wollte sie gar nicht gesunden.
Weil mir nichts besseres einfiel, erkundigte ich mich nach dem neuerlichen Grund ihrer Scheidung. Na, ich will es doch ganz offen und ehrlich sagen – daß unser Kursusleiter, dieser Ado-

nis von Mann, so ein großkotziger Bursche von Sieger, jetzt an der eigenen Frau gescheitert war, also das erfüllte mich mit Genugtuung und Schadenfreude.
Sein Kommunikationsprogramm *Sensibilität* mochte ja manchmal helfen, manchmal aber half es offenbar auch nicht. Und jetzt konnte dieser Herr nicht einmal der eigenen Frau helfen.
»Was ist denn der Scheidungsgrund?«
»Psychische Grausamkeit!«
Mir blieb die Spucke weg. Alles hätte ich erwartet, das jedoch nicht. Schau an, schau an, sowas will *Sensibilität* lehren und behandelt die eigene Frau wie einen Holzklotz. Nicht zu glauben!
»Sie erinnern sich noch an meine – kalten Füße?« fragte die Frau schüchtern.
»Und ob ich mich erinnere. Das war doch der dominierende Gesprächsstoff in unserer Gruppe. Auf welche Weise kann man eine Dame wie Sie von ihren kalten Füßen heilen? Irgendeine Methode muß es doch geben.«
Ein ebenso furchtbarer wie häßlicher Verdacht durchzuckte mich. Sollte der große Kursusleiter es etwa jetzt bei seiner eigenen neuen Frau nicht geschafft haben?
»Litten Sie, gnädige Frau, etwa auch bei Ihrem neuen Ehemann an – an kalten Füßen?«
»Nein. Im Gegenteil, an Verbrennungen zweiten Grades . . .«
»Verbrennungen zweiten Grades – ich verstehe nicht –«
»Stellen Sie sich nur vor, immer bevor er mich liebte, stellte er mich in eine große Schüssel mit heißem Wasser . . .«

Wie der Abgeordnete Zimmermann verschwand

»Entschuldigen Sie die Störung, ich suche den Abgeordneten Zimmermann, können Sie mir sagen, wo er sich aufhält?«
»Einen Moment«, antwortete die Dame und rief dann laut in den Sitzungsraum:
»Kollege Zimmermann!«
Niemand antwortete.
Die Dame blickte mich verwundert an und wiederholte ihren Ruf.
»Kollege Zimmermann!«
Wieder ohne jede Resonanz.
»Vielleicht ist der Abgeordnete Zimmermann als krank gemeldet und heute gar nicht erschienen.«
Die Fraktionssekretärin blätterte im Anwesenheitsbuch. Kollege Zimmermann hatte sich nicht eingetragen.
Sie wies mit dem Finger auf die Stelle.
»Sehen Sie, er kann wirklich nur krank sein.«
»Nein«, sagte ich.
»Wieso nein?«
»Weil ich bereits bei ihm daheim angerufen habe.«
»Und?«
»Zu Hause ist er nicht.«
»Nicht?«
»Er ist gestern nicht heimgekommen.«
»Das gibt's gar nicht.«
»Das gibt's doch.«
»Hören Sie, unser Kollege Zimmermann ist bekannt für seine Zuverlässigkeit und Pünktlichkeit. Er raucht nicht, trinkt

nicht, sagt stets die Wahrheit. Wenn andere Kollegen noch in die Kneipe gehen und Karten spielen, eilt Zimmermann unverzüglich heim zu seiner Familie. Er ist vorbildlich in jeder Hinsicht. Noch nie zog dies jemand in Zweifel.«

»Ich will es auch nicht in Zweifel ziehen. Ich will den Herrn Abgeordneten nur sprechen.«

»Wenn er nicht hier im Bundestag ist, dann kann er nur daheim geblieben sein.«

»Dort ist er aber nicht, das sagte ich bereits.«

Die Fraktionssekretärin blickte mich derart mißbilligend an, daß ich ängstlich einen Schritt zurücktrat.

»Vielleicht«, sagte sie, »ist der Abgeordnete beim Friseur.«

Sie telefonierte.

Herr Zimmermann war nicht beim Friseur.

Er befand sich auch nicht in der Sauna.

»Wahrscheinlich ist er doch daheim.«

Ich hob protestierend die Hände.

»Man wird es Ihnen gegenüber nicht zugegeben haben!«

Die Dame rief bei der Familie Zimmermann an.

Sie erhielt die gleiche Auskunft wie ich.

Der Abgeordnete Zimmermann war gestern abend nicht nach Hause gekommen.

Jetzt reagierte die Fraktionssekretärin mit deutlicher Nervosität.

»Vielleicht steckt etwas dahinter – womöglich gar eine Entführung?«

Die Kriminalpolizei wurde informiert. Drei drahtige Herren erschienen und stellten Ermittlungen an.

Wie sich ergab, hatte der Abgeordnete Zimmermann an der gestrigen Bundestagssitzung teilgenommen und den Plenarsaal gegen sechzehn Uhr verlassen.

Im Fraktionszimmer war er danach kurz gesehen worden. Die Sekretärin in seinem Arbeitsraum hatte fünf Minuten vor achtzehn Uhr noch mit ihm telefoniert.

Von da an verlor sich die Spur des Abgeordneten.
Der Leitende Kommissar sah seine Kollegen bedeutungsvoll an.
»Im Keller befinden sich Kabelschächte. Eine Entführung auf diesem Weg ist ohne weiteres möglich.«
Sie schickten Suchtrupps in den Keller.
Es blieb alles ergebnislos. Nun war allen klar, der Abgeordnete Zimmermann war gekidnappt worden.
Die Alarm- und Suchmeldungen überschlugen sich. Die Öffentlichkeit wurde informiert, eine halbe Million für Hinweise ausgesetzt, die zur Ergreifung der Täter führten.
Am Abend, ich saß vorm Fernsehschirm und verfolgte die neuesten Fahndungsmeldungen, klingelte das Telefon. Die Fraktionssekretärin teilte mir mit, Herr Zimmermann sei gefunden worden.
In der Bibliothek. Wo niemand nachgesehen hatte. Wer würde auch dort einen Abgeordneten wie Zimmermann vermuten.
»Also ist der Herr Bundestagsabgeordnete gar nicht entführt worden?«
»Nein. Er war in der Bibliothek über einem Buch eingeschlafen und schlummerte noch friedlich, als wir ihn fanden.«
Vorsichtig erkundigte ich mich: »Sagen Sie, was für ein Buch hat er denn gelesen, der Herr Abgeordnete?«
Die Fraktionssekretärin stöhnte gequält ins Telefon.
Mir schwindelte. Ich ahnte Fürchterliches.
»Also – welches Buch?«
»Das ist es ja – man fand, man fand den Abgeordneten Zimmermann über –, kurz und gut, er hat ›Das Kapital‹ von Karl Marx gelesen!«
»Liebe Dame«, sagte ich, »das können wir der Öffentlichkeit nie und nimmer mitteilen, so was überfordert die Bevölkerung. Es bleibt nur eine Lösung, der Abgeordnete Zimmermann muß sofort entführt werden ...«

Die Geschäfte des Herrn Morgenstern

Es gibt Menschen, die sind einfach da. An einem Tag, zu einer bestimmten Stunde, man wundert sich, denkt *wer ist das bloß?* – wagt aber nichts zu sagen, denn die andern scheinen diesen Menschen alle gut zu kennen. Wie könnte man da allein ein Nichtkenner sein.

Sebastian Morgenstern saß eines Abends bei einer Versammlung mitten unter uns und diskutierte. Er tat das mit einer Sachkenntnis, die den wahren Profi ausweist. Was der Mann sagte, war vernünftig, hatte Hand und Fuß und ließ nichts zu wünschen übrig. Was will man noch mehr.

Tage später traf ich wieder auf Sebastian Morgenstern. Jetzt gehörte er zu einer Verhandlungsdelegation des Buchhändler-Börsenvereins, die mit einer Kommission des Schriftstellerverbandes Vertragsbedingungen festlegen sollte. Auch dabei erwies sich der Mann als tüchtiger, gewandter und zuverlässiger Partner.

Ich fragte Andreas Schmitzkiel, der mir zur Rechten saß, nach Morgenstern.

»Tun Sie doch nicht so als wüßten Sie nicht, wer Sebastian Morgenstern ist!« antwortete Schmitzkiel.

In der Kaffeepause trat ich unauffällig neben Morgenstern und verwickelte ihn in ein Gespräch über Literatur. Er war erstaunlich gebildet und belesen und wußte noch in den ausgefallensten Spezialgebieten Bescheid.

Bevor die Verhandlungen weitergingen, lud er mich in seinen Betrieb ein.

»Was ist das für ein Betrieb?« fragte ich.

»Hahaha!« Sebastian Morgenstern klopfte mir lachend auf die Schulter.

»Also bis morgen dann!«

Vor Aufregung konnte ich kaum schlafen. Mitten in der Nacht wachte ich auf und hatte einen guten Gedanken. Ich holte das Telefonbuch und sah nach.

Sebastian Morgenstern stand darin verzeichnet. Nur gab seine Firma erneut Rätsel auf. Es stand hinter dem Namen Morgenstern geschrieben: »MAPRO GmbH«.

Was konnte das sein?

Am Tag darauf sah ich die Bezeichnung wieder. Sie prangte in riesigen Lettern über dem Eingang zu der großen Fabrik, deren Ausmaße mich ebenso erstaunten wie der hier herrschende Betrieb. Ständig fuhren riesige Lastzüge schwer beladen herbei. Man erkannte aber nicht, woraus die Ladung bestand.

»Jetzt bin ich wirklich gespannt, was Sie produzieren!« sagte ich zu Sebastian Morgenstern, der mich in seinem Büro begrüßte.

»Sie sind doch immer wieder ein Scherzbold«, antwortete der Firmeninhaber höflich und führte mich in die Produktionsstätten. Wir befanden uns jetzt in langgestreckten vollklimatisierten Sälen.

Nirgendwo ein Mensch zu sehen.

»Wo sind Ihre Arbeiter?« fragte ich.

»Wir sind ein vollautomatisierter Betrieb«, antwortete der Unternehmer, »und wir können uns diese Arbeitsplatzvernichtung deshalb leisten, weil wir mit unserer Produktion dafür sorgen, daß anderswo Arbeitsplätze erhalten und sogar neu geschaffen werden.«

»Wie das?«

»Ganz einfach. Hier – sehen Sie?«

Er wies auf mehrere Laufbänder, die von draußen durch die Fenster hereinführten. Ich sah jetzt, die schweren Lastwagen fuhren an der linken Fabriklängsseite vor und luden ihre Fracht auf die Bänder ab. Die Bänder transportierten die Fracht durch die Fenster ins Fabrikinnere, und hier verschwanden die Einzelstücke eins nach dem andern in stählernen Schlünden.

Sebastian Morgenstern geleitete mich an die andere Front der Anlage. Auf der Rückseite der Maschinen führten viele Rohre heraus. Die Rohre, zu mehreren gebündelt, verrieten ein genau durchdachtes System.

»Sehen Sie, hier kommt die Ware zerkleinert heraus und wird vermittels Hydrauler durch die Rohre geblasen«, erläuterte Herr Morgenstern.

Ich sah, die Rohre führten durchs Fenster und draußen nach unten auf die Fabrikrückseite. Hier fuhren die Lastwagen, die drüben die Ware angeliefert hatten, wieder vor und nahmen das neue Produkt auf.

Es handelte sich, wie man deutlich erkennen konnte, um eine Art weißlichen Sägemehls.

»Gefällt Ihnen denn meine Fabrik?« fragte Sebastian Morgenstern.

»Das schon. Nur ist mir der Sinn der Anlage nicht ganz klar.«

»Das ist nicht schwer. Sehen Sie! Dort drüben bringen die Lastwagen die fertigen Bücher an. Über die Bandsysteme fahren wir die Bücher in die Zerkleinerungsmaschinen, und von dort bringt ein Rotationswirbel die Teile ins Stahlgebläse, wo die Papierfetzen nochmals zerkleinert werden, und zwar auf Staubkorngröße. In diesem Aggregatzustand blasen wir das Produkt durch die Rohre auf der anderen Seite unserer Fabrik wieder zum Fenster hinaus und in die wartenden leeren Lastwagen hinein.«

»Was geschieht nun mit dem Buch-Staub?«

»Der wird in die Verdichtungsanlage gefahren und zu Papier, Pappe und Leinen verdichtet.«

»Und was geschieht dann damit?«

»Das fertige Produkt geht in die Druckereien, wo man daraus Bücher herstellt.«
Ich begann zu begreifen.
Aber noch nicht ganz.
»Und was geschieht mit den Büchern, wenn sie ausgedruckt und fertig hergestellt worden sind?«
»Der Kreislauf beginnt von vorn. Die Bücher werden bei uns angeliefert – «
»In der Maschine zerkleinert – «
»Zu Staub zerblasen – «
»Und so immer fort.«
Ich sah immer klarer. Man hatte hier ein ganz ausgefeiltes, durchrationalisiertes Kreislaufsystem geschaffen.
»Eins begreife ich allerdings nicht«, sagte ich, »wenn Sie wirklich alles so durchorganisiert haben, wie kommt es dann dazu, daß nicht alle Bücher, die produziert werden, hier bei Ihnen in der Zerkleinerung landen? Schließlich sieht man ja immer noch welche in den Buchhandlungen liegen.«
»Mit den Buchhandlungen haben wir einen bestimmten Schlüssel ausgehandelt. Momentan lautet er 9 : 1, das heißt, von 10 Büchern kommt eins in die Buchhandlungen, und 9 kommen zu uns. Dieser Schlüssel läßt sich ganz nach Bedarf ändern.«
»Und warum nennt Ihre Firma sich MAPRO?«
»Das ist eine Abkürzung und lautet ausgeschrieben: MANGELPRODUKTION – kurz also MAPRO. Verstehen Sie, wir regeln den Bücherüberfluß, indem wir einen Mangel produzieren. Stellen also die Verlage, sagen wir mal, eine Million Bücher her, schaffen wir davon neunhunderttausend gleich wieder ab.«
»Und warum das?«
»Weil das kein Mensch mehr lesen kann. Weil jede Überproduktion den Preis verdirbt und also wettbewerbsschädigend wirkt. Weil wir endlich begriffen haben, daß der Mangel das

wichtigste im gesamten Wirtschaftssystem ist. Wo kein Mangel ist, ist auch kein Produktionsanreiz. Also ist es doch das wirtschaftlich Vernünftigste, wir produzieren unseren Mangel selbst. Sehen Sie das ein?«
»Gewiß.«
Herr Sebastian Morgenstern begleitete mich zum Ausgang seiner Fabrik.
Als wir uns verabschiedeten fragte ich:
»Sind Sie eigentlich restlos zufrieden?«
»Hm – «
»Mir scheint, Sie haben noch einen Wunsch, wie?«
»Also, wenn Sie mich so direkt fragen, ich gestehe, ganz glücklich wäre ich, wenn wir unser System zu hundert Prozent durchrationalisieren könnten. Die Buchproduktion und Buchvernichtung gleich in einer Fabrik und ganz ohne Zwischenschaltung von Menschen.«
»Ich verstehe, die Buchhandlungen und die Leser stören dabei.«
»Das ist es.«
»Sie glauben, der kleine Fehler im System läßt sich beheben?«
»Vorerst können wir uns die völlige Abschaffung der Buchhandlungen und Leser noch nicht leisten. Das führte zu Streiks und sozialen Unruhen. Im allgemeinen aber können wir dem technischen Fortschritt schon vertrauen. Es zahlt sich auf die Dauer rein ökonomisch gesehen nicht aus, zwischen der Produktion eines Buches und seiner Vernichtung einen größeren Zeitraum zu legen. Also irgendwann werden wir schon aus rein wirtschaftlichen Zwängen die Bücher in einem einzigen Arbeitsgang drucken und zerreißen lassen.«
»Alsdann auf den Fortschritt, Herr Morgenstern.«
»Darauf wenigstens können wir uns verlassen.«
Ein ganz umgänglicher, freundlicher und dabei hochgebildeter Herr ist das doch, dachte ich auf dem Nachhauseweg. Wirklich, wir brauchen uns keine Sorgen zu machen. Es geht

überall tüchtig voran. Solange wir nur genug solche Menschen haben, die ganz auf der Höhe der Zeit sind, solange braucht uns nicht bange zu sein. Wir werden es schon schaffen. Die Zukunft gehört uns und den Zuwachsraten.

»*Was unterhält und untergräbt . . .*«

Ein Gespräch mit mir selber

Sie sind Schriftsteller?

Nein. Ich schreibe.

Wollen Sie damit etwa sagen, daß es Schriftsteller gibt, die nicht schreiben?

Ganz recht. Ich unterscheide seit Jahren zwischen schreibenden und darstellenden Schriftstellern.

Und die darstellenden schreiben nicht?

Die stellen dar. Sich selbst als Schriftsteller. Wenn Sie in die führenden Feuilletons unserer Zeitungen blicken, dann finden Sie darin immer gerade einen darstellenden Schriftsteller, der nicht schreibt, sondern den schreibenden Schriftstellern vorschreibt, was und wie sie zu schreiben haben.

Sie haben 'ne ziemliche Meise.

Ja.

Das geben Sie so einfach zu?

Wenn ich keine Meise hätte, hätte ich längst einen anderen Beruf ergriffen. Ich bin, mit fünfzig, schließlich alt genug dazu.

Und warum tun Sie's nicht?

Ich hab früher in der Fabrik gearbeitet. Ich weiß, ich bin morgens zu faul dazu, in die Fabrik zu gehen.

Langschläfer? Wann fangen Sie denn Ihren Tag an?

Im Winter um sieben, im Sommer um sechs Uhr.

Das ist nicht gerade spät.

Es ist einfacher. Ich bin mein eigener Herr. Der Heimarbeiter

hat keinen über sich. Zumindest merkt er ihn nicht Tag für Tag.
Wenn Sie ein neues Buch beginnen, was ist dann zuerst da, die Idee des Buches oder irgend etwas anderes?
Irgend etwas anderes.
Was?
Meistens der Titel.
Das ist ja unglaublich – tatsächlich der Titel?
Habe ich erstmal einen guten Titel, dann stellt sich das dazugehörige Buch auch noch ein.
Sie scherzen –
Gewiß.
Sie sind Anarchist?
Nein.
Warum nicht?
Da gibts auch Häuptlinge.
Sie sind ein Vielschreiber?
Ja.
Wieviel schreiben Sie?
Ich habe in zwanzig Jahren 30 Bücher herausgebracht. Artikel und Funksendungen oder Drehbücher nicht gerechnet. Auch nicht sonstige Gelegenheitsarbeiten.
Sie finden immer Gelegenheit zum Arbeiten?
Ja.
Weshalb schreiben Sie soviel?
Schreiben ist so schön wie Saufen. Nur bleibt man dabei nüchtern. Wenn ich nicht schreibe, langweile ich mich. Jedes neue Buch empfange ich mit Entzücken. Kurze Zeit später ist es ein alter Hut für mich. Ich muß etwas anderes anfangen.
Wie ordnen Sie sich als Schriftsteller in die Literatur ein?
Überhaupt nicht.
Wie verstehen Sie sich selbst?
Ich will versuchen zu ergründen, was Sie meinen. Es gibt Autoren, die bringen zu Papier, was andere Leute denken. Ich

bewundere die Gabe dieser Autoren, erfühlen zu können, was alle Menschen bewegt. Ich schreibe nur das, was die anderen Menschen nicht denken und fühlen, weil ihnen die Zeit dazu fehlt oder der Anstoß oder was weiß ich. Um aber darauf zu kommen, muß ich etwas finden, was ich selbst auch noch nicht gekannt und gewußt habe. Ich fühle mich gezwungen, mich selbst zu unterhalten, dann, glaube ich, unterhalte ich auch meine Leser.

Was gehört Ihrer Meinung nach zum Autor?

Erstens die Lebenserfahrung eines Greises, zweitens die Fantasie eines Kindes, drittens das Sitzfleisch eines Elefanten und viertens die Todesverachtung des Selbstmörders ...

Sonst noch was?

Einen Sack voller Allgemeinplätze, um die Löcher zu stopfen, die einem ein Reporter in den Bauch fragt.

Halten Sie sich für einen guten Schriftsteller?

Gut ist, was unterhält und untergräbt. Was langweilt, ist schlecht.

Manche Leser ärgern sich über Sie.

Das ist gut.

Manche freuen sich über Ihre Bücher.

Das ist noch besser.

Verfolgen Sie beim Schreiben bestimmte Ziele?

Das wechselt. Mal schreibe ich aus dem Kopf, mal aus dem Herzen, mal aus Wut, mal heiter. Mal aus dem Zwerchfell, mal aus – aus – tieferen Regionen –

Sie dürfen alles sagen, wir sind aufgeklärte Menschen.

Wirklich? Ich will Ihnen auf die Sprünge helfen, die einen schreiben aus Genie, die anderen aus dem Genital –

Grämt Sie etwas?

Das viele, das ich noch nicht geschrieben habe.

Fühlen Sie sich wohl in Westdeutschland?

Ein Schriftsteller darf sich nie wohl fühlen. Er muß sich fühlen. Das ist es alles.

Sie schimpfen oft.
Ich schimpfe nie. Ich drücke nur aus, was die anderen aus lauter Druck nicht sagen. Das reicht fürs Leben.
Lachen Sie gern?
Nein. Ich bin Humorist.
Warum sind Clowns, auch literarische, privat meist traurig?
Sie verbrauchen all ihre Heiterkeit beim Schreiben.
Sie haben viele erotische Bücher geschrieben und sogar Pornografie –
Ja.
Warum hörten Sie auf damit?
Weil meine Frau sich beschwerte. Sie mag Pornografie, aber auch die Realität.
Und weshalb beschwerte sie sich?
Beim erotischen Schriftsteller ist es wie beim Humoristen, der allen Humor beim Schreiben verbraucht.
Haben Sie Freunde?
Mich.
Freundinnen?
Meine Frau.
Sonst?
Zwei Katzen.
Ist das nicht etwas wenig?
Das ist viel. Mir reicht es aus.
Sie studierten bei dem Hoffnungsphilosophen Ernst Bloch Philosophie. Haben Sie dabei etwas gelernt?
Verzweiflung.
Verzweiflung bei einem Philosophen der Hoffnung?
Man lernt immer das Gegenteil dessen, was der Lehrer lehrt. Und so kommt die Zickzackbewegung in die Geschichte.
Sie sind dagegen, Kinder in die Welt zu setzen?
Ja.
Sie haben selbst ein Kind in die Welt gesetzt.
Als ich es tat, hatte ich gerade eine optimistische Periode. Die dauerte kurz.

Sie fürchten den Untergang der Welt?
Man fürchtet nur das Ungewisse. Auf das Gewisse richtet man sich ein.
Sollen wir diese Auskunft etwa ernst nehmen?
Nein.
Nehmen Sie sich selber ernst?
Selten.
Dann sind Sie kein seriöser Autor.
An dem Tag, an dem ich als seriös gelte, höre ich auf zu schreiben. Dann geht meine Welt unter.

Ich kenne Filbinger

Die ganze Woche wohnte ich im Hotel. Es war ein beschissenes Wetter, eine dazupassende Landschaft und so eine Zeit, wo du am liebsten gar nicht erst die Zeitung aufschlägst. Mir scheint, die kranken Wochen nehmen in den letzten Jahren auffallend zu. Früher hatten wir auch keine guten Zeiten, aber so oft wie heute verunglückten sie nicht. Es kann freilich auch an mir selber liegen. Schlägt das Wetter um, zwicken die Knochen. Sinkt der Luftdruck, stolpert die Pumpe. Man wird älter.

Gleich am ersten Morgen im Hotel fing es an. Flugzeugentführung. Da hatten unsere Freiheitskämpfer wieder mal zugeschlagen. Oder ihre Freunde. 88 Geiseln. Statt von Mallorca nach Frankfurt, flog man sie südwärts. Das sind so Überraschungen. Ein paar blasse Schönheitsköniginnen seien auch dabei, stand in der Presse. Für diese Schönheiten des Lebens hatten die Entführer wohl momentan nicht den richtigen Blick. Na, dachte ich, da kommen ganz dufte Zeiten auf uns zu. Da werden sich die andern mit Sicherheitsmaßnahmen jetzt überschlagen. Drei Stunden vor Abflug wirst du antanzen müssen. Wer mehr als ein Pfund Gepäck hat, darf schon am Vortag antraben. Dann die Schuhe ausziehen, Hemd und Hose lüpfen. Vor der Maschine werden die dritten Zähne eingesammelt. Könnten ja kleine Sprengstoffkapseln eingeklempnert sein. Kriegst du dein AOK-Gebiß nach der Ankunft zurück. Hoffentlich das richtige.

Aussichten sind das.

Der Wirt sah auch schwarz. Nach Schluß der Saison reiste er

jedes Jahr mit Familie nach Kenia, denn Urlaub muß sein.
»Hoffentlich entführen sie uns nicht zum Nordpol«, sagte verdrießlich der Hotelbesitzer.
»Am Nordpol gibt's noch saubere Luft!« sagte ich.
»Ich bin aber kälteempfindlich.«
»Dann buchen Sie doch einfach eine Maschine, die nach Kenia entführt wird. So was kommt am billigsten.«
Der Mann sah mich an als verstünde er keinen Spaß mehr.
Zwei Tage darauf stand das mit den drei Toten von Stammheim in der Zeitung. Ich hatte dem Blatt gleich nicht getraut. Es sah schon von weitem so unheilsam aus.
Den ganzen Tag über dauerten im Hotel die Debatten an. Selbstmord oder Mord. In deutschen Gefängnissen wird nicht gemordet. Wer's glaubt, wird selig. Wer's nicht glaubt kommt auch in den Himmel. Im Klingelpütz wurde gemordet. In der Mannheimer Strafanstalt wurde gemordet. In der Hamburger Glocke wurde gemordet. Ja, aber Stammheim ist doch was ganz anderes. Denken Sie mal, das wurde als modernste Vollzugsanstalt extra angefertigt für die schlimmsten, kriminellsten und intelligentesten Täter, die wir haben. Nur Beton und Gitter und ein bißchen Glas. Ausgefeilteste elektronische Schutzeinrichtungen. Warnanlagen. Da läuft nichts, gar nichts, überhaupt nichts.
»Es war bestimmt Selbstmord!« sagte der Hotelbesitzer und sah mich bedeutsam an. Ich sollte, in diesem aufregenden Spiel, nun die Gegenthese verfechten. Man brauchte Sympathisanten.
Ich biß in die Zeitung. Sie schmeckte bitter. Die Menschen erbrechen ihre Galle und nennen es Zeitung. Das muß von Nietzsche sein. Verdammter Querdenker.
Ich sagte laut und herzhaft:
»Es war Mord und Selbstmord.«
»Sie können sich wohl nicht entscheiden? Ein deutscher Intellektueller, ha?« fragte der Wirt.

Ich dachte, das ist immer noch besser als griechische Intellektuelle, die sogar »Der Spiegel« neuerdings »sogenannte« schimpft. Ja, wir leben wieder in großen Zeiten.
»In Stammheim«, sagte ich, »ist alles möglich und das Gegenteil.«
Der Hotelier musterte mich finster.
»Woher wollen Sie das wissen?«
Mit einem knappen, über die Schulter zurückgeworfenen »Verrat' ich nicht« verließ ich das Frühstückszimmer. Aufrecht.
Am nächsten Tag hatte ich drei knusprige Hörnchen zur Morgenmahlzeit, allerfrischeste Sahnebutter und die erlesene Galakonfitüre. Der Wirt stürzte überfreundlich und dienstbereit herbei.
»Denken Sie nur«, rief er, »in Stammheim haben die sich mit Revolvern erschossen.«
Ich schmierte sorgfältig meine drei Hörnchen, die anderen Gäste erhielten nur zwei, und fragte mit gutgespielter Verwunderung: »Wundert Sie das? – Wenn die bestbewachten Gefangenen Deutschlands Kassiber aus der Zelle schmuggeln, warum sollten sie dann nicht auch Pistolen in die Zellen bringen?«
Die Logik meiner Rede ging dem Hotelier sofort ein. So merkte er gar nicht, wie sehr mich meine Kaltschnäuzigkeit selbst überraschte.
Ich frühstückte, wobei ich mich bemühte, meinen elenden Zustand zu verbergen. Was schert's andere Menschen, wie wir uns fühlen. Gefühle sind dazu da, unterdrückt zu werden.
»Haben Sie mir nicht noch was Internes zu verraten?« fragte der Wirt neugierig, als ich vom Tisch aufstand.
»Doch. Geben Sie Obacht. Morgen werden die Zeitungen melden, in den Stammheimer Zellen wurde Sprengstoff gefunden.«
»Sprengstoff? Nein! Nicht möglich – «

»Sie werden es erleben – «
So kam es, daß ich tags darauf fünf Knusperhörnchen, wohlschmeckend wie die berühmten französischen Croissants, essen durfte. Schon begann mir das etwas viel zu werden. Ich neige nicht zum Dickwerden, aber zusammen mit der Sahnebutter und Galakonfitüre war es schwer verdaulich.
»Kolossal!« rief der Wirt ehrfürchtig aus, »ist das mit Ihren geheimen Verbindungen nach Stammheim. Den Sprengstoff haben Sie tatsächlich exakt vorausgesagt. Gestatten Sie jetzt die Frage – was wird man morgen Neues hören?«
Ich dachte nach. Keinesfalls wollte ich riskieren, morgen etwa acht oder zehn Hörnchen verfrühstücken zu müssen. Irgendwo sollte eine Grenze sein. Ich durfte nichts Richtiges prophezeien. Diesmal mußte ich mich garantiert irren.
»Morgen wird man in einer Stammheimer Zelle ein Maschinengewehr auffinden. Zerlegt in seine Einzelteile. Die Einzelteile im Plattenspieler, im Abflußrohr und hinter der Scheuerleiste versteckt.«
»Nein«, sagte der Hotelier, »in einem so modernen Betonzuchthaus gibt's keine Scheuerleisten.«
»Abwarten«, sagte ich.
Das Entsetzliche trat ein. Am Tag darauf kam ich ins Frühstückszimmer.
Zehn Hörnchen dufteten mir entgegen, zwei Portionen doppelt starker Mokka.
Der Wirt machte eine halb einladende, halb zurücknehmende Handbewegung.
»Eigentlich haben Sie das nicht verdient.«
»Nein?«
»Sie haben sich geirrt, diesmal.«
»Wenn's falsch war, was ich sagte, warum dann dieses opulente Mahl für mich?«
»Weil Sie immerhin ein Maschinengewehr prophezeiten.«
Ich griff nach der Zeitung und begann zu lesen.

Der Hotelier sagte: »Der Tendenz nach lagen Sie richtig. Aber völlig ins Schwarze trafen Sie diesmal nicht, mögen Sie nun ein Mann mit besonders guten geheimen Verbindungen sein oder eine männliche Kassandra.«
Tatsächlich und glücklicherweise hatte ich mich geirrt. In der Presse stand, man hatte beim nochmaligen Filzen der Zellen der drei toten Häftlinge einen Panzerwagen entdeckt.
Ich öffnete das Fenster, holte das Körbchen mit den Hörnchen und bröckelte das Gebäck in den Hof.
»Was machen Sie da?« fragte der Wirt.
»Hühnerfutter«, antwortete ich. Dann lief ich zum Tisch, packte die Butter und die Edelkonfitüre und warf beides hinaus.
»Warum so mißmutig?« erkundigte sich der Hotelier.
»Ich bin ärgerlich über mich selbst.«
»Und warum?«
»Ich hätte unbedingt auf so was wie den Panzerwagen kommen müssen«, rief ich, »ich kenne Filbinger!«

Schilda anno heute

Alt-Schilda lag zwanzig Kilometer vor der großen Stadt an dem Flüßchen Schild und zählte dreitausend Einwohner, viel Wald und Feld sowie Schwein und Kuh und Katz und Hund. Der Bürgermeister sah eines schönen Tages aus dem Fenster des alten, schmucken Rathauses und sprach: »Es soll an uns nicht fehlen, Neu-Schilda entstehen zu lassen. Die Welt wandelt sich. Das klare Wasser der Schild, worin Enten planschen und Fische springen, die weite Ruhe und Stille unserer Wälder sowie das Wachsen der Früchte auf dem Felde zeigen nur an, wie zurückgeblieben wir Menschen vom Lande leben.« Also tat sich der Bürgermeister zusammen mit einem Manne, der für fünf Mark die Stunde als Sänger auftrat bei Gartenfesten, Schulfeiern, Operettenaufführungen der Laiengruppe vereinigter Dorfjungfrauen. Der Sänger erhielt, durch Fürsprache des Bürgermeisters, einen Kredit, und der Bürgermeister überredete die Bauern, ihre schlechtesten Felder und sauersten Wiesen für drei Mark den Quadratmeter zu verkaufen. Weil der Quadratmeter nur achtzig Pfennig wert war, stimmten die Bauern gern zu, war das doch ein gutes Geschäft für sie. Der Sänger mit seinem Kredit gründete eine Baugesellschaft, der Sohn des Bürgermeisters trat als Chef-Architekt ein, und so entstanden einhundert Reihenhäuser, die weggingen wie warme Semmeln. Weil nun bald kein unfruchtbares Land als Baugrund mehr da war, boten die Bauern auch ihre besseren Wiesen und Felder an, denn der Bauherr zahlte unterdessen sechs Mark für den Quadratmeter. Innerhalb weniger Jahre errichtete man zwölfhundert Reihenhäuser. Von überall strömten die Kaufwilligen herbei, Alt-Schilda in Neu-Schilda zu verwandeln. Die Bauern verkauften auch ihre letzten und besten Wiesen und Felder, und als sie alles zu Geld gemacht hatten, wurden sie böse, liefen zum Bürgermeister und murrten: »Der Bauherr gibt den Grund und Boden zum drei- und vierfachen Preis weiter!« Der Bürgermeister beruhigte die Bauern und sagte: »Ein Ort, der nicht zurückbleiben will, muß sich den Erfordernissen der neuen Zeit anpassen!« Das sahen die klugen Bauern ein, gingen nach Hause und zählten ihr Geld. Sie waren jetzt reicher als vorher, nur wußten sie nicht mehr, was sie anfangen sollten den lieben langen Tag. Also kauften sie sich Autos, und weil die neuzugezogenen Reihenhausbesitzer auch Auto fuhren, kam man bald auf den engen kleinen Dorfstraßen nicht mehr voran.

Nun begann man, viele Straßen anzulegen, und auch mitten durch den Ort zog man eine breite Trasse, auf der die Wagen ungehindert dahinsausen konnten. Allerdings wurde Grund und Boden in Neu-Schilda immer knapper, und so bebaute man den letzten Boden mit enormen Hochhäusern, dahinein zogen wieder Menschen aus anderen Orten, damit wuchs die Gemeinde in wenigen Jahren von dreitausend auf über zwölftausend Einwohner und fast sechstausend Autos an, denn weil es nur eine kleine Eisenbahn gab, die selten und sehr langsam fuhr, weil auch die S-Bahn, von der viel geredet und geschrieben worden war, nicht gebaut werden konnte, kauften die Einwohner immer mehr Autos, jede Familie schaffte sich einen Erstwagen, dann einen Zweitwagen, endlich gar einen Drittwagen an, und ringsum im Lande schritten Häuserbau und Motorisierung ebenfalls munter voran.

Da saßen die Bürger in ihren mehr als tausend Reihenhäusern und vielen modernen Hochhäusern, und wenn sie die Fenster öffneten, drangen Abgase und Lärm herein, denn fast alle Häuser standen an verkehrsreichen Straßen, die es noch nicht

gegeben hatte, als man die verschiedenen Gebäude errichtete. »Wie denn«, sagten die Bürger von Neu-Schilda, »als wir unsere Wohnungen hier bezogen, lebten wir in der Natur mit Wald und Feld und Wiese, jetzt aber leiden wir unter den vielen Kraftfahrzeugen, kriegen nicht am Tag und nicht in der Nacht frische Luft und Ruhe. Wozu sind wir aber soweit hinausgezogen vor die Tore der großen Stadt und nach Neu-Schilda, wenn wir hier nun keinen Schlaf finden können und uns ebenso vergiften wie in der Großstadt drinnen?«
Sie klagten aber nicht nur über die Autoabgase, sondern auch wegen der Einzelheizung, denn ein jedes Reihenhaus und die meisten Hochhäuser verfügten über ihre nur für sie bestimmte Ölfeuerungsanlage, und so stand an kühleren Tagen über den meisten Gebäuden von Neu-Schilda die Rauchfahne, und die Luft wurde dick und schwer von Schmutz und Ruß. Eine zentrale Heizanlage jedoch lehnten die Bürger wegen der Mehrkosten ab, obwohl es sie auf die Dauer gesehen billiger gekommen wäre. Allerdings war die Luft in Neu-Schilda bei Südwind klar und rein, denn im Süden stand noch immer ein Rest Wald. Deshalb beschloß der Gemeinderat, den Wald zu roden und eine Riesengeflügelfarm dort einzurichten. Nun roch es bei Südwind in Neu-Schilda sehr schön nach Hühnerkot. Da sie alles so modern und praktisch gefügt hatten, beschlossen die Bürger von Neu-Schilda, ein großes Fest zu feiern. Von überall im Lande reisten deshalb Fremde herbei, bald waren alle Straßen, die nach Neu-Schilda führten, von Autos voll. Kein Wagen kam auch nur einen Meter voran, und weil man sich in Neu-Schilda schon am Morgen nicht mehr bewegen konnte, wollten viele von dort wieder fort; so erlag der Verkehr auch auf den Straßen, auf denen man hätte wegkommen können. Weil die Einwohner Neu-Schildas aber immer husten mußten und ihnen der Abgase wegen die Tränen aus den Augen kollerten, schlossen sie die Tankstellen, damit den Fahrzeugen auf der Straße das Benzin ausginge.

Die Bewohner von Neu-Schilda stießen jetzt ihre Wohnungsfenster auf und riefen: »Wahrlich, wir haben gut getan, nach hier zu ziehen, die Luft ist so rein und ruhig ist es ringsum!« Am Montag morgen jedoch vermochten die Bürger nicht zu ihren Arbeitsstellen zu gelangen, denn überall auf den Straßen standen die Autos der Besucher. Also öffnete man die Tankstellen wieder, dafür wurden die Wohnungsfenster geschlossen, auf daß Rauch, Hühnermistgeruch und Abgase nicht in die Zimmer drängen. Da gingen die dreitausend Bürger des früheren Alt-Schilda aufs Rathaus und fragten ihren Bürgermeister, warum er ihnen sowas eingebrockt habe. Das Gemeindeoberhaupt tat ihnen böse Bescheid, sie setzten den Mann ab und wählten einen anderen. Der ließ den Groß-Bauherrn von Neu-Schilda kommen und sprach: »Dein Chef-Architekt, der Sohn des vormaligen Bürgermeisters, ist ein schlechter Architekt. Du wirst ihn sofort entlassen und statt dessen meinen Sohn einstellen.« Der Groß-Bauherr tat wie geheißen. Der neue Chef-Architekt erwies sich als sehr tüchtiger Mann. Alle Reihenhäuser wurden aufgestockt. Die zehngeschossigen Hochhäuser zu zwanziggeschossigen, die zwanziggeschossigen zu dreißiggeschossigen hochgemauert. So zogen noch viel mehr neue Bürger nach Neu-Schilda, ja Betriebe und Fabriken siedelten sich an, und neben die Riesengeflügelfarm setzte man noch drei weitere Riesengeflügelfarmen; die sechstausend Autos vermehrten sich auf zwölftausend, das Grundwasser wurde schwarz wie Tinte, das Leitungswasser begann nach Gummi zu schmecken. Die Neu-Schilda-Bewohner sind es alle sehr zufrieden, denn sie besitzen ein Reihenhaus oder eine Eigentumswohnung und nennen alle ein Auto oder mehrere Autos ihr eigen; Gasmasken aber, damit sie nicht vergiftet werden, vergibt die Gemeinde von Schilda an ihre Einwohner kostenlos. Ebenso Ohrenwachs, damit sie sich die Ohren nachts damit verstopfen und sanft schlafen können. Weil der Straßenverkehr aber ziemlich

stockend verläuft und man von einem Ortsrand zum anderen zweieinhalb Stunden braucht, schaffen sich die Bürger jetzt Hubschrauber an. Die Dächer der Hochhäuser richtet man als Start- und Landeplätze ein. Wegen des Lärms und der Auspuffgase sorgt man sich nicht. Ohrenwachs und Gasmasken gibt's schließlich umsonst auf dem Rathaus.
Nur die unverbesserlich dummen Bauern von Alt-Schilda liegen manchmal schlaflos in ihren Betten und grübeln darüber nach, was sie falsch gemacht haben, diese alten miesepetrigen Reaktionäre.

Meine letzte große Entdeckung

Wenn ein Buch abgeschlossen ist, überkommt den Autor ein triumphales Gefühl. Soviel Arbeit, so lange Mühen und Qualen, und endlich sind wir fertig damit. Die Last ist von der Seele.

Ich brachte das abgeschlossene Manuskript dem Verleger. Er wog es prüfend in der Hand.

»Hm. Ein Sachbuch?«

»Ja – und nicht mehr als 180 Seiten.«

»Das ist gut so. Sachbücher sind immer gefragt. Die 180 Seiten längen wir ein bißchen, bis es aussieht wie 250 Seiten. Dann nehmen wir starkes Papier, damit es dick wird und ganz wie ein großes Buch aussieht, das verkauft sich besser.«

»Außerdem enthält es eine neue Entdeckung«, sagte ich.

»Neue Entdeckung?«

Das Gesicht des Verlegers wurde mißtrauisch. Neue Sachen waren momentan nicht sehr gefragt. Am besten gingen Entdeckungen alter Sachen. Wer das Neueste von vorgestern auf den Markt brachte, der durfte sich am ehesten Chancen ausrechnen. Die Leute waren zu lange mit Progressivem überfüttert worden. Es hatte täglich mindestens zwei Revolutionen gegeben. Sowas stumpft ab.

»Nun«, sagte ich, »meine Neuentdeckung ist wirklich einmalig und wird den Gang der Weltgeschichte verändern.«

Der Verleger zuckte zusammen und begann das Manuskript zu lesen.

Die Nachricht davon ging wie ein Lauffeuer durchs Land. Von überall erreichten mich Anrufe und Anfragen. Wie ich es

angestellt hätte, einen Verleger zur Lektüre des eingereichten Manuskriptes zu verleiten, sowas sei einmalig.
»Freut euch nicht zu früh«, wiegelte ich ab, »wartet lieber auf das Ergebnis.«
Es bestand darin, daß ich das Manuskript auf meinem Schreibtisch wiederfand.
Beigeschlossen war ein Brief. Es sei wirklich ein schönes und wichtiges Buch, schrieb der Verleger, passe aber leider nicht in die Konzeption seines Hauses...
Und wenn ich wieder mal was für ihn hätte... Ein anderes Projekt jederzeit...
Normalerweise habe ich keine Schwierigkeiten mit meinen Manuskripten. Ich kriege sie immer unter. Ich bin nicht auf Bestseller abonniert, doch die Deckungsauflage geht weg. Finanziell ist ein Buch von mir für die Verleger kein Risiko. Das wissen die Burschen. Noch nie aber hatte einer von ihnen ein Manuskript vor dem Druck auch gelesen.
Komischerweise wollte jetzt jeder, dem ich mein Buch für seinen Verlag anbot, partout erst eine Lektüre vorangehen lassen. Konsequent, wie die Herren sein können, prüften sie Seite für Seite. Danach kam das Manuskript pünktlich zu mir zurück.
Ich hatte offenbar das Kunststück fertiggebracht, ein Buch zu schreiben, das in der gesamten Branche keine Chance hatte. Warum wohl nicht?
Ich zergrübelte mir den Kopf.
»Wahrscheinlich hast du die Verleger beleidigt!« argwöhnte meine Frau, die schwergeprüfte.
»Es steht nicht ein Wort über Verleger darin«, schwor ich.
»Dann verstößt du gegen irgendwelche Gesetze wie die Paragraphen 88a und 130 oder wie die alle heißen.«
»Nicht die Bohne. Ich erwähne weder den einen noch den anderen Paragraphen.«
»Aber irgendwas muß faul sein an dem Manuskript«, sagte

meine Frau, »schon, daß du es mir nicht wie sonst zum Abtippen gegeben hast, macht mich mißtrauisch!«
»Ich bin ein Entdecker!« erwiderte ich. »Wie alle großen und wirklichen Entdecker bekomme ich zuerst den Unverstand und die Feindseligkeit der Menschen zu spüren.«
»So«, sagte meine Frau, »und was, bitte, hast du entdeckt?«
»Wenn ich dir das erkläre, wirst du möglicherweise kein Wort mehr mit mir wechseln.«
»Also«, sagte meine Frau, »hast du deine Autobiografie geschrieben!«
»Nein, ein Sachbuch!«
Sie überlegte. Sie überlegte lange.
»Ein Sachbuch, das kein Verleger drucken will? Dann kann es nur ein Kochbuch sein. Was bei deinen Küchenkünsten auf direktem Wege zur allgemeinen Menschheitsausrottung führen muß. Kein Wunder, wenn die Verleger sich scheuen, daran mitschuldig zu werden.«
Auf diese Vermutung meiner Frau antwortete ich nicht. Sie bewies damit nur, daß sie die Branche nicht durchschaute. Als ob es je ein Kochbuch gegeben hätte, das ungedruckt blieb. Was kümmert einen richtigen Verleger der Fortbestand der Menschheit, hat er eine Reihe Rezepte zum Drucken vorliegen.
Jeder Schriftsteller weiß doch, wenn es ihm mal ganz und gar dreckig gehen sollte, wenn nichts mehr läuft und die letzte müde Mark bis auf den letzten abgeschlafften Pfennig dahin ist, dann bleibt ihm immer noch die Chance, flugs ein Kochbuch zu dichten und schon rollt der Rubel wieder. Die köstlichsten Gerichte werden nicht am glühenden Herd in gefüllten Pfannen und Töpfen zusammengebruzzelt, sondern von hungernden Poeten in der kalten, leergepfändeten Küche zusammenphantasiert.
Noch aber war ich nicht so weit. Während die Verleger sich scheuten, erhielt ich Anfragen von Industriellen.

Es hatte sich bei denen mit Windeseile herumgesprochen, was der Gegenstand meiner Erfindung war: ein Spezialverfahren nämlich, mit Hilfe dessen sich jede erdenkliche Waffe, die hergestellt wurde, nur ein einziges Mal verwenden ließ.
Ein Schuß – und danach folgte aus diesem Gewehr kein zweiter. Ein Bombenwurf – und nichts mehr.
Ich hatte richtig spekuliert. Auf die Rüstungsindustrie mußte meine Erfindung verlockend wirken. Für jeden Schuß eine neue Waffe. Für jede Bombe ein neues Flugzeug. Sowas hebt die Waffenproduktion in himmlische Höhen.
Ich begriff, ich brauchte das Buch gar nicht mehr drucken zu lassen. Beim Einzelverkauf meines Patentes an die interessierten Rüstungsfabriken – und keine konnte sich erlauben, beiseite zu stehen – sanierte ich mich fürs ganze Leben.
Leider machte mir das Verteidigungsministerium einen dikken Strich durch die Rechnung.
Man schickte mir einen Spezialisten. Der rechnete nach und prüfte und fand rein gar nichts auszusetzen an meiner Erfindung. Es stimmte alles.
»Ich darf Ihnen gratulieren!« sagte der Spezialist.
Er reichte mir die Hand, die ich dankbar ergriff.
»Wird das Verteidigungsministerium meine Erfindung ankaufen?« fragte ich hoffnungsfroh.
»Das Verteidigungsministerium selbst kauft nichts an, es kann jedoch wichtige Arbeiten finanziell und auch anderweitig unterstützen.«
»Also werden Sie mich unterstützen?«
»Einen Moment noch, bitte. Habe ich Sie richtig verstanden, besteht Ihre Erfindung darin, daß jede Waffe nur ein einziges Mal benutzt werden kann?«
»So ist es.«
»Und wie geht das vor sich?«
»Ganz einfach. Ich habe den perukialen Umkehrfaktor entdeckt.

Er bewirkt, daß ein Geschoß, hat es den Lauf verlassen, auf direktem Weg in den Lauf zurückkehrt und dort an seinem Ausgangspunkt exakt diejenige Zerstörung anrichtet, die ursprünglich dem Zielpunkt zugedacht war.«
»Mit anderen Worten – «
»Mit anderen Worten: Ein Bomber wirft eine Bombe ab. Die fällt ein Stück, dann steigt sie wieder hoch und trifft den Bomber, der sie abgeworfen hatte.«
Der Spezialist machte ganz große runde Augen vor Verwunderung oder Bewunderung.
Da ich jetzt die Folgen meiner umstürzenden Entdeckung des perukialen Umkehrfaktors und meine sich daran anschließenden Erfindungen ausführlich schilderte, riß mich der Schwung in einen wahren Taumel der Begeisterung. Es ist wunderbar, ein großer Entdecker und Erfinder zu sein.
»Wenn hier eine Kanone eine Granate auf diese Stadt dort abschießt, so saust die Granate aus dem Kanonenrohr raus und kurz darauf wieder rein – und dann – Peng – die Kanone ist im Eimer.«
»Peng!« sagte der Spezialist und erhob sich feierlich.
»Also was ist – kauft das Verteidigungsministerium meine großartige Erfindung?«
»Jawohl. Für eine experimentelle Erprobung!«
»Meine Berechnungen stimmen 100prozentig, darauf können Sie sich verlassen.«
»Wir vom Ministerium ziehen ein Experiment vor. Selbstverständlich bezahlen wir die entstehenden Unkosten. Ich denke, wir lassen den Probeschuß gleich morgen früh um acht Uhr steigen. Das Geschütz wird Ihnen von unserem Ministerium zur Verfügung gestellt werden.«
»Sie meinen – ich selbst soll . . .?«
»Das ist am sichersten. Sie kennen sich am besten damit aus. Schließlich ist es Ihre Entdeckung!«
Mir wurde klar, was der Spezialist meinte.

Er verpflichtete mich noch, mein Manuskript und alle vorhandenen Kopien zum Experiment mitzubringen und neben dem Geschütz zu deponieren. Eine Waffe, die sich selbst zerstörte, war tatsächlich der höchste Gipfel technischer und menschlicher Entwicklung. Es war klar, das Experiment, falls es gelang, hatte nur Sinn, wenn damit alles zerstört werden konnte, was zu seinen Voraussetzungen gehörte. Wie sollte man sonst noch Kriege führen können, wenn jeder Kriegführende nur sich selbst umbrächte.

Ich sehe das vollkommen ein. Morgen früh werde ich der staunenden Welt demonstrieren, daß meine Entdeckung zutrifft und meine daraus folgenden Erfindungen funktionieren. Meine Frau meint zwar, ich hätte meinen Forschungsdrang zügeln sollen. Doch bringt sie ihre Einwände nur mit halber Stimme vor. Sie prophezeite mir schon immer ein böses Ende. Ich aber rufe meinen Kollegen, den Schriftstellern zu: Ihr Schuster, bleibt bei euren Leisten. Laßt euch um Gottes willen nicht einfallen, die Welt zu verändern. Jedenfalls nicht die Welt der Kriege und Waffen. Schreibt Bücher, die unterhalten, und nichts als das. Auch die Bedienungsmannschaften der Atomkanonen wollen gut unterhalten sein. Sonst zittern ihnen Aug' und Hand beim Zielen. Während ich die letzte Nacht meines Erdenwandels durchwache, kommt meine Frau ins Zimmer.

»Hast du wenigstens noch eine anständige Lebensversicherung abgeschlossen?«

Erbleichend gestehe ich: »Nein.«

Der Blick, mit dem meine Frau mich mißt, macht mir den Abschied von dieser Erde leichter.

Ich sehe ein, ich bin sogar zum anständigen bürgerlichen Sterben zu dumm.

Warum mein Sohn Engelbrecht nicht Buchhändler werden konnte

Es begann damit, daß unser Sohn Engelbrecht kleine Drahtstücke verbog. Anfangs nahm ich es mit der hart erworbenen Gelassenheit des Vaters hin, der weiß, daß er am Ende doch resignieren wird. Ein verbogener Draht in meinem Bett störte mich überhaupt nicht. Die Schuhe zog ich vorsichtshalber erst an, nachdem ich jeden einzelnen ausgeschüttelt hatte. Es fanden sich verbogene Drähte in meiner Hosentasche, in der frischen Schrankwäsche und in der Kaffeetasse.

Ich muß zugeben, der Draht in der Kaffeetasse brachte mich beinahe aus dem Gleichgewicht. Weil ich den Kaffee heiß trinke, konnte ich nicht gut mit dem Finger in die Tasse fassen. Wegen der dunklen Farbe läßt sich auch nicht erkennen, ob ein Draht in der Tasse liegt. Man spürt ihn erst beim Trinken zwischen den Zähnen.

Das alles hätte ich noch hingenommen, aber eines Abends, als ich wie üblich meine Zigarre mit einem schnellen Biß mundfertig machen wollte und dabei auf Draht biß, reagierte ich doch unwirsch.

»Das geht nun wirklich zu weit«, sagte ich zu meiner Frau, »unser Sohn kann sich gewiß nicht über mangelnde Toleranz seiner Eltern beklagen. Als er Fratzen schnitt, gingen wir mit ihm zum Verhaltensforscher. Als er den Mädchen unter den Rock griff, nahmen wir ihn in Aufklärungsfilme mit. Als er in den Kaufhäusern anfing zu stehlen, mieteten wir ihm für ein ganzes Wochenende ein Kaufhaus, und das war ja auch richtig, denn als er soviel klauen konnte, wie er wollte, machte es ihm keinen Spaß mehr. Also kann niemand behaupten, wir seien Eltern, die ihrem Sohn nicht entgegenkämen. Drähte in meinen Zigarren allerdings kann ich nicht hinnehmen. Ich weiß auch nicht, welche Therapie wir dagegen anwenden könnten.«

»Es ist ja nur, weil Engelbrecht sich Sorgen um seinen Beruf macht«, wiegelte meine Frau ab.

»Was haben Drähte mit seinem Beruf zu tun?«

»Ja weißt du denn nicht? Da sieht man wieder, wie wenig du dich um die Probleme deines Sohnes kümmerst!«

»Wieso? Will er etwa Drahtverkäufer werden?«

»Aber nein, das ist doch so . . .«

Ich erfuhr, Engelbrecht hatte sich als Bürogehilfe im Bankfach beworben.

»Erstens«, sagte ich, »ist es noch zwei Jahre hin bis zu seinem Abitur, und zweitens wüßte ich nicht, was ein Bürogehilfe im Bankgeschäft mit Draht zu tun haben soll.«

Ein strafender Blick meiner Frau traf mich.

»Manche bewerben sich schon drei Jahre vorm Abitur um eine Arbeitsstelle. Es gibt nicht viele. Und das Draht-Training von Engelbrecht hat nichts mit dem Bankfach zu tun.«

»Womit denn?«

»Falls er im Bankgewerbe nicht angenommen wird, hat er sich noch als Buchhändler beworben.«

»Und wozu dient der Draht?«

»Kann ja sein, er kommt als Buchhändler nicht unter. Dann macht er vielleicht als Briefträger sein Glück.«

»Und dann trägt er Drähte aus, wie?«

»Wenn es damit nichts wird, versucht er sich als Maschinenschlosser.«

»Weil die modernen Maschinen aus Draht sind.«

»Du verstehst rein gar nichts mehr. Es ist doch nur, daß wir gehört haben, bei den Einstellungstests für Maschinenschlosser gibt es einen Test, der sehr wichtig ist.«

»Ich beginne zu begreifen – es handelt sich darum, daß angehende Maschinenschlosser ihren Vätern Drähte in die Zigarren einziehen.«

»Sie müssen tatsächlich mit Drähten umgehen bei dem wichtigen Test. Es gilt, Drähte zu verbiegen und überhaupt kreativ mit ihnen umzugehen. Es ist eine sogenannte Doppel-Ratio-Prüfung. Mit ihrer Hilfe wird zweierlei getestet: Das handwerkliche Geschick und die Fantasie.«

»Schluß damit!« rief ich, »Engelbrecht wird sowieso durchfallen dabei!«

»Warum?«

»Weil er zwei linke Hände hat.«

»Hm. Vielleicht schafft er's bei der Post als Briefträger!«

»Niemals, bei seiner linken Einstellung.«

Meine Frau legte den Kopf schief.

»Ich möchte nur wissen, was du gegen deinen Sohn hast!« rief sie entrüstet.

»Abgesehen von den Drähten in meinen Zigarren habe ich nichts gegen meinen Sohn, aber das wird die Post nicht milder stimmen.«

Meine Frau überlegte. Mein Einwand war nicht zu widerlegen.

»Vielleicht schafft er es als Buchhändler«, sagte sie.

»Gewiß schafft er das. Bei seiner Begeisterung für die Literatur. Von unseren schätzungsweise zwanzigtausend Büchern hat er im Lauf seiner siebzehn Lebensjahre mindestens anderthalb Bücher gelesen. Sowas konditioniert zum Buchhändler.«

»Leseratten sind gewiß keine guten Buchhändler. Es kommt dabei aufs Bücherverkaufen an, nicht aufs Bücherlesen.«

»Dann laß ihn doch lieber Fischverkäufer werden oder meinetwegen Tankwart. Fische ißt er immerhin und fürs Autofahren hat er auch was übrig.«

»Du mit deinem elitär-reaktionären Kulturbewußtsein«,

regte sich meine Frau auf. »Das sind doch alles vollkommen überholte Ansichten. Bücher verkauft man tatsächlich heute als Waren, so wie Fische oder Benzin.«
»Sagte ich doch.«
»Vielleicht ist unser Streit vollkommen überflüssig«, meinte meine Frau versöhnlerisch, »kann ja sein, er schafft die Eignungsprüfung zur Banklehre.«
In diesem Moment öffnete sich die Tür, unser Sohn stürzte ins Zimmer, legte meine Frau mit einem Jiujitsu-Griff aufs Kreuz, brachte mich mit einem Karateschlag zum Umfallen und begann an der Gardinenstange Klimmzüge zu üben.
»Diese Roheitsdelikte finde ich ebenso überflüssig wie unangebracht«, erklärte ich, nachdem ich wieder einigermaßen zu mir gekommen war.
»Psst!« machte meine Frau.
»Was heißt hier – «
»Psst! Er kommt gerade vom ersten Tag seiner Testprüfung zurück.«
Engelbrecht hing noch immer an der Gardinenstange.
»Brauchst du das als Banklehrling, Buchhandelslehrling, Postbotenanfänger oder Maschinenschlossergehilfe?« fragte ich, zugegebenermaßen nicht ganz ruhig und unwütend, mindestens mit einem angedeuteten Vibrieren in der Stimme.
Unser Sohn hatte die ersten hundert Klimmzüge hinter sich und begann das zweite Hundert.
»Wir müssen morgen früh um acht wieder dort sein«, erklärte er. »Die Prüfungen morgen laufen in Atomphysik, Militärstrategie, Verkaufspsychologie, Anatomie des linken Fußes, na ihr versteht davon sowieso nichts. Nachmittags sind Boxen, Karate und Fußball dran.«
»Aha«, sagte ich, »offensichtlich willst du ein Professor für Kernkraft werden, der beim Bund als General dient und sich nebenbei im Berufsfußball gegen seinen Vereinsmanager mit Karate durchsetzt.«

»Spotte nur, Papa!« krähte unser Engelbrecht von der Gardinenstange und war bei dreihundert Klimmzügen angekommen.
»Also wirklich«, sagte meine Frau und sah mich beschwörend an, »du solltest dein Kind, wenn es sich derart im Streß der Einstellungstests befindet, nicht auch noch verunsichern. Was meinst du, wie andere Eltern da sind.«
»Wie denn?«
»Streitet euch nicht«, rief unser Engelbrecht, »freut euch lieber mit mir. Ich habe die besten Chancen. Immerhin gehöre ich nicht zu den vier gänzlich chancenlosen Problemgruppen.«
»Was ist denn das?«
»Das sind die Schüler mit schlechten Zeugnissen, die körperlich schwachen Schüler, die Mädchen und die Ausländer.«
»Das ist gut!« sagte meine Frau.
»Stell dir vor, du hättest ihn als Ausländer geboren...«
»Oder als Tochter...«
»Am liebsten würde ich ja Maschinenschlosser«, bekannte unser Sohn und sprang mit dreifachem Salto rückwärts von der Gardinenstange auf den Teppichboden.
»Maschinenschlosser ist ein ehrenwerter Beruf«, gab ich zu.
»Leider ziemlich teuer.«
»Wieso teuer?«
»Sie verlangen ein abgeschlossenes Studium an einer Technischen Hochschule.«
»Und wie wärs mit Postbote?«
»Leider ziemlich aussichtslos.«
»Wieso aussichtslos – die Adressen wirst du doch immerhin lesen können.«
»Du vergißt, du hast eine Protestresolution gegen den Vietnamkrieg unterschrieben, Papa.«
»Das ist mindestens zehn Jahre her.«
»Bei der Post stellen sie nur Leute mit einwandfreier Vergan-

genheit und staatspolitisch gesicherten Familienverhältnissen ein.«
Ich begriff und erbleichte.
Dabei hatte ich immer gedacht, ich sei ein vorbildlicher Vater gewesen.
»Dann wirst du eben Buchhändler«, sagte ich.
»Leider sind meine Chancen dafür sehr gering, Papa. Mit dir als politischem Risikofaktor im Hintergrund werden sie mich kaum in Räumen arbeiten lassen, wo auch Bücher von Marx und Engels stehen.«
Jetzt mußte ich aber doch lachen.
»Bei dir besteht kaum Gefahr, daß du je ein Buch, das du verkaufen sollst, auch liest!« rief ich aus.
Meine Frau blickte mich strafend an. Ach ja, man soll einen Sohn in der Testperiode nicht noch verunsichern. Ich bin wirklich unbelehrbar. Als Vater ein Versager. Eine glatte Niete.
Kleinlaut erklärte ich:
»Womit ich nicht behaupten wollte, du liest die Bücher, die nicht zu verkaufen sind.«
»Was meinst du damit?« fragte meine Frau scharf.
»Er hat nie gelesen. Jedenfalls nicht daheim. Warum sollte er als Lehrling in einer Buchhandlung plötzlich damit anfangen?«
»Was verboten ist, das macht uns gerade scharf!« sagte Engelbrecht.
»Das ist von Wolf Biermann«, merkte meine Frau an und warf mir einen triumphierenden Blick zu.
»Na und? Das hat unser Sohn bei Biermann nicht etwa gelesen, das hat er von einer Biermann-Platte gehört«, sagte ich.
»Egal!« schrie unser hoffnungsvoller Strößling, »daheim wolltet ihr immer, daß ich Marx und Engels und sonstwas lese. Und da wollte ich eben nicht. Wenn ich nun aber Marx und Engels und sonstwas nicht lesen soll, dann lese ich es gerade.«

»Besonders sonstwas!« sagte ich und handelte mir wieder einen strafenden Blick meiner lieben Frau ein.
»Also gut«, wiegelte ich ab, »dann wirst du eben in Gottesnamen Banklehrling.«
»Dafür bestehen gute Chancen, Papa. Es gibt immerhin ein Angebot von drei freien Stellen bei nur dreihundert Bewerbern. Die Relation sieht in den anderen Berufen viel schlimmer aus. Und ich komme gewiß in die engere Wahl.«
»Wieso eigentlich? Rechnen kannst du nicht, zählen kannst du nicht, und politisch gehörst du zu den unsicheren Kantonisten – «
»Aber Papa, das Rechnen und Zählen machen die Maschinen und Computer. In Schießen und Karate bin ich fit, das befähigt ebenso zum Kassierer wie zum Bankdirektor. Und politisch – also ich bin gestern mittag in die CSU-Jugend eingetreten.«
»Ich wüßte noch einen Beruf für dich«, sagte ich.
»Was den, Papa?«
»Du schreibst das alles auf und wirst Satiriker.«
»Aber Papa, du hast wirklich verdammt konservative Ansichten. Was hat das denn bloß mit Satire zu tun?«
»Leider gar nichts«, murmelte ich, »und das ist ja gerade das Schlimme.«

Ständig verbesserte Beziehungen

Als meine Mutter ins Rentenalter gekommen war, ging sie frohgemut zur Volkspolizei und verlangte eine Westreiseerlaubnis zu ihrem in der BRD lebenden Sohn.
»Bevor Sie in den Westen dürfen, soll Ihr Sohn erst einmal nach hier kommen«, wurde ihr gesagt.
Das schrieb mir meine Mutter.
Ich schrieb ihr zurück: »Es ist jetzt ein gutes Jahrzehnt her, daß ich die Deutsche Demokratische Republik verlassen habe. Ich spüre wenig Lust, sie so bald schon wiederzusehen.«
Also ging meine Mutter wieder zur Polizei und verlangte ihre Westreise.
»Sie kriegen keine!« antwortete man ihr.
»Jeder Rentner, der Angehörige in der BRD hat, darf sie dort einmal im Jahr besuchen.«
»Nicht jeder. Sie zum Beispiel dürfen nicht.«
»So«, sagte meine Mutter, »da hat eine Frau wie ich ihr Leben lang in der Fabrik schuften dürfen, und wenn sie in Rente ist, dann darf sie nicht, was andere dürfen.«
Das war in einem Frühjahr geschehen, und von da an schimpfte meine Mutter überall unüberhörbar herum, was das für eine Schande sei, daß man ihr keine Westreise gestatte.
Ich beschwerte mich unterdessen bei der UNO, bei der sowjetischen Botschaft, bei der DDR-Botschaft und bei allen anderen wichtigen Leuten, die es nicht hören wollten.
Mitten im grauen November bestellte die Volkspolizei meine Mutter zu sich und drückte ihr die Westreisepapiere in die Hand.

»Los, fahren Sie!«
»Jetzt will ich nicht fahren!« entgegnete meine Mutter.
»Warum wollen Sie jetzt nicht fahren?«
»Der Herbst ist mir zu naßkalt. Ich hab' Rheuma.«
Es nutzte ihr gar nichts. Schimpfend und fluchend wie ein Kutscher kam meine Mutter bei uns im Westen an.
»Wenn ich wenigstens bis Weihnachten bleiben könnte, aber nein, drei Tage vor den Feiertagen muß ich zurück!« maulte sie.
»Schimpf nicht«, sagte ich, »immerhin gibt es einen Fortschritt in den Beziehungen zwischen unseren beiden deutschen Staaten.«
Meine Mutter maß mich mit einem durchdringenden Blick. Ich schwieg. Diese alten Leute sind wirklich manchmal schwierig.
Siebenmal besuchte sie uns im Westen. Sieben Jahre lang ging alles gut. Dann bekam Mama einen Herzinfarkt und lag im Krankenhaus.
»Besuch deine Mutter erst später, wenn sie wieder daheim ist«, schrieben die Verwandten, »sie würde sich jetzt in ihrem Zustand zu sehr aufregen.«
Mama genas halbwegs, wurde nach Hause entlassen, durfte aber keine längeren Reisen mehr machen.
Inzwischen waren neunzehn Jahre seit unserem Weggang aus der Deutschen Demokratischen Republik verstrichen. Ich hatte volle 25 Jahre erreichen wollen. Ein rundes, schönes Jubiläum. Doch jetzt galt es, Mama zu besuchen.
Mama reichte die Anträge ein und erhielt prompt die Erlaubnis. Sie wollte die Papiere gerade im Brief an uns absenden, als ein strammer Volkspolizist erschien und die für mich bestimmten Einreisepapiere zurückholte.
Meine Frau dürfe einreisen, meine Tochter auch, nur ich dürfe nicht.
Was soll man da sagen. Ich begann allüberall den Humanis-

mus des sozialistischen Deutschen Staates, seine Toleranz, Weltoffenheit, Höflichkeit und Menschenfreundlichkeit zu lobpreisen.
Das bekamen die Genossen in der DDR mit. Es ging ihnen auf die Nerven. Plötzlich bekam ich die Einreise doch. So kann man sich täuschen.
Wir fuhren im hessischen Herleshausen über die Grenze. Der DDR-Kontrollpunkt heißt Wartha. Als wir dran waren, durften wir sehr lange warten.
Wir hielten mitten auf der Grenze. Der Schlagbaum hob sich nicht. Hinter uns sammelte sich eine unübersehbar lange Schlange von Einreise- und Transitwilligen an. Der große Grenzverkehr zwischen Deutschland und Deutschland stockte.
Aus der Kontrollbaracke klang die laute, bemühte, wo nicht ergrimmte Stimme eines telefonierenden Polizisten. Ich hörte mehrfach meinen Namen brüllen. Später erfuhr ich, man hatte mir die Einreiseerlaubnis gegeben, aber einfach vergessen, meinen Namen aus der am Grenzübergang liegenden Liste, in der die Einreiseverbote verzeichnet sind, zu streichen. Der arme diensttuende Offizier in Wartha sah sich in größter Verlegenheit. Ich hatte ein gültiges, amtliches Einreisepapier, er aber hatte ein ebenso amtliches gültiges Einreiseverbot vor sich liegen. Da entscheide mal schön, deutscher Michel.
Endlich durften wir durch.
Nach neunzehn Jahren das erste Mal wieder auf DDR-Boden. Komische Situation.
Wir blieben drei Tage. Macht mit der An- und Abreise zusammen fünf Tage.
Schwierigkeiten hatten wir innerhalb der DDR keine. Es lief alles glatt. Mama wollte, daß wir länger blieben. Wir wollten nicht. Mama ging es nicht besonders gut, aber doch besser als schlecht. Drei Tage lang Krankenbesuch, das ist genug.
»Kommst uns bald wieder im Westen besuchen«, sagten wir

beim Abschied, »das wird nun alles sehr viel leichter gehen, die Beziehungen zwischen beiden deutschen Staaten verbessern sich laufend.«

»Mir geht's nicht besser«, wehrte Mama ab.

Im Jahr drauf war sie tatsächlich nicht besser dran. Wir wollten sie erneut besuchen und durften nicht.

Nochmal ein Jahr später versuchten wir's wieder.

Keine Einreiseerlaubnis.

»Es wird eben immer besser und besser mit den Beziehungen der beiden deutschen Staaten«, schrieb ich an Mama.

Am 9. November 1977 wollte ich mit zwei Wagen des Stuttgarter Fernsehens zu den Dreharbeiten für einen Fernsehfilm von Bayern im Transit durch die DDR nach Westberlin fahren.

Zwanzig Minuten ließen sie uns an der Grenze stehen. Dann erschien ein strammer Polizeioffizier und verkündete, mir sei das Betreten des DDR-Territoriums verboten.

»Warum?« fragte ich arglos, wie ich nun mal bin und zutiefst befangen im schönsten Glauben an die Verbesserung der Beziehungen zwischen beiden deutschen Staaten.

»Darauf brauchen wir laut internationaler Rechtslage keine Antwort zu geben.«

»Danke«, sagte ich, »und nun will ich gestehen, ich hatte einen Anschlag auf das Territorium der Deutschen Demokratischen Republik vor.«

Der Polizeioffizier rückte die Pistole zurecht.

»Ich wollte an der Raststätte am Hermsdorfer Kreuz drei DDR-eigene Gänseblümchen pflücken und auf dem Transitwege nach Westberlin entführen.«

Der Polizeioffizier legte die rechte Hand auf die Pistolentasche, richtete sich beinahe stramm auf und erklärte: »Wir sind wachsam! Wir wissen solche konterrevolutionären Handlungen zu verhindern!«

Wir hatten uns verstanden. Er sprach die Worte so akkurat

hochdeutsch aus, daß man sie verstehen mußte. Nur berührte mich ein wenig komisch, daß mir der Offizier dabei leicht mit dem linken Auge zublinzelte.
Was er damit gemeint haben könnte, weiß ich bis heute nicht. Seitdem trage ich den tiefen Stachel des Zweifels im Herzen; weiß ich doch nicht, ob sich die Regierung der Deutschen Demokratischen Republik im Ernstfall wirklich in dem Maße auf ihre Volkspolizei verlassen kann, wie es die Erfordernisse der Verbesserungen der Beziehungen zwischen den beiden deutschen Staaten verlangen.

Unterwegs zur Buchmesse

Bei uns in der Stadt erfinden sie immer etwas Neues. Das müssen sie auch, weil wir eine so moderne und fortschrittliche Stadt sind. Besonders zur Messezeit geht es bei uns derart fortschrittlich zu, daß man im Wagen für jeden zurückgelegten Kilometer eine gute Stunde braucht.

Es geschah während der letzten Buchmesse. Am ersten Tag hatte ich noch versucht, mit dem Auto hinzukommen. Tatsächlich gelangte ich noch über den Main und bis zur Kaiserstraße.

Dort leiteten sie uns um in den Taunus. Am Feldberg stand ein strammer hessischer Bereitschaftspolizist und stellte mich vor die Alternative, entweder in Limburg oder in Koblenz zu parken.

»Eigentlich wollte ich nur zur Frankfurter Buchmesse«, wagte ich schüchtern einzuwenden.

»Aber warum denn«, sagte der Polizist, »Bücher lesen ist doch was Langweiliges, besichtigen Sie lieber unseren schönen Limburger Dom.«

Er hatte jetzt Koblenz ganz weggelassen und sich voll für Limburg entschieden.

Ich muß sagen, es ist wirklich keine üble Stadt.

Am zweiten Tag der Buchmesse fuhr ich gleich übers Offenbacher Kreuz auf die Autobahn und gedachte, mich auf diese raffinierte Weise ans Messegelände heranzuschleichen.

Sie hatten aber die Ausfahrt wegen Überfüllung und mehrerer Unfälle gesperrt.

Auf diese Weise gelangte ich nach Mainz und Wiesbaden.

Das sind auch keine schlechten Städte.
Am dritten Tag der Buchmesse tat ich was ganz Schlaues. Ich fuhr mit dem Wagen nur bis Sachsenhausen, wo ich eine Stelle zwischen zwei Garageneinfahrten und drei Kastanienbäumen kenne. Dort finde ich immer Platz, weil jeder andere, der's versucht, seinen Wagen verbeult. Ich habe viele Nächte hindurch trainiert und geprobt. Es ist tatsächlich möglich, den Wagen dort abzustellen. Allerdings muß man einen Wagen mit Schiebedach fahren, weil nach dem Parken die Türen nicht mehr aufgehen.
Ich turnte wohlgemut zum Dach heraus und suchte den Rest der Strecke zu Fuß zurückzulegen. Nun wird Sachsenhausen von Frankfurt durch den Main getrennt. Man muß also den Fluß überqueren. Es führen auch mehrere Brücken hinüber. Die schönste ist der Eiserne Steg, eine Fußgängerbrücke. Als ich an diesem Morgen zum Eisernen Steg kam, hing da ein Schild:
ÜBERGANG VERBOTEN! BITTE GEHEN SIE UNTER DER BRÜCKE DURCH!
Ich las den Text dreimal, um auch vollkommen sicher zu sein.
Zu Messezeiten gibt's immer Überraschungen.
Ich schlug die vorgeschriebene Richtung ein.
Es war nicht ganz einfach.
Man mußte über das eiserne Geländer springen, dann über eine hölzerne Absperrung und jetzt ging es fast zwei Meter tief runter. Ich bin kein guter Springer und verknackste mir den linken Knöchel.
Ein etwas älterer Herr mit Regenschirm, der Sekunden nach mir gesprungen war, hinkte auf dem rechten Bein.
Wir betrachteten unsere Blessuren und brachen in ein leicht gezwungenes Lachen aus, doch arbeiteten wir uns tapfer zum Flußufer vor.
Nachdem man die oberen Hindernisse überwunden hatte, kam man ganz gut voran.

Wir standen direkt auf der Ufermauer, und der ältere Herr wußte nicht, was er mit seinem Regenschirm machen sollte. Ich war schon ins Wasser gesprungen. Der alte Herr drückte sich noch immer unschlüssig draußen herum.
»Denken Sie doch an die Hunde!« rief ich dem Zögernden zu. »Die nehmen beim Schwimmen sowas einfach zwischen die Zähne!«
»Schön und gut«, sagte der alte Herr, »aber so ein Hund hat auch kein falsches Gebiß!«
Schließlich sprang der Mann beherzt ins Wasser, wobei er in einer Hand den Schirm trug und mit der anderen sich die Nase zuhielt.
Wir legten beide gemeinsam los Richtung drübiges Ufer. Es herrschte leichtes Hochwasser. Die Strömung war stärker als normal. Kurzum, wir trieben ganz hübsch weit ab. Statt mitten in der Stadt zu landen, kamen wir in der äußeren Hafengegend ans andere Ufer.
Hier erwarteten uns schon eine Menge Leute. Vornedran ein Polizist.
Kaum hatten wir das Ufer betreten, begann der Polizist auf uns einzureden.
Was uns einfiele, ob wir bescheuert oder betrunken wären, das Betreten der terrassierten Ufergegend sei aus gartenbaulichen Gründen strengstens verboten. Ich antwortete, daß wir uns genau nach Vorschrift benommen hätten, weil das der ältere Herr bestätigte, wurde der Beamte etwas freundlicher.
»Kann ja sein«, sagte er, »daß die drüben sich wieder eine neue Vorschrift haben einfallen lassen. Sie müssen wissen, dort ist eine andere Verwaltung zuständig, und dort besteht auch ein anderes Polizeirevier mit einem ganz jungen Revierleiter, noch keine sechzig ist er, der junge Spund!«
Der Polizist regte sich ganz schön auf, als er das alles erklärte und dann wollte er uns mit auf die Wache nehmen.
»Da kommt noch jemand angeschwommen!« rief der

alte Herr und wies mit seinem Schirm stromaufwärts. Tatsächlich trieb es eine ziemlich dicke Frau heran. Wir halfen ihr ans Ufer. Sie schüttelte sich wohlig und sagte: »Das kühle Bad war eine Wohltat!«

Es langten hintereinander an: zwei Radiotechniker, eine zahnärztliche Assistentin, ein herrenloser Dackel sowie ein langhaariger Student.

Wahrscheinlich hätte der Massenandrang den Stadtpolizisten von der Legalität unserer Strom-Überquerung überzeugt, wären die Haare des Studenten nicht gar so lang gewesen.

Unglücklicherweise stellte sich der Langhaarige auch noch als Student der Medizin vor.

Auf nachdrückliches Befragen gab er zu, drüben in Sachsenhausen an der Klinik für psychisch Gestörte zu arbeiten.

»Ich absolviere dort mein Praktikum, das zu unserem Studium gehört!« sagte der Student.

»So!« schrie der Polizist. »Praktikum! Gehört zum Studium! Daß ich nicht lache! Gestehen Sie endlich ein, daß Sie selbst plem-plem sind!«

Der Beamte klopfte sich gegen die Stirn und wiederholte immerzu: »Plem-plem! Plem-plem!«

Es nützte alles nichts. Wahrscheinlich glaubte der Polizist an einen Massenausbruch psychisch Gestörter. Wir wurden, in zwei Polizeiwagen verfrachtet, aufs Präsidium gefahren.

Man sperrte uns in einen großen Saal.

Hier wartete schon die halbe Bevölkerung vom drübigen Flußufer.

Der alte Herr mit dem Regenschirm sagte:

»Das ist doch reine Schikane. Die haben uns hier noch nie leiden können, weil wir eben von der anderen Seite sind!«

Eine kleine abgezehrte Frau jammerte: »Und ich sollte heute morgen um neun bei Doktor Zaunsteg sein, zusammen mit meiner Tochter.«

Die beiden Radiotechniker schlugen sich wechselseitig auf die Schulter und beteuerten, sie seien vollkommen nüchtern.
Zum Glück hatten wir einen ziemlich warmen und sonnigen Juni, sonst hätten sich die Schwimmer in ihren triefenden Kleidern alle einen dicken Schnupfen geholt.
Wir trockneten langsam vor uns hin.
Die abgezehrte kleine Frau klagte wieder: »Ich sollte mit meiner Tochter heute morgen Punkt neun bei Doktor Zaunsteg sein.«
»Wo ist denn Ihre Tochter?« fragte ich.
»Weggeschwommen.«
»Wohin denn?«
»Das weiß ich nicht. Wo doch meine Tochter gar nicht schwimmen kann.«
Gegen Mittag trieb man uns aus dem Saal und durch die Stadt zum Flußufer hin.
Sie hatten zwei Hundertschaften Bereitschaftspolizei aufgeboten, damit keiner entweichen konnte.
Der alte Herr mit dem Regenschirm weigerte sich starrsinnig, nochmal ins Wasser zu springen.
Ich sagte:
»Mein Herr, mit den Beamten hier zu diskutieren, ist gänzlich sinnlos!«
»Ich will aber nicht nochmal schwimmen!« rief der alte Herr.
Ich gab ihm einen sachten Stoß.
Er kippte gemächlich vornüber.
Dabei verlor er seinen Regenschirm.
Ich versprach, ihm einen neuen zu kaufen.
»Aber einen Knirps bitte!« sagte der Mann.
So schwammen wir, ein gutes Hundert gesetzestreuer Bürger, ans drübige Ufer zurück, von wo wir am Morgen gestartet waren.
Natürlich war auch hier schon Polizei aufgezogen.
Wir kletterten an Land.

»Was ist denn mit euch los!« donnerte ein Polizeioffizier. »Wissen Sie denn nicht, das Flußwasser ist vollkommen vergiftet, darin zu schwimmen kann Sie das Leben kosten!«
»Ja«, sagte ich, »besonders Nichtschwimmer sind gefährdet!«
Der Polizeioffizier drehte sich zu mir um. Sein Gesicht war stark gerötet.
»Was haben Sie gesagt?«
Ich wiederholte, leicht eingeschüchtert, meine Worte.
»Stimmt!« schrie der Offizier. »Und warum zum Teufel sind Sie trotzdem geschwommen? Sie sind wohl ein Intellektueller, wie?«
Ich deutete Richtung anderes Ufer.
»Weil Ihre Kameraden dort drüben es so angeordnet haben.«
»Und warum sollten die einen solchen Blödsinn anordnen?«
»Weil wir heute morgen von diesem Ufer aus nach drüben geschwommen sind.«
»Aha! Und warum haben Sie das gemacht?«
»Es war so angeordnet!«
»Von wem?«
»Dort drüben an der Brücke hängt ein Schild. Überzeugen Sie sich selbst. Da steht's drauf!«
Der Polizeioffizier eilte mit großen Schritten hin und begann die Schrift auf dem Schild zu lesen.
Ich wartete den Fortgang der strengen Untersuchung nicht ab. Ringsum war alles polizeilich abgesperrt. Mein Knöchel schmerzte entsetzlich. Ich sprang zurück ins Wasser und ließ mich einfach treiben.
Zehn Kilometer außerhalb der Stadt kroch ich an Land. Rief vom nächsten Öffentlichen Fernsprecher meine Frau an und ließ mich im Wagen heimholen.
Am nächsten Morgen stürzte ich mich auf die Zeitungen. Das liberale Blatt schrieb über das Schild und fand, es sei unerhört, was den Bürgern von den Behörden alles zugemutet werde. Die beiden konservativen Zeitungen hatten eine an-

dere Version. Demnach sei das gar keine behördliche Anordnung gewesen. Das Schild sei vom Flohmarkt übriggeblieben, der samstags dort am Flußufer stattfindet. Sein Besitzer habe es aus purer Faulheit nicht wieder abgebaut, nachdem es sich als unverkäuflich erwiesen hatte.
Ich weiß nicht, was stimmt. Wie soll der einfache kleine Bürger auch durchschauen, ob so eine Anordnung von der Behörde herrührt oder ob jemand sich einen Jux mit ihm macht.
Morgen ist der letzte Tag der Buchmesse. Ich habe versucht, mir einen Hubschrauber zu chartern. Auf die Idee sind vor mir schon andere Messebesucher gekommen. Hubschrauber kann man erst nach den Messetagen wieder kriegen.
Da ist mein diesjähriger Besuch auf der Buchmesse also ins Wasser gefallen.
Nächstes Jahr wird mir das nicht wieder passieren. Ich lasse mir von unserem Haus aus einen unterirdischen Gang graben, direkt bis ins Messegelände.

Die vertauschten Bücher

In meinem Beruf entwickelt man eine ganz besondere Anhänglichkeit für den Briefträger. Er bringt schließlich die vielen Botschaften ins Haus, die über mein Leben und Wohlbefinden entscheiden. Ich achte deshalb sorgsam darauf, daß mein Postbote mit mir zufrieden ist. Heiligabend, Silvester und vor sonstigen Feiertagen gibts ein Trinkgeld. Dasselbe gilt bei Geldsendungen, hier halte ich das Trinkgeld in einer gewissen Relation zur eingehenden Summe, so freut sich mein Postbote mit mir, und je größer die Summe ist, um so größer ist sein Trinkgeld, also auch seine Freude.

Die Wichtigkeit des Briefträgers bringt es mit sich, daß ich sein Erscheinen jeden Wochentag sehnlichst erwarte. Ich kenne seine Route und weiß, wann er bei mir sein wird. Verspätet er sich, mache ich mir Sorgen. Es wird ihm doch nichts zugestoßen sein, denke ich und male mir alle schrecklichen Dinge aus. Wie leicht kann ein Briefträger von einem Auto überfahren werden.

Als wir noch in München wohnten, hatten wir eine Briefträgerin. Es war eine zuverlässige, urgesunde ältere Dame mit Fahrrad. Man konnte die Uhr nach ihr stellen. Selbst im schlimmsten Winter bei Eis und Schnee kam sie mit zuverlässigster Pünktlichkeit vorbei. Sie hatte rote Wangen und leuchtende Augen. Es war ihr ganzer Stolz, eine auf die Minute genaue Briefträgerin zu sein. Außerdem kannte sie alte Rezepte, alte Hausmittel, alte Geschichten, und wenn wir mit unseren vielen Katzen keinen Rat mehr wußten, so wandten wir uns an die Briefträgerin.

Wenn wir die Wohnung wechseln, sind wir immer auf den neuen Postboten gespannt. Das gute Verhältnis stellt sich schnell wieder her. Das liegt einfach an der vielen Post, die ich bekomme, und sicherlich auch an der Bedeutung, die ich ihr zumesse. Der Briefträger spürt, wie wichtig er für mich ist. Das freut ihn. Wenn zwei aufeinander angewiesen sind, so hebt das das Lebensgefühl beider.
Eine Zeitlang hatten wir einen kommunistischen Briefträger. Das merkten wir erst, als er das letzte Mal unsere Briefe austeilte. Als er sich verabschiedete, sagte ich im Scherz:
»Sie haben wohl eine Erbschaft gemacht und bei der Post gekündigt?«
»Nein, die Post hat mir gekündigt.«
»Warum?«
»Weil ich Kommunist bin.«
Der Schreck fuhr mir in die Glieder. So ein vernünftiger, freundlicher, pflichteifriger Mensch, und dabei Kommunist. Was hätte er mit meinen Briefen nicht alles anstellen können. Sie nach Moskau weiterleiten. Heimlich Abschriften herstellen und nach Ostberlin senden. Oder er hätte die Anzahl der Briefe, die ich bekam, nach Ostberlin funken können, so wäre mein ganzes Sicherheitssystem ausgespäht worden.
Von dem Schock erholte ich mich lange Zeit nicht. Mein Vertrauen in unsere Postbehörde war ganz schön erschüttert. Dummerweise brachte jetzt ein Aushilfsbriefträger meine Post, ein junger, freundlicher, aber ziemlich langhaariger Student, der sich sein Studium mit Briefeaustragen finanzierte. Ich begegnete ihm wie jedem anderen Postboten auch, doch in meinem Inneren saß tiefstes Mißtrauen. Leider stellten sich auch noch einige weitere Mißlichkeiten ein. Bis dahin waren alle Briefträger mit dem Fahrrad gekommen. Unser Aushilfsstudent hatte sich dabei durch besondere Geschicklichkeit und Schnelligkeit ausgezeichnet. Zwar traute ich ihm nicht recht über den Weg, aber ich mußte doch anerkennen,

er war ein Muster an Pünktlichkeit. Es machte ihm einfach Spaß, jeden Morgen ein paar Sekunden schneller zu sein. Wahrscheinlich studierte unser Briefträger Ökonomie, jedenfalls rationalisierte er seinen Weg derart, daß er seine Arbeit in immer kürzerer Zeit bewerkstelligte.
Sowas mißfällt natürlich einer vorgesetzten Behörde. Die Post betrachtete ihre radfahrenden Briefträger schon längere Zeit als imageschädigend. Was tut eine Behörde, wenn bei ihr alles klappt? Sie reformiert, damit nichts mehr klappt. Also kamen unsere Postboten nicht mehr mit dem Fahrrad an, stattdessen erhielten sie kleine gelbe Karren, die sie vor sich herschieben durften. Natürlich dauerte die Postzustellung nun viel länger. Die Briefträger waren sauer, weil sie zu Fuß gehen mußten. Die Postkunden ärgerten sich, weil die Post so spät kam. Damit wurde die Karren-Reform ein voller Erfolg.
Inzwischen ist ein halbes Jahr vergangen. Ich bekomme meine Briefe zwar immer noch später als früher, aber nicht mehr so spät wie kurz nach Einführung der Reform. Unser Postbote, der nette Student, ist wahrlich ein Muster von Rationalisierung und sportlicher Leistungsfähigkeit. Er hat nacheinander, wie er mir versichert, einundzwanzig verschiedene Zustellmethoden ausprobiert, bis er die günstigste herausfand. Seine jetzige Methode ist ziemlich einfach, unser junger Mann schiebt seinen Karren links unten ans Straßenende, greift sich den Packen Post für unsere Straße und sprintet die Häuserfront entlang.
Ich bin vollkommen beruhigt. Ein Kommunist ist unser Postbote mitnichten. Er will nur einfach studieren und es im Leben zu etwas bringen. Seine körperliche Tüchtigkeit ist das Resultat sportlichen Trainings.
»Anfangs war ich Leichtathlet«, sagt unser Briefträger, »dann wechselte ich zum Fußball.«
Die Auskunft beruhigte mich vollkommen. Ein Fußballer kann kein Kommunist sein, sage ich mir, denn wenn einer

nichts als seine Beine im Kopf hat, dann ist er gegen jeden Radikalismus gefeit.
So ist es denn auch ein wahres Glück, unserem einhersprintendem Postboten zuzusehen. Der Mann kennt sich aus. Die Briefe fliegen nur so in die Briefkästen.
Im Laufe der Zeit durchschaute ich auch sein Rationalisierungssystem. Büchersendungen zum Beispiel und ungewöhnliche Zeitschriften kommen gleich in meinen Briefkasten. Da braucht es gar keinen besonderen Blick mehr auf den Namen. Ich bin der einzige Schriftsteller im Haus und in der ganzen Straße, ja im gesamten Zustellbezirk.
Also kommen alle Bücher in meinen Briefkasten.
Was mich verwunderte, war allerdings die Tatsache, daß ich von einem bestimmten Zeitpunkt an erstaunlich viele Mathematik-Bücher erhielt. Es begann mit einem Grundschul-Rechenkurs, setzte sich mit Oberstufen-Geometrie fort und führte bis in jene lichten Höhen der Mathematik, wo ich schon die Worte nicht mehr entziffern kann.
Nun gebe ich zu, mein mathematisches Wissen ist schlecht. Daraus mache ich kein Geheimnis. Doch finde ich es verwunderlich, wenn man mir deshalb gleich eine solche Menge Lehrbücher zusendet.
Heute habe ich wieder zwei Rechenbücher im Briefkasten vorgefunden. Auf dem Rückweg treffe ich meinen Hauswirt. Wir begutachten zusammen das Wetter, da geht eine junge Dame vorbei ins Haus.
»Wer ist das?« frage ich.
»Das ist Fräulein Schmittmayer«, antwortete der Hauswirt, »sie wohnt seit einem halben Jahr im obersten Stock.«
Mir kommt ein ganz bestimmter Verdacht.
»Wissen Sie, welchen Beruf die Dame hat?« frage ich.
»Sie ist Lehrerin.«
»Welches Fach?«
»Mathematik – glaube ich.«

Jetzt ist der Fall vollkommen klar, sonnenklar...
Ich gehe in meine Wohnung, nehme soviel Mathe-Bücher, wie ich packen kann, auf den Arm und steige ins oberste Stockwerk.
»Oh – «, ruft die Lehrerin aus, als sie die Tür öffnet und mich vor sich stehen sieht, »Sie bringen meine Rechenbücher?«
»Entschuldigen Sie nur vielmals«, stotterte ich.
Später sage ich: »Sie wissen, daß ich – Ihre Rechenbücher habe?«
»Das macht doch nichts«, sagt die Lehrerin, »ich kann rechnen, und schließlich bekam ich im Austausch statt meiner Mathe-Bücher eine ganze Anzahl Romane geliefert. Sehen Sie?«
Ich sehe. Mitten im Zimmer sind all jene Bücher gestapelt, die ich vermisse, weil sie mir in den letzten Wochen nicht zugestellt worden sind.
»Der junge Briefträger ist ein Rationalisierer«, sagt die Lehrerin.
»Was hat das mit Rationalisierung zu tun«, sage ich, »wenn er meine Bücher an Sie und Ihre Bücher an mich liefert.«
»Damit gibt er uns Gelegenheit, unsere Bildungslücken aufzufüllen«, ruft die Lehrerin fröhlich aus. »Denn, sehen Sie, ich bin jetzt in der Literatur ganz schön firm.«
»Ich kann noch immer nicht rechnen«, sage ich und denke bei mir:
Dieser Briefträger ist doch heimlich ein Kommunist.

Im Wetteramt

Als Bücherschreiber bin ich gegen das Fernsehen, denn es raubt den Leuten die Zeit. Früher lasen die Menschen am Abend ein Buch. Heute starren sie auf die Glotze. Wenn das ein Fortschritt ist, gehöre ich zur Rückschrittspartei.
Am meisten ärgert mich der Wetterbericht. Er ist die Sendung mit der höchsten Einschaltquote. Auch wer von den Nachrichten nichts wissen will, drückt auf den Knopf, kurz bevor die Wetterkarte kommt. Ohne Wetterbericht kein Wetter.
Der Mensch ist ein Wesen, das immer wissen will, ob am nächsten Tag Sonne oder Regen erwartet wird. Nach dem Wetterbericht bleiben die Leute aus lauter Gewohnheit im Programm, statt abzuschalten und ein Buch zu lesen. Wie es sich gehörte.
Zu der Zeit, als ich in Offenbach am Main wohnte, wo das Deutsche Wetteramt ja seinen Sitz hat, faßte ich eines Tages den Entschluß, diese berühmte Institution einmal näher zu besichtigen.
Die Leute, die mich kennen, wissen: Leicht zu beeindrucken bin ich nicht.
Da muß sich schon was tun, ehe ich den Hut ziehe.
Aber als mich der Direktor des Deutschen Wetterdienstes in seinen weiträumigen Anlagen herumführte, konnte ich mich der Bewunderung nicht enthalten.
Schon das Gebäude selbst, das die Form eines mächtigen Kreuzes zeigt, riesiger Block mit einem Querblock, läßt ehrfürchtig erschauern.
Oben auf dem Dach ganze Wälder von Antennen, sich dre-

henden Rädern und Metallblättern. Dazu jede Menge komplizierter Technik für Funk, Empfang, Peilung, Messung. Man faßte schon vom bloßen Draufsehen so richtig Vertrauen in die Wettervorhersage.
Und in den Räumen erst, wo ganze Trupps von Sekretärinnen, Angestellten, Technikern und Wissenschaftlern ihren wichtigen Aufgaben obliegen.
Allein die Wetterkarte, die wir allabendlich im Fernsehen vorgezeigt kriegen, ist ein Kunstwerk, an dessen Zustandekommen Dutzende von Teams beteiligt sind.
Die einen hängen Sonden an Flugzeuge, die anderen lassen Ballons steigen, die wieder anderen bergen hernach die hochspezialisierten, empfindlichen Geräte, mit denen Luftfeuchtigkeit, Wolkendichte, Windrichtung und Geschwindigkeit, Sonnenflecken und Sternenlicht gemessen werden. Dann erhalten Geophysiker die Angaben. Sie übergeben sie den Geographen, die wiederum die Geo-Graphiker einweisen. Ich weiß nicht, was alles noch erforderlich ist, bis wir am Abend endlich die Wetterkarte auf dem Bildschirm zu Gesicht kriegen.
Aber es ist enorm.
Wirklich enorm.
Der Wetteramtsdirektor führte mich schließlich in die inneren Wettervoraussagelabors. Wir liefen einen langen Gang hinunter, der eine leichte Kurve bildete. Rechterhand nach außen liegen die vielen Labors. In einem wird das Wetter auf diesen Faktor untersucht, im nächsten auf jenen. Jeder einzelne Raum hat eine andere Spezialität. Entsprechend unterschiedlich sind auch die elektronischen Anlagen und Computersysteme.
Überall lieferten mir die Laborleiter sehr genaue und einleuchtende Erklärungen, ihre Verrichtungen betreffend, und anfangs gelang mir sogar, einiges beinahe zu verstehen.
Im hundertzweiunddreißigsten Labor gab ich es dann auf,

und angesichts des siebenundneunzigsten Computers konnte ichs einfach nicht mehr verheimlichen.
Ich mußte mal.
Nun ist es nicht leicht, den deutschen Wetterdienstdirektor und seine Scharen von ihrem Beruf besessenen auskunftsfreudigen Mitarbeiter davon zu überzeugen, daß man ihre menschlich-netten sowie wissenschaftlichen Bemühungen vollkommen zu würdigen weiß und trotzdem mal muß.
Der Direktor erklärte gerade, daß sich sein Amt in letzter Zeit kaum noch geirrt habe in seinen Prognosen, was mit der Verfeinerung der technischen Geräte und besonderer Fertigkeit intellektueller Interpretation zusammenhänge, da hielt ich es wirklich nicht mehr aus und enteilte, Pardon-Pardon-Pardon murmelnd. Die Natur forderte ihr Recht.
Auf der Suche nach der Toilette trat ich auf den Rundgang hinaus. Es fand sich aber keine Tür mit dem rettenden 00 oder dem aufgemalten Männchen.
In meiner Not öffnete ich eine Tür, die ins Innere des Rondells führte, wohin man mich bisher nicht geleitet hatte.
Ich blickte in einen runden und nahezu leeren Saal. In der Mitte saß ein alter Mann auf einem bequemen Polstersessel und schlief. Schon wollte ich mich zurückziehen, da schreckte der Schläfer auf.
»Ja, was gibts?«
»Ich muß mal«, sagte ich.
»Oh«, sagte der alte Mann freundlich, »benutzen Sie doch mein Klosett, dort ist die Tür!«
Ich stürmte aufs WC.
Danach, merklich erleichtert, bedankte ich mich höflich und wollte davoneilen. Zurück zu meinen Wissenschaftlern.
»Sonst hatten Sie keine Fragen?« erkundigte sich der nette alte Mann enttäuscht.
»Doch«, sagte ich, »was tun Sie eigentlich hier?«
»Ooch, ich bin nur das Zentrum . . .«

»Was sind Sie?«
»Der letzte Schrei im Wetteramt!«
»Ich verstehe nicht!« sagte ich.
»Das ist ganz einfach«, sagte der freundliche alte Mann, »wenn die siebenhundertsieben Wetterwissenschaftler dort draußen mit ihren Apparaten und Tabellen alles genau untersucht haben, dann kommen sie, bevor sie die Prognose für den nächsten Tag stellen, kurz zu mir herein und ich sags ihnen dann –«
»Was sagen Sie ihnen?« fragte ich.
»Na, die Aussichten –«
»Wie das?« fragte ich.
»Das ist leicht zu erklären«, sagte der alte Mann freundlich, »seit Jahren hab ich Rheuma im linken Knie. Wenn das weh tut, wird schlechtes Wetter. Spür ich keinen Schmerz, dann scheint morgen die Sonne.«

Die Vierzig-Zentimeter-Krawatte oder: Wie meine aufgeklärte Frau es sieht

»Sie möchten sich psychologisch beraten lassen?« fragte der Herr hinterm Schreibtisch.

»Ja«, sagte ich.

Mein Blick fiel auf seine schöne Krawatte. Ein Prachtexemplar, wie selbst ich erkannte.

Der Herr bemerkte meinen Blick.

»Ja. Darauf kommt es an.«

»Worauf bitte?«

»Auf die Krawatte, wie Sie sehen.«

»Ja, ich sehe.«

»Die Krawatte ist das Markenzeichen des Herrn, sein Gütesiegel, verstehen Sie?«

»Ich bemühe mich.«

»Die Krawatte ist wie die Handschrift. Man kann von ihr auf den Menschen schließen. Eine Krawatte ist so einmalig und persönlichkeitsgebunden wie die Kapillar-Linien an den Fingerkuppen. Begreifen Sie?«

»Ich versuche es.«

»Außerdem verrät die Krawatte viel über die Sexualität ihres Trägers.«

»Oh! Was Sie nicht sagen!«

»Sehen Sie – eine extrem kurze Krawatte mit üppigem Knoten offenbart den Sexualprotz, der nicht hält, was er verspricht.«

»Verspricht jemand, der einen üppigen Knoten schlingt, denn immer soviel?«

»Ungewollt ja.«
»Ungewollt.«
»Sie müssen unterscheiden lernen zwischen dem, was jemand mit Worten ausdrückt und dem, was er ungewollt durch Zeichen signalisiert.«
»Und ein üppiger Krawattenknoten ist ein Signal für sexuelles Angebertum, das nicht hält, was es anzeigt.«
»Das ist nicht alles. Ein winziger Knoten und die schmal und traurig bis unter die Gürtellinie baumelnde Krawatte lassen auf einen Schwächling deuten.«
»Ach du meine Güte –«
»Jede Schlipsform enthüllt ihren Herrn.«
»Und –«
»Und?«
»Der normale Herr, wie sieht seine Krawatte aus?«
»Eine Länge von 40 Zentimetern deutet auf ein normales, gutes und ausgeglichenes Liebesleben.«
»Ach! Und das läßt sich beweisen?«
»Gewiß. Hier nehmen Sie mich. Bitte, wollen Sie sich überzeugen? Hier ist ein Zentimetermaß. Überprüfen Sie die Länge meiner Krawatte. Na?«
»Tatsächlich – exakt vierzig Zentimeter! Wie machen Sie das?«
»Man muß an sich arbeiten. Sie verstehen?«
»Ich strenge mich an.«
»Man darf nicht jeden Tag dieselbe Krawatte tragen. Das läßt auf Einfallslosigkeit und Nachlässigkeit schließen.«
»Auch im Liebesleben –?«
»Selbstverständlich. Frauen bevorzugen die fantasievollen Liebhaber.«
»Aha –«
»Aha?«
»Meine Frau –«
»Ihre Frau ist nicht sonderlich von Ihnen beeindruckt, wie?«

»Woher wissen Sie das?«
»Sie tragen keine Krawatte.«
»Oh, entschuldigen Sie –«
»Ich entschuldige schon. Nur ob Sie sich vor sich selbst rechtfertigen können, das ist die Frage.«
»Gewiß.«
»Sie müssen wissen, was Sie sich antun, wenn Sie auf die Krawatte verzichten.«
Auf dem Heimweg kaufte ich sieben Schlipse.
Für jeden Tag einen.
Nur den siebten für den Sonntag wollte ich ungebraucht lassen. In den Schrank legen. Sonntags nie.
»Was willst du mit den vielen Krawatten?« wunderte sich meine Frau.
»Das ist so. Am Schlips erkennt man den Mann. Wer keinen trägt, vernachlässigt seine Männlichkeit. Wer einen zu großen Knoten knüpft, gibt an und versagt. Wer einen zu kleinen Knoten trägt, versagt auch. Am besten sind vierzig Zentimeter Länge, denn sie verbürgen ein gutes, ausgeglichenes Liebesleben.«
»So?« sagte meine Frau.
»Ja. So!«
Ich stellte mich vor den Spiegel und begann den Knoten zu knüpfen.
Mal wurde er zu groß, mal zu klein.
Nur die mittlere Form, die den Rest auf vierzig Zentimeter brachte, ließ sich nicht herausfinden.
Meine Frau half mit.
Nach zweieinhalb Stunden kamen wir auf eine Länge von achtunddreißig Zentimetern.
Aus Angst, das gewünschte Maß nie wieder fast zu erreichen, legten wir eine Pause ein.
Nachmittags versuchten wir's erneut.
Erst brachten wir's auf sechsunddreißig Zentimeter.

Dann auf achtundvierzig.
Endlich gelangen uns vierundvierzig Zentimeter.
Vier Zentimeter Übermaß, das sollte man verkraften können.
Jedenfalls meinte ich, Überlänge sei gewiß besser als Kürze.
Ich ließ den Schlips den ganzen Tag über um.
Es fiel nicht leicht. Beim Vespern geriet er mir in die Kaffeetasse. Beim Telefonieren verwickelte er sich in die Strippe.
»Was sitzt du denn so krumm?« wunderte sich meine Frau.
»Ich weiß nicht, es zieht mich mit aller Macht nieder!«
Ich konnte den Kopf gerade noch so halten, daß das Kinn gegen die Schreibmaschine stieß.
Meine Frau trat herzu und drehte die Gummiwalze zurück.
Ich bekam freien Raum.
Die Krawatte hatte sich mehrfach um die Walze gewickelt.
Am folgenden Morgen beim Aufstehen erklärte meine Frau:
»Hast du den Psychologen wirklich richtig verstanden?«
»Aber gewiß doch.«
»Na, ich weiß nicht.«
»Glaub mir. Ein normales Krawattenmaß verbürgt ein ausgeglichenes und gutes Sexualleben.«
»Ausgeglichen schon. Aber normal?«
Wir frühstückten.
Dann ging meine Frau weg.
Als sie heimkehrte, brachte sie sieben Krawatten mit.
»Was willst du mit den vielen Schlipsen?« fragte ich.
»Das mit den Krawatten gilt nicht nur für Männer, sondern auch für Frauen.«
»Ach –«
»Ich war bei deinem Psychologen. Er hat mich überzeugt. Auch bei den Frauen ist die Krawatte im Vormarsch.«
»Wieso?«
»Wegen der Emanzipation!«
»Dann kann bei uns künftig nichts mehr schiefgehen.«
Wir banden meiner Frau gemeinsam den Schlips um.

Eine halbe Stunde später geriet sie damit in den Fleischwolf.
»Tut nichts«, beruhigte ich sie, »komm, wir werfen diesen übriggebliebenen Krawattenknoten in den Abfall und binden dir einen neuen Schlips um. Du hast ja sieben Stück gekauft. Da kann noch einer in die Geschirrspüle geraten, einer in die Schreibmaschine, einer in die Waschmaschine, einer in die Kaffeemühle und einer in die Wringmaschine.«
»Haben wir gar nicht.«
»Wir haben keine Wringmaschine?«
»Schon seit vielen Jahren nicht mehr. Ist unnötig geworden.«
Ja, das war der Fortschritt. Als Mann bemerkt man ihn mitunter nicht rechtzeitig.
Wir ließen beide die Krawatten diese Nacht um und erwachten schweißgebadet aneinandergefesselt.
Unsere Schlipse hatten sich miteinander verschlungen.
Es dauerte einige Stunden, bis wir uns losmachen konnten.
»Bist du wirklich sicher, daß das stimmt mit den Krawatten?« fragte meine Frau.
»Ja«, sagte ich verbissen.
Dabei blieb ich sieben Tage lang.
Dann antwortete ich auch noch mit Ja, aber das ständige Insistieren meiner Frau hatte mich doch stark verunsichert.
Ich suchte, innerlich erschüttert, den Psychologen auf.
Die Praxis war verschlossen.
Ich klingelte Sturm. Der Hausmeister erschien.
Er musterte meine bunte, schöne Krawatte mit einem langen Blick.
»Ist hier niemand daheim?« fragte ich.
»Ja, wissen Sie denn nicht, daß die Krawattenfabrik Halsbrech & Vogel Bankrott gemacht hat?«
»Was kümmert mich der Niedergang einer Schlips-Firma. Ich will zu meinem Psychologen.«
»Aber mein Herr, der Psychologe war doch Angestellter der Fabrik Halsbrech & Vogel – «

Diese Information traf mich wie ein Faustschlag.
Ich taumelte die Treppe hinunter und auf die Straße.
In den Ohren dröhnte es.
Vor den Augen drehte sich alles.
Ich riß mir die Krawatte vom Hals und warf sie achtlos beiseite.
»He! Sie! So warten Sie doch!«
Eilige, sich nähernde Schritte.
Ich blieb stehen.
Eine junge Frau stand vor mir, meine weggeschleuderte Krawatte in Händen.
»Sie haben gerade Ihren Schlips verloren!«
»Tatsächlich?«
»Aber so nehmen Sie doch. Ein Herr ohne Krawatte ist nur ein halber Mann!«
Ich bedankte mich artig.
Ging heim.
Stopfte meine Schlipse und die meiner Frau in den Mülleimer.
»Vierzig Zentimeter«, murmelte meine Frau, »daß ich nicht lache ... Vierzig Prozent Beteiligung wird er bekommen haben, der Herr Psychologe, von jeder verkauften Krawatte!«

Aber

Eine Zeitlang war ich für MAPOLA tätig, das berühmte Meinungsforschungsinstitut. Der Job wird nicht besonders gut bezahlt, man kann aber davon leben, wenn man sich anstrengt.

Bei der letzten Umfrage ging es um die Meinung der Bürger zu Staat und Gesellschaft.

Vor den Vereinigten Autowerken fragte ich einen dort stehenden Arbeiter.

Der Mann sagte:

»Der Staat ist okay. Die Gesellschaft ist okay. Uns geht's gut.«

»Und warum stehen Sie hier vorm Tor?«

»Ich streike.«

»Warum streiken Sie?«

»Wir wollen acht Prozent mehr Lohn.«

Ich notierte die Antworten sorgfältig.

Im Café Burg in der Innenstadt fragte ich eine ältere Dame.

»Staat und Gesellschaft sind okay«, erklärte die ältere Dame.

»Haben Sie bei den letzten Wahlen auch gewählt?«

»Gewählt? Nein! Wo denken Sie hin!«

»Warum nicht?«

»Uns Rentner wollen die doch von vorne bis hinten beschummeln. Denen da oben trau ich nicht mehr über den Weg.«

Ich verließ das Café und sprach auf der Straße einen jungen Mofafahrer an.

»Ha?«

Ich wiederholte meine Frage.

»Staat und Gesellschaft sind okay.«
»Sie gehen noch zur Schule?«
»Ha?«
»Ob Sie noch zur Schule gehen?«
»Nee.«
»Sie arbeiten in einem Beruf?«
»Ha?«
»Ob Sie berufstätig sind?«
»Nee. Hab keene Arbeit.«
»Aber mit Staat und Gesellschaft sind Sie zufrieden?«
»Is doch okay, Mann!«
Jetzt müßtest du mal einen richtigen Gegner befragen, dachte ich, schon wegen der notwendigen Durchschnittswerte, die bei der Umfrage herauskommen sollen. Am besten, man befragte einen Kommunisten.
Aber wo kriegt man einen her. Ich sah im Telefonbuch nach. Tatsächlich, da stand eine Kommunistische Partei verzeichnet.
Ich rief an.
»Einen Kommunisten wollen Sie sprechen. Für eine Meinungsumfrage? Moment bitte –«
Getuschel im Hintergrund.
»Hallo – ja hören Sie – also der Genosse ist momentan verreist.«
»Haben Sie nicht noch einen zweiten – bitteschön?«
»Der zweite wurde gestern aus der Partei ausgeschlossen.«
Klack. Aufgelegt.
Ich rief bei den Vereinigten Arbeitgebern an.
»Einen Kommunisten wollen Sie sprechen? Das ist nicht schwer. Davon gibt's in diesem Staat jede Menge. Wo es sie gibt? Na hören Sie mal, rufen Sie doch einfach bei den Gewerkschaften an.«
Ich wählte die Nummer der Gewerkschaften.
»Wen wollen Sie sprechen?«

»Einen Kommunisten bitte!«
»Da haben Sie falsch gewählt, hier sind die Gewerkschaften.«
»Haben Sie denn keine Kommunisten dort?«
»Frechheit! Provokateur!«
Klack. Eingehängt.
Nicht zu glauben, wie schwer es ist, einen Kommunisten zu befragen.
Am Nachmittag sagte meine Frau zu mir:
»Suchst du nicht schon seit Tagen einen Kommunisten?«
»Alles vergeblich. Ich war schon in der Schule. Aber die letzte Lehrerin, die einer nicht verbotenen Kommunistischen Partei angehörte, darf seit einem Vierteljahr das Schulgebäude nicht mehr betreten. Das hat mir einer aus dem Kollegium erzählt. Er ist NPD-Mitglied.«
»Vielleicht kann ich dir zu deinem Kommunisten verhelfen«, sagte meine Frau. »In den Parkanlagen am Blauen Baum soll manchmal einer seinen Hund ausführen.«
Ich also Befragungsblatt und Bleistift gepackt und nichts wie hin.
Der Kommunist war unverkennbar. Jeans, Lederjacke, lange Haare, Bart und scharfer deutscher Schäferhund.
»Entschuldigen Sie, Genosse«, sagte ich, »würden Sie mir bitte erzählen, was Sie von Staat und Gesellschaft halten?«
Der Hund knurrte. Der Mann spuckte kurz durch die Zähne und schnaufte verächtlich.
»Alles Scheiße«, schimpfte er.
»Vielleicht könnten Sie sich doch etwas detaillierter ausdrükken«, bat ich.
»Ist doch ein Scheißladen, dieses imperialistische Monopolkartell von Revisionisten und Reformisten. Lauter Volksunterdrücker und Sklavenhalter.«
Ich schrieb eifrig mit. Endlich mal ein entschiedener Gegner von Staat und Gesellschaft. Ich hatte Glück.
Ich vergewisserte mich:

»Sie sind also absolut gegen unseren Staat und unsere Gesellschaft.«
»Was denn – was denn – wovon reden Sie – ich meine den Scheißladen Sowjetunion, ist das klar? Okay?«
Bei Erwähnung des Wortes *Sowjetunion* knurrte der Hund so laut, daß ich mich eiligst absetzte.
In der Innenstadt wie üblich ruhender Verkehr. Wagen hinter Wagen.
Ich beschloß, einen letzten Versuch zu machen und trat an einen Mercedes 450 heran. Drinnen saß ein smarter Herr im Nadelstreifenanzug und mit Krawatte. Saunagesund und höhensonnensowietennisgebräunt.
Mit leichtem Surren öffnete sich das elektronisch betriebene Wagenfenster.
»Was ich von Staat und Gesellschaft halte?« fragte der Herr im besten, sonoren Hochdeutsch.
»Was halten Sie also davon?«
»Es ist eine Schande!«
»Worauf beziehen sich diese Worte?«
»Auf alles. Staat und Gesellschaft und alles. Unfähig und verrottet durch und durch.«
»Würden Sie es mir noch etwas genauer definieren?«
»Sehen Sie, jetzt werde ich hier auf diesem Straßenstück schon wieder zehn Minuten festgehalten. Es geht nicht vor und nicht zurück. Für die sieben Kilometer von meinem Bungalow zu meinem Büro benötige ich oft mehr als eine Stunde. Eine wahre Schande. Der ganze Staat und die ganze Gesellschaft.«
»Darf ich Sie jetzt nach dem Zweck Ihrer Fahrt fragen?«
»Ich fahre ja gar nicht, ich stehe, wie Sie sehen. Seit zehn Minuten. Es ist unerhört, alles ist unerhört!«
»Was ist das Ziel Ihrer Fahrt?«
»Wohin ich möchte? Na, zu meinem Autohändler. Dieser Karren hier ist jetzt schon fast ein Jahr alt. Meinen Neuwagen

will ich abholen. Aber Sie sehen ja selbst, es ist einfach kein Durchkommen. Totales Versagen des Staates.«

An diesem Abend sagte ich daheim im Bett leise zu meiner Frau: »Weißt du, ich gebe den Job bei der Meinungsforschung auf.«

»Du siehst auch schon ganz blaß aus«, bedauerte mich meine Frau. »Die Arbeit ist zu schwer für dich. Sie wird noch nicht einmal anständig bezahlt.«

»Das ist es nicht, was mich kratzt«, erklärte ich, »es liegt mehr an Staat und Gesellschaft.«

»Was ist damit? Hast du etwas dagegen?«

»Nein, Staat und Gesellschaft sind okay. Aber ...«

»Aber was?«

»Die Leute, also wenn die offen ihre Meinung äußern, das hält der stärkste Mann nicht aus –«

»Bist du krank?« Meine Frau legte ihre Hand auf meine Stirn. »Du fieberst ja!«

»Mein Fieber ist okay!« schrie ich.

»Schon gut!« beruhigte meine Frau und rief den Arzt an.

Eines ist klar. Wenn ich wieder gesund bin, Meinungsforschung betreibe ich nicht mehr. Das steh' ich einfach nicht durch. Staat und Gesellschaft sind ja okay. Aber.

Scheren zerschneiden die Freundschaft

Es gibt den Ödipus- und den Minderwertigkeitskomplex, aber aus denen läßt sich kaum was Neues herausholen. Die Psychotherapeuten gähnen vor Langeweile, wagt man sie mit dem breitgetretenen Quark zu behelligen.

Auch apartere Spielarten fesseln einen altgedienten Seelendoktor nicht mehr, steckt dahinter doch immer nur ein schnöder Sex- oder Vater-Mutter-Bruder-Schwester-Komplex, da kommt's bloß darauf an, kann man die Familienmitglieder nicht ausstehen oder liebt man sie übers Normalmaß hinaus. Den Angehörigen gegenüber darf man nicht übertreiben. Weder entschiedener Verwandtenhaß noch allzu ausgeprägte Verwandtenliebe werden von Gesellschaft und Justiz geduldet – der erste Fall wird als Eltern- oder Geschwistermord strafrechtlich verfolgt, der zweite Fall als Inzest.

All dies bedrückt mich nicht. Bruder oder Schwester hab' ich nie gehabt. Mein Vater ist tot. Die Mutter lebt in einer weitentfernten Stadt.

Dafür leide ich an einem Scherenkomplex.

Genauer gesagt: an einem Nagelscherenkomplex.

Da man seinen eigenen Zwangsvorstellungen gegenüber lange Zeit blind bleibt, wurde ich mir über meine Schwierigkeiten mit Scheren erst im Laufe des Zusammenlebens mit anderen Leuten klar.

Die frühkindlichen Prägungen überstand ich ohne nennenswerten Schaden – den Spruch »Messer, Gabel, Scher' und Licht, sind für kleine Kinder nicht« – plapperte ich brav nach und beherzigte ihn, solange es nötig war.

Höchstens störte mich die unziemliche Verkürzung der Schere zu »Scher'«, ein gewisses Sprachempfinden war mir wohl angeboren, und so duldete ich die Verstümmelung, geschah sie doch um des Reimes willen.
Versmaß für Versmaß.
Probleme ergaben sich mit der ersten eigenen Nagelschere, die mir ein Onkel zugleich mit der Schultüte schenkte. Sei es, weil ihm schien, saubere Fingernägel seien unabdingbar für sauberes Denken, von dem er irrtümlich annahm, das würde einem in der Schule beigebracht, während die Lehrer zu meiner Zeit ihren Stolz darein setzten, die ihnen anheimgegebenen Jungen und Mädchen in jeder Weise zu dressieren, bloß nicht in Richtung zum klaren Denken; sei es, die Schultüte mit Süßigkeiten dünkte dem Onkel gar zu vergänglich und ohne Bestand, jedenfalls erhielt ich von diesem Verwandten etwas Solides aus Solingen, eine wunderschöne, scharfe Nagelschere.
Mein Onkel, Musiker von Begabung und Beruf, sah sich gezwungen, mitunter auf andere Jobs auszuweichen. Es war die Zeit der ersten großen Arbeitslosigkeit in den Zwanziger Jahren, und wenn die Leute schon nichts verdienten, wollten sie das nicht noch durch liebliche Melodien begleitet sehen, also mußte mein Onkel die Ziehharmonika zu Zeiten in die Ecke stellen und stattdessen in Bestecken reisen. Messer, Gabel, Löffel brauchten auch die Arbeitslosen, essen muß der Mensch, ohne Musik kann er 'ne ganze Weile leben.
An den Besteckkästen hing auch eine Sortierung Scheren, und eine davon war mein Präsent zum ersten Schultag.
Mit dem Geschenk begannen die Gemeinheiten. Niemand achtete mein Eigentumsrecht an der Nagelschere.
Anfänglich ließ ich das silberblitzende Ding vertrauensvoll daheimliegen, mit dem Erfolg, daß ich auf große Suchexpedition gehen mußte, wollte ich mich nach der Heimkehr vom Unterricht meiner Schere bedienen.

Mein Vater schnitt sich die Zigarren damit rauchbereit, meine Mutter trennte Zwirn, Twist und Stopfwolle durch, verräumte meine Schere danach in den Tiefen ihres Flickkorbes, wo ich sie erst nach Stunden unter löchrigen Socken, zerfetzten Hosen und Schürzen hervor wieder ans Licht brachte.
Ich zog die Konsequenz und nahm meine Nagelschere fortan mit in die Schule, wohlverwahrt im Etui neben Bleistift, Spitzer, Radiergummi und Füllfederhalter.
Meine Klassenkameraden, bisher gezeichnet von schwarzen Fingernägelrändern, die jedem Kohlenträger Ehre gemacht hätten, sahen meine Schere und gerieten in einen Hygiene-Koller.
Sie säuberten und schnippelten an und unter ihren Nägeln herum, daß mir Angst und Bange wurde um meine Schere. Häufig wurde sie während des ganzen Vormittags von Schüler zu Schüler weitergereicht und benutzt, ich hatte Mühe, nach dem Unterricht mein Eigentum wieder zu ergattern.
Durch Schaden nervös geworden, versteckte ich meine Schere vor Familie und Mitschülern.
Meine Sorge um das geliebte scharfe Ding war leider größer als mein Gedächtnis, man glaubt ja nicht, wie viele Möglichkeiten sich selbst in einer winzigen Zweizimmerwohnung ergeben, eine Nagelschere vor fremden Augen und unbefugtem Zugriff zu verbergen. Als die Zeiten, die ich mit der Suche nach meiner Schere verbrachte, länger wurden als die Stunden, die ich für Unterricht, Schule und sonstiges Leben aufwenden konnte, nähte ich mir aus Leder einen kleinen Brustbeutel und trug die Schere fortan am Körper.
Bei den Soldaten verpaßte man mir eine blecherne Erkennungsmarke. Die hing nun aufgefädelt um meinen Hals.
Doch rettete ich meine Nagelschere, man frage mich nicht wie, über Krieg, Todesgefahr, Verwundung und langjährige Gefangenschaft.
Zurückgekehrt, abgezehrt und kaputt wie die wenigen Klas-

senkameraden, die gleich mir der Völkerschlacht entkommen waren, vier Fünftel meiner Altersgenossen lagen in Gräbern über den Erdball verstreut, besaß ich doch noch immer meine Nagelschere.
Sie war ziemlich stumpf geworden in den langen Jahren, doch nach emsigem Forschen entdeckte ich 30 Kilometer entfernt von meinem damaligen Wohnort den ersten Scherenschleifer, der nach Krieg und Kriegsende seinem Handwerk wieder traute – er schliff mir die Schere, zog die ausgeleierte Schraube an, Solinger Wertarbeit, sagte er und betrachtete die Schere so versonnen, daß ich eilig nach meinem Eigentum griff, dem Manne einen viel zu hohen Preis für die Restauration zahlte und heimlief, die ganzen dreißig Kilometer zu Fuß.
Nach und nach lernte ich eine Reihe Frauen kennen. Wenn ich eine besonders mochte, durfte sie sich die Nägel mit meiner Schere richten.
Doch wachte ich eifersüchtig darüber, daß keine sich die Nagelschere für länger unter den Nagel riß.
Dann wurde ringsum alles friedlicher, mich erfaßte ein solcher Friede, daß ich beschloß zu heiraten.
Die Eltern des Mädchens waren recht freundlich.
Erst bei der Heimkehr in meine Studentenbude stellte ich fest, meine Nagelschere fehlte.
Schwarzes Mißtrauen wuchs zwischen dem schwarzhaarigen Mädchen, das ich heiraten wollte, und mir. Wir waren im Guten von ihren Eltern geschieden. Nun suchten böse Gedanken mich heim: Meine Schere war verschwunden.
Der schwere Verdacht gegen Vater und Mutter, bis dahin unbescholtene Leute, irritierte meine zukünftige Frau beträchtlich. Meine Eltern, sagte sie empört, klauen doch keine Nagelschere, sie haben selber eine. Unser bis dahin ziemlich harmonisches Verhältnis blieb gestört. Wie kann man, sagte das Mädchen, ein solches Theater machen wegen einer verschwundenen Nagelschere!

Was wußte sie schon.
Übrigens fand sich die Schere kurze Zeit später wieder. Bei mir. Zwischen Zeitungsstößen, die ich damals wie heute auf Reisen in Taschen und Koffern mit mir führe; meine Liebe zur Presse ist fast so groß wie die zu meiner Nagelschere.
Meine damals zukünftige Frau ist inzwischen meine heute noch wirkliche. Die verschwundene Nagelschere bringt sie nicht mehr aus der Fassung. Es passiert oft, daß ich mit dem Schreckensruf aus dem Arbeitszimmer stürze: Meine Schere ist weg!
Noch immer geschehen Übergriffe auf meine Schere. Die Zeitungsstöße sind inzwischen mächtiger geworden als in der Studentenzeit, also dauert es entsprechend länger, bis die Schere aufgespürt ist.
Auch zählt ein Wellensittich zu unserem Haushalt, der auf blitzende, kleine Metallgegenstände fixiert ist und sie in seinem Schnabel davonträgt – mindestens einmal pro Monat meine Schere. Er hat den gleichen Komplex wie ich.
Um den Frieden in der Familie zu wahren, versuchte es meine Frau mit Ersatz-Scheren, ganz exquisite darunter, vergoldet, mit Extras ausgestattet und so scharf, daß man sich damit nicht nur die Nägel ab-, sondern die Kehle durchschneiden könnte – doch ich beharre auf meinem Modell.
Die ägyptischen Könige, sagt meine Frau, ließen sich mit Schmuck und Edelsteinen unter ihren Pyramiden bestatten, ich weiß, was ich dir mit ins Grab gebe, sonst stehst du unverzüglich wieder auf, worüber ich mich ja nur freuen könnte, doch wenn der Lebensfaden einmal abgeschnitten ist –
Meinetwegen soll man ihn abschneiden, sag' ich, aber bitte nur mit meiner Schere...

Besser als Hemingway

Das Telefon klingelte.
Eine Firma aus Westberlin meldete sich.
Der Begriff *Film* kam in ihrem Namen vor.
Wahrscheinlich hatte sie was damit zu tun.
Eine Garnitur verschiedener Sekretärinnen nahm das Wort und jede reichte mich weiter an die nächste Sekretärin.
Man merkte es den Stimmen an, man ließ mich in der Filmhierarchie immer weiter hinaufgelangen.
Zuletzt mußte ich auf dem Gipfel eingetroffen sein. Jedenfalls ziemlich oben und dem Gipfel nahe, denn die letzte Sekretärin vermochte sich kaum noch deutlich auszudrücken, so hoch oben schwebte sie.
Jede Kommando-Hierarchie entwickelt auch eine Sekretärinnen-Hierarchie.
Jetzt war es soweit.
Man hatte mich fernmündlich an einen Boss angeschlossen.
Ich spürte es an seiner gewichtigen Stimme.
Er war ein Gewaltiger.
Wie immer in solchen Situationen befiel mich unstatthaftes Unwohlsein.
Ich verstand nicht die Namen, die genannt wurden. Kapierte nicht, worum es ging.
Denn, sage ich mir, wenn jemand was von mir will und es stört ihn schon, es mir dreimal hintereinander zu erklären, ohne daß ihm der Geduldsfaden reißt, dann ist es sowieso sinnlos, daß ich mir seinetwegen den Kopf zerbreche.
Leute, die von unsereinem was wollen, sollen dafür nicht nur

zahlen. Sie sollen auch in der Lage sein, ihren Auftrag zu verdeutlichen.
Ein gewisses Quantum Geduld und Beredsamkeit müssen sie schon aufweisen, neben dem Geld.
An diesem schönen Vormittag also erfuhr ich, der Herr Fellini habe einen Film *Satyrikon* produziert. Nach antiker Vorlage. Der Film sei, wie es sich gehört, aus dem Italienischen ins Amerikanische übertragen worden und solle nun aus dem Amerikanischen ins Deutsche übertragen werden.
Dafür habe man mich ausgesucht.
Ganz bescheiden wehrte ich erst einmal ab.
Erstens spräche ich kein Wort amerikanisch. Und zwar aus Rache dafür, daß mich die Amerikaner vor rund zehn Jahren nicht in ihr Land einreisen ließen: weil ich Kommunist sei. Nun war ich schon damals längst kein Kommunist mehr, sondern nochmal zehn Jahre früher aus der kommunistischen Partei der DDR gefeuert worden. Doch aus Trotz, wegen der Verweigerung des USA-Einreisevisums, führte ich mich fortan den Amis gegenüber als Kommunist auf.
Wozu einen die Herren Staatsbeamten doch bringen können.
Den Film-Boss von der Firma in Westberlin störte meine politisch-persönliche Vorgeschichte nicht im geringsten. Er wies nach, daß im gesamten deutschen Sprachbereich kein anderer als ich in der Lage wäre, Fellinis Frechheiten lasziv und dennoch akzeptabel ins Deutsche umzusetzen.
Mein Selbstwertgefühl wuchs erheblich. Stolz ist ebenso verletzlich wie aufblasbar.
Ich fragte nach dem Honorar.
Dreitausend wurden geboten.
Ich verlangte keck fünftausend.
Das wurde anstandslos akzeptiert.
Schon ärgerte ich mich, nicht sechs- oder zehntausend gefordert zu haben.
Aber zugesagt ist zugesagt.

Tage darauf trafen die Unterlagen mit der Post ein. Der amerikanische Text. Dazu eine deutsche Rohübersetzung. Dazu eine Übersetzung der deutschen Rohübersetzung ins Papierdeutsche. Mir wurde klar, sie hatten also schon übersetzen lassen.

Dabei waren alle erotischen Frechheiten untergebügelt worden. *Satyrikon* las sich wie das Protokoll einer Amtshandlung, angefertigt durch den Amtsleiter. Sie hatten das – immerhin – bemerkt.

Als erstes schmiß ich die Übersetzung weg und nahm mir die Rohübersetzung vor.

In Münchens Geiselgasteig verschaffte man mir eine Sondervorführung der Film-Urfassung.

Ein Jugendtraum erfüllte sich: Ein Film für mich allein – ein Kinosaal für mich allein.

Erhebendes Gefühl.

Am Ende der Vorführung war ich der Meinung, der Film müsse gar nicht übersetzt werden.

Er brauche gar keine Worte.

Aber ich hatte ja meinen Auftrag.

Also beredete ich alles mit meiner Frau.

Dann gingen wir mit Feuereifer ans Werk.

Man glaubt gar nicht, wie viele Möglichkeiten es gibt, antike Sauereien, die aus dem Römischen ins Italienische, aus dem Italienischen ins Amerikanische, aus dem Amerikanischen ins Rohdeutsche übersetzt worden sind, nun in lebendiges Gegenwartsdeutsch zu bringen.

So entstand ein, wie wir fanden, humorvoller, vollkommen zweideutiger und manchmal auch eindeutiger Film-Text, ein Spaß mit Schlitzohren.

Wir waren sehr befriedigt, meine Frau und ich, als wir uns das Ergebnis gegenseitig vorlasen.

Ich holte eine gute Flasche Sekt, denn ein Erfolg will gefeiert sein.

Wir meinten, die Auftraggeber müßten vor Freude in den Himmel springen.
Das Manuskript wurde abgeschickt.
Daraufhin Schweigen bei der Firma.
Nach vier Wochen rief ich dort an.
Diese Probleme, die Sekretärinnen-Leiter hochzuklimmen und den Boss an die Strippe zu kriegen.
Endlich hatte ich sein Ohr.
Er sagte nicht ja und nicht nein, verwunderte sich nur darüber, daß wir die Rohübersetzung zum Ausgangspunkt unserer Umarbeitung genommen hatten und nicht die sogenannte Feinübersetzung.
»Herr«, sagte ich, »wollten Sie nun eine Amtshandlung oder wollten Sie die lebendige Volkssprache?«
Der Boss artikulierte nicht, was er wollte. Jedenfalls wirkte er irgendwie verklemmt. Vielleicht hatten wir zu volksnah-anrüchig übertragen.
Monate darauf kam der Film in die Kinos.
Meine Frau und ich nichts wie hin.
Mal sehen, wie die Deutschen auf unsere Mühen, ihnen aufs erotische Maul zu schauen, reagierten.
Als der Film gelaufen war und die Lichter angingen, saßen wir beiden lasziven Übeltäter gedemütigt in unseren Kinosesseln.
Unsere Kunst war abgewiesen worden. Ganze 4 (vier) Worte unseres Textes hatten sich behaupten können.
Auf dem Heimweg im Auto sagte meine Frau: »Da gibt's eine berühmte Story über Papa Hemingway. Der erhielt beim Abdruck einer Erzählung pro Wort hundert Dollar.«
»Ich glaub', es war *›Der alte Mann und das Meer‹*«, sagte ich.
Wir fuhren schweigend weiter.
Dann sagte ich: »Das Geld erhielt er nicht für einen Abdruck, sondern für die Filmrechte. Wenn ich nicht irre.«
»Ob du irrst oder nicht«, sagte meine Frau, »jedenfalls bist du besser als Hemingway.«

Ich dachte, das ist ja lieb von der Guten, wenn sie mich jetzt so trösten will. Aber der Vergleich ist wirklich ein wenig zu hoch gegriffen.
In den folgenden Wochen mahnte ich das verabredete Honorar mehrfach an.
Bis es tatsächlich auf mein Konto einging.
Voller Stolz zeigte ich meiner Frau den Kontoauszug.
»Siehst du«, sagte sie, »ich hatte doch recht!«
»Womit?«
»Fünftausend Mark für vier Worte, das macht eintausendzweihundertfünfzig Mark für ein Wort. Ob du besser bist als Hemingway weiß ich nicht. Jedenfalls wirst du sechsmal besser bezahlt als er!«
Ich rechnete nach. Legte man den Dollarkurs mit etwa 1 : 2 zugrunde, dann stimmte es tatsächlich.
»Na«, brummte ich, »du hast ja auch daran mitgeschrieben.«
Meine Frau lächelte.
»Dann sind wir eben beide besser als Hemingway«, stellte sie fest. »Schließlich handelt es sich nicht um ein unbeweisbares literarisches Werturteil, sondern um ein mathematisch nachprüfbares Resultat.«
Dem war nicht zu widersprechen.

Im Nationalpark

Der Urlaub im Süden war uns schon lange verleidet. Steigende Preise. Steigende Kriminalität. Steigende Unhöflichkeit des Personals. Nur eines stieg nicht – die Kochkunst. Fast hatten sich die südländischen Ferienhotelköche auf dem Niveau durchschnittlicher deutscher Restaurants eingependelt – um so schlecht zu essen, muß ich nicht erst so weit in den Süden reisen, sagte ich zu meiner Frau.
Kurzum, diesen Sommer blieben wir im eigenen Land.
Es gibt auch zu Hause noch schöne Fleckchen Erde.
Den Bayerischen Wald zum Beispiel.
Nach wenigen Stunden Fahrzeit langten wir an.
Ein schmuckes Hotel mitten im Wald.
Preiswert, sauber und gemütlich.
Natürlich blieb die Frage nach dem Wetter. Es konnte regnen. Aber im Süden hatten wir auch schon Ferien erlebt, wo es mitten im Sommer vierfünf Tage hintereinander vom Himmel schüttete, was nur runter wollte. Manchmal schneite es im Winter in der Sahara, während wir in Frankfurt keine einzige Flocke zu sehen kriegten und es nicht mal auf dem Feldberg eine dünne Schneedecke gab.
Wir fühlten uns im Bayerischen Wald recht wohl. Man konnte die Einheimischen sogar verstehen. Seit Dialekt wieder modern wurde, brachte das Fernsehen so oft Stücke im urigen Volkston, daß man sich richtig einhörte und nun in Wirklichkeit erproben konnte, was die Kunst zuvor mit uns geübt hatte.
Wir gingen spazieren.

Spazieren und nochmal spazieren.
Allerdings durfte vom Freitag an niemand mehr allein in die Wälder.
Jäger durchstreiften die Gegend mit schußbereiter Büchse.
Ein Bär war aus dem Gehege ausgebrochen.
Er sei groß und gefährlich, hieß es.
Radio und Fernsehen meldeten die Sensation.
Die Zeitungen waren dem Bären dankbar, lieferte er doch Balkenüberschriften in der Sauregurkenzeit.
Ängstliche Eltern nahmen ihre Kinder bei der Hand, flüchteten ins Auto und verließen das gefährliche Bayern.
Der Bär wurde weit weg in der Nähe von Bodenmais gesichtet.
Sofort fuhren alle Jäger hin und gingen dort auf Bärenjagd.
Bei uns am Lusen hob man die Sicherheitsmaßnahmen auf.
Ein Großteil der entflohenen Urlauber kehrte zurück. Wir nahmen unsere täglichen Spaziergänge wieder auf. Anfangs kamen meine Frau und Tochter mit, doch dann wurde es ihnen zu viel, uns ist schon ganz grün vor Augen, sagten die beiden naturentfremdeten Städterinnen. Ich ging meist allein durch den Wald, und so passierte es, daß ich mit dem Bären zusammenstieß.
Er war wirklich ziemlich groß und gut im Futter. Ich hatte ihn nicht gleich gesehen, denn ich sammelte Heidelbeeren. Beim langsamen Rückwärtsgehen streifte ich jemanden.
»Pardon!« sagte ich.
Der andere brummte etwas.
Ich zupfte ein paar pralle süße violette Beeren und sagte: »So schön und saftig wie hier sind sie nirgendwo!«
Weil der Nachbar nicht recht Bescheid tat, drehte ich mich um und sah ihm voll ins Gesicht.
Ich traute meinen Augen nicht.
Es war tatsächlich der ausgebrochene Bär.
Er hatte es ebenso wie ich auf die Heidelbeeren abgesehen und

mümmelte mit der spitzen Schnauze durch die kleinen Sträucher.
Ich machte, daß ich wegkam.
Im Hotel sagte ich nichts.
Erstens gerieten die ängstlichen Eltern nur wieder in Panik und zweitens strömten die vielen Jäger sofort wieder bei uns zusammen, die wir glücklicherweise gerade losgeworden waren. In Bodenmais drüben hatten sie schon zwei Feriengäste erlegt und drei Treiber verwundet. Verglichen damit war der Wald um unser Hotel herum geradezu eine Lebensversicherung.
Dummerweise war der Bär ein ausgewachsenes Leckermaul. In der darauffolgenden Nacht öffnete der Bär den Kühlschrank unserer Hotelküche. Die Salatmamsell, die daneben ihre Schlafkammer hatte, erwachte von dem Lärm und sah sich dem joghurtschleckenden Meister Petz konfrontiert. Die Mamsell hörte gar nicht mehr auf zu schreien.
Am nächsten Morgen war der Teufel los.
Der Nationalpark machte mobil.
Alle Jäger Bayerns und der angrenzenden Länder fanden sich ein. Fünf Kompanien Bundesgrenzschutz mit gepanzerten Fahrzeugen rückten an.
Ade, du stiller Wald.
Mittags gab's keinen Salat, die zuständige Mamsell schlummerte fest, nachdem ihr der Arzt gegen den Schock eine Beruhigungsspritze verpassen mußte.
»Das hätte ich nicht gedacht, daß ein Urlaub in Deutschland so aufregend sein kann«, sagte meine Frau.
»Wir sind nicht in Deutschland, wir sind in Bayern!« sagte ich.
»Weißt du noch, damals in Bochum?«
Ja, ich wußte noch. Dort im Zoo hielten sie einen mächtigen Braunbären im Gehege.
Die kräftigen Westfalen, die sich nicht vorstellen konnten, daß

ein Tier stärker sein könnte als sie, ließen sich mit dem Zoo-Petz auf allerhand Neckereien ein.
Nachdem sieben bärenstarke Westfalen auf der Strecke geblieben waren, sah sich der Direktor veranlaßt, den Käfig mit einem Warnschild abzusichern.
Darauf war zu lesen: *Nicht am Bär packen!*
»Na«, beruhigte ich meine Frau, »wir sind hier nicht in Westfalen, sondern in Bayern und da kennt man sich aus mit wilden Bestien.«
»Gütiger Himmel«, stammelte meine Frau, »wenn sie schon gegen einen Bären den halben Grenzschutz ins Gefecht werfen, wie wollen sie dann den Kommunisten standhalten?«
In diesem Augenblick gab's draußen eine höllische Schießerei. Danach herrschte völlige Stille. Endlich hörten wir aufgeregtes Rufen.
Eine Grenzschutzkompanie hatte Feindberührung gehabt.
Der Bär war aufrechtgehend auf sie zugekommen.
Aus drei Schützenpanzerwagen hatten die Grenzschützer das Feuer eröffnet.
Der Bär fiel sofort um.
Man legte das tote Tier über das lange starke Kanonenrohr eines Panzers und fuhr ins Dorf.
Ich traute meinen Augen nicht.
Der geschossene Bär war ein Bärchen.
Eine Art Waschbär.
Na ein wenig größer schon. Doch gegenüber dem Bären, mit dem gemeinsam ich Heidelbeeren gesucht hatte, eine glatte Maus.
Über meine Lippen kam kein Wort.
Sollten sie doch glauben, die Hatz wäre siegreich beendet.
Sie glaubten es tatsächlich.
Es wurde ein rauschendes Fest. Die Tausendschaften Jäger und Soldaten, die selbsternannten Flintenmeister feierten die ganze Nacht hindurch.

»Eigentlich hebt so ein entsprungener Bär den Fremdenverkehr mehr als alle teure Fremdenverkehrswerbung«, sagte der Bürgermeister nachdenklich zu unserem Hotelier.
Die Leute soffen und waren selig.
An Schlafen war nicht zu denken.
Wir kleideten uns an und gingen ins Dorf.
Hier war der Teufel los.
Mitten vor der Bürgermeisterei stand ein Oberförster aus dem Fränkischen und gab aufgeregt sein eben überstandenes Abenteuer zum besten.
Die Menge lauschte verzückt.
Der Oberförster war dem Bären begegnet.
Der Bär ist ein Riesenvieh gewesen.
So groß –
Der Oberförster deutete mit den Händen an, wie riesengroß.
Aber das war nicht das Schlimmste.
Worüber der Oberförster nicht wegkam, war etwas anderes.
Der Bär, also der Bär hatte das Gewehr des Oberförsters mitgenommen.
Die lustigen Leute, die die ganze Nacht gebechert hatten, begannen zu kichern, schließlich laut zu lachen und zu jauchzen: Nein, so ein Spaß! Der Bär war doch erlegt worden. Der Bär lebte gar nicht mehr!
Die am meisten berauscht waren, sagten mit plötzlicher Nüchternheit: Der Oberförster ist besoffen!
Ein Bär hat dem Oberförster sein Gewehr weggenommen!
Sowas gibt's doch nicht.
Nicht mal im tiefsten Bayerischen Wald.
Nicht mal im Nationalpark!
Plötzlich fiel ein Schuß.
»Herrgottsakra!« schrie der fränkische Oberförster und warf sich vornüber auf den Bauch.
»Das war meine Flinte!« schrie er, »Leute, geht in Deckung, der verdammte Bär schießt mit meinem Gewehr!«

Es knallten noch drei Schüsse.
Dann trat endlich Ruhe ein.
Wir rappelten uns vorsichtig vom Boden auf.
Jetzt ergriffen alle Jäger und Bundesgrenzschützer ihre Waffen und auf ging's, zurück in den Wald, Halali, die Bärenjagd war wieder los!
Wir eilten ins Hotel.
Auf der Treppe kam uns der Hotelbesitzer entgegen. Mir fiel seine große, kräftige Statur auf.
Ja, im Nationalpark gibt's noch Kerle aus altem Schrot und Korn.
Unser Gastwirt war bester Laune.
Er hatte allen Grund dazu. Aus ganz Deutschland und sogar aus Amerika strömten die Bärenjäger herbei. Das gute Tier förderte den Tourismus wie nichts sonst.
Wir hatten noch eine Woche Ferien.
Mit der Ruhe und Stille war es allerdings vorbei. Alle Welt ging auf Bärenhatz.
Unser Hotelier stellte schon die Beilagen für den zu erwartenden Bärenschinken zusammen.
»Eine Delikatesse!« schmatzte er genießerisch.
Am Tag vor unserer Heimfahrt wankte meine Frau kreidebleich ins Hotelzimmer.
Ihre Knie zitterten.
Ihre Stimme versagte.
»Was ist denn mit dir los?« fragte ich.
Sie brachte kaum ein Wort heraus.
Ich gab ihr einen Schluck Whisky aus meiner Taschenflasche.
»Denk dir nur«, stotterte sie, »denk nur, ich hab den Bären gesehen!«
»Das macht nichts«, sagte ich, »ich bin im Wald sogar mit ihm zusammengestoßen!«
»Das wäre ich beinahe auch«, ächzte meine Frau und verfärbte sich schon wieder. Ich reichte ihr nochmal die Taschen-

flasche. »Glücklicherweise«, sagte sie, »konnte ich gerade noch zurücktreten.«
»Wohin zurücktreten?«
»In die Toilette. Ich kam heraus, da tappte der Bär die Treppe hinauf –«
»Wo ging er denn hin?«
»Das ist es ja. Direkt in die Wohnung des Hoteliers.«
»Wahrscheinlich haben die beiden eine Verabredung«, sagte ich, »der Hotelier prüft vielleicht die Qualität der Schinken!«
»Du immer mit deinen blöden Witzen! Was wirst du erst sagen, wenn ich dir verrate, daß der Bär bewaffnet war.«
»Bewaffnet?«
»Mit einem Gewehr!«
»Wohl mit der Oberförster-Flinte, was?« fragte ich.
»Das ist alles, was dir dazu einfällt?«
»Was soll ich denn sagen zu einem bewaffneten Bären?«
»Und daß der Hotelbesitzer jetzt in Lebensgefahr schwebt, daran denkst du nicht?«
»Doch«, sagte ich, »an den denke ich die ganze Zeit!«
Ich verließ das Zimmer und klingelte beim Hotelier.
Es dauerte eine Weile. Endlich kam der Mann heraus, im Bademantel, recht mürrisch. Noch naß, er hatte gerade geduscht.
»Hören Sie«, sagte ich leise, »meinetwegen können Sie weiter auf Ihre eigene Weise für die Hebung des Fremdenverkehrs arbeiten. Ich muß Sie nur bitten, meine Frau nicht zu erschrecken, sie hat nämlich einen Herzfehler!«
»Hm«, brummte der Hotelier, »Sie wissen Bescheid?«
»Ich weiß Bescheid.«
»Sagen Sie's nicht weiter! Der ausgebrochene Bär ist längst über die Grenze ins Tschechische hinüber. Da hab ich ihn eben noch ein wenig gespielt, wo die Leute doch so aufs Sensationelle versessen sind. Und damit es Ihnen leichter fällt, den Mund zu halten, also Sie sind für den nächsten Sommer bei

mir eingeladen. Kost und Logis gratis! Ist das ein Wort?«
»Gut«, sagte ich, »meine Frau, meine Tochter und ich werden kommen. Und dann gehen wir, Sie und ich, als zwei Bären los.«

Schlüsselgeschichten

»Schluß mit den Ferien!« sagte ich verzweifelt, »die Tür ist zu!«

Meine Frau, meine Schwägerin, meine sechsjährige Tochter starrten mich an wie nicht von dieser Welt.

Ich verstand sie, waren wir doch eben erst in dem Adria-Badeort Lido degli Estensi angekommen, um unseren Urlaub zu beginnen.

Andererseits stimmte, was ich gesagt hatte, die Tür zur gemieteten Ferienwohnung war zu. Aus der Traum.

Meine Frau rappelte sich als erste auf: »Aber wir hatten doch einen Schlüssel?«

»Ja«, sagte ich, »der liegt hinter der Tür in der Wohnung drin!«

Meine Tochter lachte laut, dem Kind war der Ernst der Lage nicht ganz klar.

»Vielleicht mal Schritt für Schritt«, meinte meine Schwägerin leise.

Sie ist von Beruf Arzthelferin und den Umgang mit schwierigen Menschen gewöhnt.

Manchmal verirrt sich ein Patient zu ihr in die praktische Arztpraxis, der eher einen Psychotherapeuten nötig hätte. Tissi also kann so leicht nichts aus der Ruhe bringen.

Vorsichtig faßte sie zusammen: »Du hattest den Schlüssel für die Ferienwohnung?«

»Ja!«

»Du hast die Wohnung aufgeschlossen?«

»Natürlich!«

»Und jetzt liegt der Schlüssel drin und du bist draußen?«
»Das ist doch ganz einfach«, sagte ich und wurde wütend, weil meine Familie so begriffsstutzig war.
Woher aber sollten sie wissen, was mir eben zugestoßen war. Wir waren vor kaum zehn Minuten an dem Haus angelangt, in dem unsere Ferienwohnung, die wir daheim und brieflich von den Besitzern gemietet hatten, liegen mußte.
»Bleibt mal im Wagen sitzen!« rief ich und stieg aus.
Wie sich schnell zeigte, befanden wir uns wirklich an der richtigen Adresse. Das Haus umfaßte eine Anzahl Urlaubs-Appartements, angeordnet nach einem vom Architekten raffiniert ausgeknobelten System.
Jede einzelne Wohnung verfügte über einen eigenen Zugang. Statt des gemeinsamen Treppenhauses führte eine abenteuerlich gewundene Treppe zum jeweiligen Appartement.
Diese Stufen war ich hochgestiegen, hatte den Schlüssel ins Schloß gesteckt und aufgeschlossen.
Da stand ich, in unserer Ferienwohnstatt für die kommenden zwei Wochen, doch die Luft war heiß und stickig. Das wollte ich meiner Familie nicht zumuten. Der erste Eindruck sollte ein guter sein. Ich suchte die Balkontür zu öffnen. Es ging nicht. Um die Hände frei zu haben, legte ich den Schlüssel auf den Tisch.
Jetzt ließ sich, mit Gewalt und beiden freien Händen, die Tür zum Balkon tatsächlich öffnen.
Frische Seeluft strömte herein. Befriedigt schritt ich zur Eingangstür, meine Angehörigen heraufzurufen.
Sie hörten mich aber nicht. Also eilte ich den langen wabenartigen Treppengang hinab.
Hinter mir machte es »Plautz!«
Die Wohnungstür war zugefallen.
Sie hatte außen keine Klinke. Nur einen Halteknopf. Ohne Schlüssel ließ sich die Tür nicht wieder öffnen. Der Schlüssel lag in der Wohnung auf dem Tisch.

Wir saßen im dunkelblauen Wagen und hielten Kriegsrat.
Meine Frau fing sich als erste: »Das wäre ja gelacht!« sagte sie. Unsere Tochter Katja lachte wieder. »Wegen so 'nem bißchen zugefallener Tür lassen wir uns doch die Ferien nicht vermiesen!« fuhr Ingrid fort.
Sie stieg aus dem Auto und lief ums Haus, blickte hoch zum Balkon.
»Erster Stock!« rief sie, »was ist das schon! Paß auf«, sagte sie zu mir, »du fährst den Wagen ums Haus, wir stapeln die Koffer auf dem Autodach übereinander und klettern über die Balkonbrüstung – glücklicherweise hast du ja die Balkontür geöffnet!«
Ich blickte Ingrid argwöhnisch an. Meinte sie das ironisch? Ihr Gesicht blieb ganz ernst. Hätte ich mir auch verbeten, den, der den Schaden anrichtet, auch noch mit Spott zu überschütten.
»Der Plan klingt nicht schlecht!« meinte die praktische Arzthelferin, und dann, sich an ihre Schwester wendend: »Du hast nur eines vergessen! Wir haben ein Schiebedach!«
Darauf die Koffer zu stapeln und es obendrein mit einem hinaufkletternden Menschen zu belasten – also da hätten wir die Ferien gleich fürs Krankenhaus buchen können.
Jetzt waren alle ausgestiegen und tigerten um das schöne, moderne Ferienappartement-Haus herum. Italien war damals noch ein blühendes Urlaubsland, und besonders blühte die Bauindustrie.
Folgerichtig befand sich die nächste Baustelle gleich nebenan. Unter gewöhnlichen Umständen hätte mich das in Ärger und Zorn gestürzt, jetzt ließ es neue Hoffnungen aufkeimen.
Wo 'ne Baustelle ist, ist auch 'ne Leiter nicht weit.
Ingrid und ich sausten gleichzeitig los.
Weil wir eine sehr lange Leiter brauchten, lief Tissi uns hinterdrein.
Tatsächlich entdeckten wir eine stabile Holzleiter. Die ge-

packt, herbeigeschleppt und an die Balkonbrüstung angelegt, benötigte keine fünf Minuten.
Erst wollte meine Frau in die Höhe, aber ich wußte, sie ist nicht schwindelfrei, wieso sollte sich das ausgerechnet jetzt geändert haben.
»Ich klettere hoch!« sagte Tissi heroisch.
Meine Schwägerin ist ein liebes, aber auch ein kurzes Kerlchen, ihre sportlichen Leistungen hatten mich nie recht überzeugt.
»Ich klettere!« sagte ich, »ist doch ganz klar!«
»Bloß«, wendete Katja ein, »wenn du runterfällst und dir den Hals brichst, können wir nie mehr nach Hause. Wer soll denn dann das Auto fahren?«
Recht hatte das Kind. Weder Frau noch Schwägerin besaßen einen Führerschein.
»Bleiben wir halt immer in Italien«, träumte meine liebe Tochter, »hier sind die Leute sowieso viel netter zu Kindern und ich muß dann auch nicht mehr in die Schule!«
Meine Frau warf Katja einen Blick zu, der mir den Zwiespalt zwischen Ehefrau- und Muttergefühlen so recht verdeutlichte. Offenbar entschied sich meine Frau aber für mich.
»Halt die Klappe!« sagte sie schroff zu ihrer Tochter.
Katja maulte. »Aber wenn sich Gerhard nun tatsächlich das Genick bricht?«
Freude und Schmerz liegen für Kinder sehr dicht beieinander. Katja brach in Tränen aus. Auch ein in Ewigkeiten ausgedehnter Italienaufenthalt konnte sie nun nicht über den bevorstehenden Verlust ihres Vaters trösten. Das hob mein Selbstgefühl.
»Ach«, sagte Tissi resolut, »Gerd wird das schon schaffen! Kommt her, wir halten die Leiter!«
Frau, Schwägerin und Tochter klammerten sich an die Holme, ich entschwand in Balkonhöhe. Der Held des ersten Stockwerks!

Ich meine, es gibt bequemere Arten, in seine teuer bezahlte Ferienwohnung zu gelangen, aber unter den obwaltenden Umständen war das nun mal der einzig gangbare Weg.
Ich blankte übers Balkongitter, drang in die Wohnung, packte den Schlüssel und schloß auf.
Wir zogen endlich ein.
Die Leiter brachten wir fix zurück auf die Baustelle.
Wahrscheinlich zählt es zu den menschlichen Eigenheiten, daß sich schon drei Tage später keiner mehr erinnerte, wie tief wir den Bauarbeitern und ihrer Leiter zu Dank verpflichtet waren.
Kehrten wir bei sinkender Sonne heim vom Strand, wetterten und fluchten wir über das Hämmern und Bohren der Maurer und Zimmerleute, das Dröhnen der Zementmischtrommel.
Den Schlüssel zu der vermaledeiten Ferienwohnung trug ich hinfort an einer langen Schnur um den Hals. Nicht beim Sonnen und nicht beim Schwimmen trennte ich mich davon. Auf einen Familienvater muß die Familie sich verlassen können, und die dämliche Bauleuteleiter benötigten wir im ganzen Urlaub nicht ein einziges Mal mehr.
Schlüssel-Schwierigkeiten begleiteten mich fortan durchs Leben. In der Zeit, als Uri Geller übers Fernsehen ganze Völker in Atem hielt, indem er Löffel und Gabeln – auch Schlüssel – verbog, ohne sie im geringsten zu berühren, wurde ich sein getreuester Schüler, ohne es zu wollen.
Ich brauchte nur einen Schlüssel ins Schloß zu stecken und ihn leicht zu drehen – schon war der Bart ab.
Es gelang mir, unsere Wohnungsschlüssel daheim in Offenbach derart zu dezimieren, daß wir beim Schlüsseldienst zum Dauerkunden wurden. Der Schlüsselmacher brauchte seine gesamte handwerkliche Geschicklichkeit, die steckengebliebenen Bärte aus dem Schloß zu entfernen. Der Hauswirt betrachtete uns argwöhnisch.
Ich sah mir nach und nach soviel beim Schlüsselmacher ab,

daß es mir gelang, die steckengebliebenen Schlüsselstummel selbst aus dem Schloß zu entfernen.
Ich deponierte Ersatzschlüssel bei Schwiegermutter und Bekannten, versteckte einen im Auto, einen weiteren vergrub ich im Wald.
Binnen weniger Wochen waren alle Reserven aufgebraucht.
Eine Zeitlang unterhielten wir eine kleine Zweitwohnung im Frankfurter Stadtteil Bockenheim. Natürlich brachen auch hier die Schlüssel ab.
Das führte soweit, daß ich nicht mehr wagte, selbst eine Tür aufzuschließen. Verwandte und Bekannte mußten mich begleiten. Notfalls bat ich wildfremde Menschen, mir die Tür aufzuschließen. Was mich in Verruf brachte. Es hieß, ich hätte einen Schlüssel-Tick. Am meisten empörte mich dabei die Tatsache, daß es stimmte.
Hat einer keinen Schlüssel-Tick, macht bei ihm auch kein Schlüssel Knick.
Seltsamerweise verging der Tick ebenso plötzlich, wie er gekommen war. Wie Uri Geller spurlos von unseren Bildschirmen verschwand, verflüchtigte sich auch meine Kraft, Schlüssel abzubrechen.
Eine Zeitlang glaubte ich, das Fernsehen hätte mich insgeheim als Demonstrations-Objekt der geheimnisvollen Gellerschen Metall-Biege-Macht erkoren.
Du wirst dabei gefilmt, sagte ich mir, irgendwann treten sie aus der Tarnung hervor und gestehen ein, Uri Geller war am Werk, du dientest ihm als Beispiel.
Nichts dergleichen geschah. Nur meine Familie räumte vor mir die Schlüssel weg, schließlich kamen sie sogar unter Verschluß. Dann rehabilitierte ich mich. Heute lachen wir nur, wenn wir an diese Zeit denken.
Allerdings passierte mir später nochmal ein bezeichnendes Mißgeschick. Man mag daraus ersehen, wie gestört mein Verhältnis zu Schlüsseln geblieben ist.

Es geschah in München, im kleinen, adretten Hotel *Goldene Gams* nahe der Stadtgrenze Waldtrudering/Haar. Hier sind die Nächte still und die Luft ist klar und rein. Allerdings entstehen in nächster Nähe riesige neue Wohnkomplexe. Auch am Hotel wurde gebaut. Ich wollte den Wagen in die Garage fahren und ließ mir den Schlüssel geben.
Vor der Garage geht es eine Wagenlänge sehr steil abwärts, in der Garage nicht weniger steil aufwärts. Eine komplizierte Anlage auf engstem Raum.
Beim Versuch, das Garagentor zu öffnen, fällt mir der Schlüssel zu Boden und durch ein schmales Regengitter in die Tiefe eines Schachts.
Ich gehe ins Haus und berichte dem Hotelier Max Hinterauer von meinem Mißgeschick.
»Macht nichts«, sagt er, »kann schon mal vorkommen, ist mir auch schon passiert.«
Er vertraut mir einen zweiten Garagenschlüssel an.
Ingrid und ich stehen vor dem Hotel und sehen in der Tiefe des Schachtes den Schlüssel blinken.
»Den hole ich wieder heraus«, sage ich, ergrimmt wegen meiner Ungeschicklichkeit.
Wir bemühen uns, das Regengitter auszuheben.
Es erweist sich als sehr schwer. Man muß mit den Fingern durch das Gitter greifen.
Dabei gleitet mir auch der zweite Garagenschlüssel in die Tiefe.
Ingrid erleidet einen Lachanfall.
Das Regengitter saust in seine alte Stellung zurück, ich verbiege mir dabei die Hände. Wütend wegen der Schmerzen und noch wütender wegen meiner Blödheit stehe ich vor dem Hotelier und beichte.
Einen unsäglich traurigen Blick auf mich gerichtet, übergibt Max Hinterauer mir den dritten Schlüssel, wobei er leise murmelt: »Vorige Woche ließen wir fünf nachmachen!«

Ich rechne mir aus, nun hat er von den fünf neuen Schlüsseln nur noch zwei.
Wieder vor der Garage, überrede ich Ingrid, das verdammte Gitter nochmal anzupacken. Diemal schaffen wir es, das bleischwere Ungetüm beiseitezuschieben.
Vorsichtig lasse ich mich in den anderthalb Meter tiefen Schacht hinab. Er ist oben schon schmal genug, ich stütze mich mit beiden Händen auf, lasse mich gymnastisch auf die Arme nieder und versinke.
Dummerweise läuft der Schacht unten konisch verengt zu, man findet kaum Platz, die Füße aufzusetzen.
Ich habe den Boden zwar erreicht, doch kann ich mich nicht im geringsten bewegen, der enge Schacht gestattet das nicht. Auch seitlich gelingt nichts, ich versuche eine Bewegung wie beim Beginn des Radschlagens und breche dabei in der Hüfte fast ab, die Schuhe halten mich am Boden fest eingeklemmt, und überhaupt stecke ich starr in dieser Betonmanschette.
Ingrid kullern die Lachtränen übers Gesicht.
Ich stehe fest im Untergrund. Nur Kopf, Hals, Schultern und Hände sind oben zu sehen.
Dummerweise gelingt es mir auch nicht, wieder an die Oberfläche zu kommen. Nach einigen vergeblichen Versuchen bin ich ganz außer Atem.
Dann erneute Bewegungen.
»Du siehst aus wie ein einbetonierter Verkehrsschutzmann, der die Zufahrt zur Garage regelt«, stößt Ingrid glucksend vor Lachen heraus.
Humor ist grausam.
Und bei der eigenen Frau mörderisch.
Ingrid beginnt an mir zu ziehen. Mit vereinten Kräften glückt es endlich, dem verdammten Loch meinen schwachen Leib zu entreißen.
Ich bin draußen – die Schlüssel sind drin.
In der Nacht träume ich von Max Hinterauer, der mich trau-

rig anschaut und behauptet, ich hätte hundert Schlüssel verloren. Am nächsten Vormittag besorge ich in der Eisenwarenhandlung auf der Wasserburger Landstraße einen Magneten, den wir an einer Schnur in den Schacht hinablassen.
Ich übergebe dem Hotelier die geborgenen Schlüssel und den Magneten dazu: »Für alle Fälle, falls ich wieder einmal bei Ihnen übernachte!«
Der Hotelier stammelt erblassend: »Nein – lieber nicht –!«
Eins muß man ihm lassen, er ist ein ehrlicher Mann.

Ein Aufwand von Intelligenz

Wenn ich nach Frankfurt hineinfahre, komme ich in Sachsenhausen an zwei riesigen Olympiastadien vorbei, die ein weithin sichtbarer Turm abschließt, von dem aus die Käufer und Mieter der Welt gerufen werden – aber vergeblich.
Der Turm ist für Büros gedacht gewesen, doch niemand denkt in den Büros, weil keine Firma sie mietete. Die Olympiastadien sind Wohnsilos, in die kaum jemand einziehen will.
Für die grandiosen Fehlinvestitionen zeichnet die *Helau*-Bank verantwortlich.
Eines Tages war mir nach Abenteuer zumute. Ich bog von der vorbeiführenden Darmstädter Landstraße ab und umrundete die Monster. Von einem, der abbog, das Gruseln zu lernen. Ganz so abenteuerlich und gruselig hatte ich mir's mitten in der Stadt wirklich nicht vorgestellt:
Wegweiser deuteten auf Freizeitanlagen, die mit Stacheldraht unbegehbar gemacht worden waren, schöne Schilder auf Cafés, die man nie auch nur eröffnet hatte. Kalter Kaffee war's mit eleganten Boutiquen und Hotels, in den einen wurde nie ein Kunde angezogen, in den anderen zog sich niemals ein Gast aus, um der Ruhe im Hotelbett zu pflegen.
Garageneinfahrten boten sich dar, deren Zufahrten blockiert waren, Treppenaufgänge lockten, die nie einer benutzte; was man auch betrachtete: alle Wege führten in die Pleite.
Ich zog meine Kamera und knipste. Ein solches Denkmal moderner Architektur, das von Anbeginn sein eigenes Grabmal war, konnte man sich einfach nicht entgehen lassen.
Daraufhin erschien ein finsterblickender Schwergewichtler

mit einem zweifellos bissigen Hund an der Leine und erklärte barsch, Fotografieren sei hier streng verboten.
»Sind das militärische Anlagen?« fragte ich.
»Viel gefährlicher«, sagte der Schwergewichtler, »das sind leerstehende Eigentumswohnungen der *Helau*-Bank!«
Um nicht gebissen zu werden, zog ich mich schleunigst in mein Auto zurück und setzte meine Rundfahrt fort. Gegen Mittag kam ich an einem offensichtlich freigehaltenen Zugang vorbei, über dem ein riesiges Transparent prangte. Auf ihm war zu lesen, Interessenten für Eigentumswohnungen sollten hier eintreten zu einer Besichtigung.
Diese einmalige Chance nutzte ich unverzüglich.
Man gelangt durch eine winzige Öffnung in einen Westwallbunker. Drinnen gilt es, mehrere Treppen zu bewältigen, daraufhin steht man vor einem Lift, der den Interessenten mehrere Stockwerke in die Höhe transportiert, wo ein bombensicherer Gang an einer gegen Atomkriegsverwüstungen abgesicherten Stahltür endet.
Tritt man hier hinaus, befindet man sich auf einem imponierenden Betonplateau vor dem eigentlichen Olympiastadion, das keins ist, wie wir wissen, jedoch von vielen Ortsunkundigen dafür gehalten wird, die geduldig auf den Einmarsch der Sportler warten und nach stundenlangem Ausharren empört zum Telefon greifen, sich beim zuständigen Dezernenten der Stadt beschweren und – beteuert er dann seine Unzuständigkeit – in unflätige Beschimpfungen ausbrechen. Die offensichtliche Ungerechtigkeit der regelmäßig sich wiederholenden Flüche kostet den Mann viel Nerven. Im Moment ist er auf Erholungsurlaub, die Stadtverwaltung überlegt, ob sie der verantwortlichen *Helau*-Bank die Kosten dafür aufrechnet.
Wer nicht dem Olympiastadion-Irrtum aufsitzt, verwechselt die moderne Wohnlandschaft mit den Bunkeranlagen am Atlantik in Frankreich, durch die Hitler bekanntlich die Alliierten abzuwehren beabsichtigte.

Wagt man sich, farbigen Pfeilen folgend, noch weiter auf den Sachsenhäuser Betonpisten vor, erreicht man tatsächlich wohnungsähnliche Konstruktionen, zumindest muß den Erbauern so was vorgeschwebt haben, als sie diese neuen Pyramiden errichteten.

Endlich, nach kräftezehrendem Anmarsch, befand ich mich in der ausgeschilderten Musterwohnung.

Ich atmete auf und erschrak zu Tode.

In der Ecke lag eine Leiche.

Schön auf den Teppichboden hingestreckt.

Man hatte den Toten mit einem Mantel zugedeckt.

Ich beruhigte mich. Wer solche Wohnungen baut, dachte ich, ist modern genug, die zugehörige Ermordung der Bewohner gleich mitzuliefern.

Allerdings schlug die Leiche die Augen auf, runzelte die Stirn und sprach:

»Guten Tag!«

Jetzt erhob sich der Tote, runzelte nochmal die Stirn und sagte:

»Was haben Sie hier zu suchen?«

»Eh – eh – eh«, stotterte ich.

»Na?«

»Ich wollte nur die Musterwohnung besichtigen.«

»Da sind Sie bei mir richtig«, knurrte der Mann, »ich bin derjenige, der die Musterwohnung vorzeigen soll.«

»Und warum legen Sie sich zum Schlafen auf den Teppich und benutzen nicht dieses bequeme Liegemöbel?«

Ich wies auf eine superteure Ledercouch.

»Modern«, murmelte der Mann, »mag ja sein, aber bequem?«

»Die Innenarchitekten haben sich also auch mitverschworen?« fragte ich erschrocken.

»Verschworen? Gegen wen?«

»Gegen die zukünftigen Bewohner«, sagte ich traurig.

Er überhörte das und zeigte mir die Wohnung, die aus einer

geräumigen Bunkerhalle und zwei Mauselöchern bestand. Das eine Mauseloch erwies sich als Küche, das zweite als Bad und alles in allem kostete das Ganze nur wenig mehr als ein Einfamilienhaus mit tausend Quadratmetern Grundstück.
»Was glauben Sie wohl, weshalb die Leute so etwas kaufen?« erkundigte ich mich.
»Sie kaufen ja nicht«, sagte der Mann mit schöner Offenheit.
»Und warum ist dann hier die Musterwohnung eingerichtet?«
»Damit ich tagsüber ungestört schlafen kann.«
»Tagsüber? Soll das heißen, Sie arbeiten nachts?«
»Aber gewiß doch!«
»Und als was arbeiten Sie nachts?«
»Da entwerfe ich in meinem Büro neue moderne Eigentumswohnanlagen im Auftrag der *Helau*-Bank.«
»Die dann wieder zu teuer sind und aussehen wie Westwall-Bunker?«
»Das ist Ihre Meinung!« sagte der Mann. »Im Prinzip läuft alles glatt. In den Musterwohnungen ruhen sich tagsüber die Architekten aus, damit sie nachts frisch ans Werk gehen können.«
»Ist das, auf die Dauer gesehen, nicht ein wenig unwirtschaftlich?«
»Sie irren sich! Denken Sie nur an die vielen Leute vom Bau, denen wir Arbeit und Brot verschaffen. Ohne uns wären sie ohne Beschäftigung. Und dann die vielen *Helau*-Direktoren und Beiratsmitglieder, die sonst nicht wüßten wohin mit den Geldern ihrer Bank. So werden Kapitalien günstig investiert, und Sie dürfen auch die übliche Wertsteigerung bei Immobilien nicht vergessen!«
»Obwohl diese Immobilien unverkäuflich und unvermietbar sind?«
»Das ist doch alles nur eine Frage der Steuerabschreibung. Sehen Sie, je größer eine solche Wohnung ist, desto teurer stellt sie sich. Um so höher sind auch die Abschreibungen.

Stehen die Wohnungen dann noch leer, ergibt sich eine beträchtlich größere Abschreibungsmöglichkeit. Auch kommen die üblichen Verlustzuweisungen hinzu. Wenn am Ende tatsächliche Verluste auftreten, trägt diese die Bank, und die Bankdirektoren und Beiratsmitglieder profitieren vom allgemeinen gesellschaftlichen Nutzen.«

»Ich verstehe«, sagte ich, »die leitenden Angestellten erhalten Kredite zu besonders günstigen Bedingungen und finanzieren auf diese Weise die Modernisierung ihrer eigenen Wohnungen und Häuser –«

»– und vor allen Dingen fallen die leitenden Persönlichkeiten unserem Staat nicht zur Last. Auch die Arbeitslosenversicherung braucht für sie nicht aufzukommen. Stellen Sie sich doch vor, in unserer Stadt gibt es über dreihundert Banken. Rechnet man pro Bank etwa einhundert leitende Herren, ist das schon ein ansehnliches Management. Wobei Sie noch gewisse führende Politiker und höhere Staatsbeamte hinzuzählen müssen. Ob die der öffentlichen Fürsorge zur Last fallen oder ihr Geld ehrlich im Bank- und Baugeschäft verdienen, das macht doch einen gewaltigen Unterschied, nicht wahr?«

»Einen Klassenunterschied!« sagte ich, aber das verstand der Mann nicht, »jedenfalls«, fuhr ich fort, »muß man in einer Zeit ohne Vollbeschäftigung alle Möglichkeiten ausschöpfen, um Arbeitsplätze zu erhalten.«

Darin waren wir uns einig.

Dann gähnte der Herr leicht und streckte sich wieder auf dem Boden aus.

Immerhin hielt er die Hand vor den Mund, während er gähnte. Eine gewisse Höflichkeit schien ihm angeboren.

Ich retirierte diskret Richtung Tür.

Man soll das leitende Personal unserer Wirtschaft nicht über Gebühr strapazieren.

»Bitte seien Sie mir nicht böse«, rief mir der Herr vom Teppich aus noch nach, »ich muß mich durch Schlaf weiter stär-

ken. Heute nacht werde ich eine hochmoderne Wohnanlage projektieren, doppelt so groß wie diese und dreimal so teuer, womit sie mindestens auf hundert Jahre unverkäuflich bleibt. Was heißt, das Projekt garantiert mehreren Dutzend leitenden Herren für lange Zeit Arbeit und Brot.«
Leise und auf Zehenspitzen machte ich mich davon. Mit welchem Aufwand an Intelligenz und Effizienz wachen unsere führenden Persönlichkeiten darüber, daß unsere komplizierte Wirtschaft funktioniert, dachte ich respektvoll.

Das Volk der Dichter und Denker

Wir waren sieben Schriftsteller in unserer Stadt. Lauter Individualisten, was heißt, ein jeder saß ganz borniert daheim vor seiner Schreibmaschine und mühte sich einzelgängerisch ab. Romane, Filmdrehbücher, Essays und Glossen wurden geschrieben, Verlage und Funkanstalten verlangten nach Stoffen. Das hetzte uns unerbittlich voran. Die Welt will unterhalten sein.

Entweder arbeiteten wir. Dann hatten wir keine Zeit. Oder wir arbeiteten nicht. Dann ruhten wir aus von der Arbeit und bereiteten uns erneut darauf vor.

Also hatten wir auch keine Zeit.

Einmal alle zwei bis drei Jahre begegneten zwei Schriftsteller einander zufällig in unserer Stadt und dann luden sie sich gegenseitig zum Bier ein – gegenseitig, damit keiner einen Schaden davon hatte und ein jeder das glückselige Gefühl, eingeladen worden zu sein vom guten Kollegen – und dann kam das Gespräch regelmäßig auf den wunden Punkt.

Der wunde Punkt lautete, kurzgefaßt: Schriftsteller sind menschenscheue Einzelgänger, ungesellige Wesen, nichtkommunikative Typen.

Alle Welt schloß sich zusammen zu Verbänden, Vereinen, Partnerschaften, nur wir von der schreibenden Zunft blieben getrennt dahinwerkelnde Einzelpapiertiger.

Unsere Schwäche hieß Vereinzelung.

Irgendwann kriegte irgendwer das hin: wir kamen zusammen – alle sieben auf einen Schlag und gründeten einen Schriftstellerverband.

Die Debatte dauerte drei Jahre. Dann war auch der siebte in unserer Stadt endlich überzeugt und gewonnen.
Gemeinsam kämpft sich's leichter.
Wir wählten einen fünfköpfigen Vorstand, wie das Verbandsrecht es vorsah.
Daraufhin traten die beiden übriggebliebenen Mitglieder wieder aus.
Später gründeten sie einen Gegenverband. Doch dessen Weizen blüht nicht.
Anders bei uns. Wir hatten alle Hände voll zu tun mit Sitzungen, Protokollführen, Berichterstatten, Vorbereiten neuer Sitzungen. Manchmal schlossen wir ein Mitglied aus, dann nahmen wir es wieder auf.
So gab's immer neuen Gesprächsstoff.
Die einzigen, die eine Zeitlang mit Unmut reagierten, waren die Verlage und Sendeanstalten.
Weil wir Autoren uns jetzt zusammengeschlossen hatten und der Verband verwaltet sein wollte, blieb nicht viel Zeit für's Schreiben.
Also schrieben wir weniger oder auch gar nichts mehr, es erschienen immer weniger Bücher und die Bildschirme blieben des öfteren dunkel.
Es gab nichts zu drucken und zu senden.
Da merkten wir, welche Macht wir besaßen und was wir darstellten, besonders wenn wir nichts darstellen.
Dann wurden wieder genug Bücher publiziert und die Fernsehdramaturgien erhielten reichliche Mengen an sendefähigen Stoffen.
Die Verleger und Sendeleiter hatten sich groteskerweise nichtprofessionelle Autoren herangezüchtet.
In unserer Stadt sieben Stück.
Die schrieben nun fleißig, während wir Profis Sitzungen abhielten und über das Schreiben und dessen Organisation redeten.

Wir beriefen schleunigst eine neue Versammlung ein und beschlossen, die nachgewachsenen sieben nichtprofessionellen Autoren zu Vollprofis zu ernennen.
Taktik regiert die Welt.
Ein jeder von uns Alten suchte einen der Neuen auf und gratulierte ihm herzlich. Deutlich geehrt und hocherfreut traten die Neuen daraufhin in unseren Verband ein.
Jetzt waren wir schon vierzehn Mitglieder. Für vierzehn Mitglieder sieht das Verbandsrecht einen zwölfköpfigen Vorstand vor. Wir setzten Neuwahlen an, wählten den neuen Vorstand. Die zwei nichtgewählten Mitglieder traten pünktlich aus, gründeten einen Gegenverband, traten aber bald wieder bei uns ein, denn inzwischen hatten die Verleger und Sendeleiter vierzehn nichtprofessionelle Schriftsteller herangezüchtet, die die Verlage und Sender mit ihren Produkten belieferten.
In der daraufhin einberufenen Generalversammlung spaltete sich unser Verband. Die einen meinten, wir sollten den Verband auflösen und wieder wie früher als Einzelgänger arbeiten. Die anderen mißbilligten den reaktionären Vorschlag und plädierten für Generalstreik.
Strategie regiert die Welt.
Die Mehrheit entschied sich für den Generalstreik. Tatsächlich streikten tags darauf alle Verbandsmitglieder, sogar die, die ursprünglich dagegen gestimmt hatten.
Einigkeit regiert die Welt.
Doch die Sender und Verlage kümmerte unser Streik gar nicht. Sie wurden ja von den Nicht-Professionellen beliefert. In unserem Volk der Dichter und Denker gibt's die wie Sand am Meer.
Wir debattierten die Sachlage drei Wochen lang, dann beendeten wir den Streik und agitierten die fleißigen Nichtprofis, bis sie unserem Verband beitraten.
Von Stund an hatten wir achtundzwanzig Mitglieder, das

heißt doppelt soviel Verwaltungsarbeit, doppelte so lange Versammlungen und Protokolle. Doppelt soviel Mitgliedsbeiträge.
Mitten in die Generalversammlung platzte ein Bote mit der Nachricht: »Die Herren Verleger und Sendeleiter haben sich sage und schreibe achtundzwanzig Nichtprofis zusammengetrommelt.«
Wie wir uns daraufhin verhielten?
Falls Sie sich an Ihre Schulzeit erinnern, wissen Sie auch, was geschieht, wächst eine Zahl im Quadrat.
Inzwischen sind zwei Jahre vergangen. Alle Bürger unserer Stadt durchliefen das Bildungsprogramm, indem sie anfangs nichtprofessionelle Schriftsteller wurden, fleißig Werke produzierten und ablieferten, bis wir sie anwarben und in unseren Verband aufnahmen, woraufhin sie das Schreiben pünktlich einstellten, um sich der Verbandsarbeit zu widmen.
Man kann dieser Entwicklung natürlich mit recht zwiespältigen Gefühlen gegenüberstehen.
Eins aber macht uns allen Spaß.
Voller Spannung erwarten wir jetzt den nächsten Gegenzug der Verleger und Sendeleiter.
Woher wollen die ihre Nichtprofis nehmen? Die Deutschen waren bekanntlich schon immer ein Volk der Dichter und Denker. Nachdem wir jeden Dichter und Denker in unseren Verband aufgenommen haben, sitzen die Verleger und Sendeleiter ganz schön auf dem Trockenen.
Was bleibt ihnen anderes übrig, als sich ihre Bücher und Sendungen selbst zu schreiben . . .

Unterwegs mit Buchheim

Wir kannten uns nicht. Aber ich hatte viel von ihm gehört. Wahres und Unwahres, endlich das, was in der Mitte liegt und unüberprüfbar ist, weil die Leute gern reden und jeder was hinzufabuliert und gleichzeitig drauf schwört, so sei es gewesen.

Die Mitteleuropäer sind alle miteinander orientalische Märchenerzähler. Na wenigstens diejenigen, die von Lothar Buchheim berichten. Er selbst ist auch so.

Wir kannten uns nicht. Als sein Buch »Das Boot« erscheinen sollte, schickte mir der »Spiegel« die Druckfahnen. Ich hatte wenig Lust, das Kriegsmarinewerk zu besprechen. Wozu muß sich unsereins nicht alles überreden lassen.

Ich las 100 Seiten und war hingerissen. Lesefutter für Lesehungrige. Mir war klar, das ozeanische Epos würde um die Welt gehen.

Ich wußte damals noch nicht, was ich später hörte: Das voluminöse Manuskript war von Verleger zu Verleger und von Lektor zu Lektor gewandert, und keiner hatte ihm eine Chance gegeben. Ja, so sind sie, unsere literarischen Produktionsfachmänner. Keine feinen Nasen, dafür dicke Hintern. Irgendeiner hatte sich endlich doch mürrisch oder aus Versehen oder weil ihm sowieso egal war, was er tat, an das Manuskript gemacht, die Papierberge abgetragen, geordnet, bis ein Buch draus wurde.

Das trat seinen Siegeslauf um die Welt an. Ich hätte das im »Spiegel« reinsten Herzens prophezeit. Doch kam ich nicht dazu, die Besprechung zu liefern. Statt dessen fand ich mich, schwer erkrankt, in der Klinik wieder. Das hatte aber nichts mit Buchheims Buch zu tun.

Als ich, Monate später, das Krankenhaus verließ, war das Publikum schon dabei, wie verrückt »Das Boot« zu kaufen. Nicht nur altgediente Marinemänner zählten zu den Lesern, auch junge Kerle, denen das Fell vor lauter Abenteuerlust juckte, überdies, das ist Buchheim hoch anzurechnen, eine Menge Menschen, die sonst nie irgendwelche Kriegsmemoiren in die Hand genommen hätten.

Buchheim lernte ich immer noch nicht kennen. Nur unzählige Stories über ihn. Er lebe in einer Villa am Starnberger See, sagten die einen, nein, korrigierten die anderen, er lebe dort nicht, er residiere wie einst August der Starke, weiland König von Sachsen und Polen.

Früher habe Buchheim als Galerist in Frankfurt am Main gewirkt. Die Galerie gegenüber der Börse. Ein vorzüglicher Platz, sollte man meinen.

Er habe sich mit den Börsianern nicht sonderlich gut gestanden.

Na, dachte ich, der Vergleich mit August dem Starken mag hinhauen, Buchheim stammt aus Sachsen: Jeder Sachse ein starker August.

Warum aber sollte Buchheim sich mit den Börsen-Bossen in Frankfurt überworfen haben? Er galt selbst als Millionär. Besitzer inzwischen wahnwitzig verteuerter Bilder – trinkt, Augen, was die Wimper hält – respektive der Geldbeutel.

Die Villa am Starnberger See sei bis unters Dach vollgestopft mit den kostbarsten und köstlichsten Kunstwerken. Buchheim schalte und walte gleich mittelalterlichen Fürsten. Er liebe und hasse ohne Maß, bitte wildfremde Leute zu sich, nur weil ihm deren Nase gefalle, werfe andererseits hochgestellte Persönlichkeiten die Treppe hinunter, weil sie ihm nicht in den Kram paßten und ihn solche Schocks sehr amüsierten.

Eigentlich, dachte ich, müßte man über dieses Original ein

Buch schreiben. Ein Buch, muß ich zugeben, ist es nicht geworden. Nur eine kleine Geschichte. Sie beginnt jetzt, nach dieser Vorgeschichte.

Wir kannten uns nicht. Aber er hatte mich gleich voll im Visier. Redete rastlos auf mich ein. Das war am späten Vormittag oder frühen Mittag in Bremen auf dem Flughafen. Die Zeit läßt sich genau feststellen. Fliegen nicht viele Maschinen weg von Bremen. Dafür machen sie dort mit jedem einzelnen Abflug so viel her, als starte eine Weltraum-Expedition.

Er saß auf einer der luxuriösen Hansestadt-Lederbänke und war auch ganz in Leder. Nur die Hose nicht.

Er ist ziemlich leibstark, gedrungen, bärtig, rotgesichtig. Hat große, feste Hände, reichlich behaarte Unterarme. Die Wolle kräuselt sich aus dem Hemdsärmel raus, als trüge er ’nen Mohairpullover drunter.

Wenn er spricht, dröhnt es die ganze Flughalle entlang. Die Bodenstewardessen, die überall postiert waren und nichts zu tun hatten, zuckten nervös zusammen. Ein Terroristenüberfall?

Die filzenden Kontrollgrenzschützer faßten unwillkürlich ihre Waffen fester.

Ein Bombenattentat?

Nein! Lothar Buchheim hatte mich nur begrüßt.

Ich war ihm, wie gesagt, persönlich noch nie begegnet. Aber ich dachte mir gleich, das muß er sein.

Berühmte Menschen besitzen eine unverkennbare Aura.

Endlich waren die Fluggäste durch die Filz-Sperre. Buchheim erhob sich ächzend, brüllte mir irgendeine Nebensächlichkeit zu, zog ein zweirädriges Gefährt unter sich hervor und hievte seine exzellente Ledertasche drauf.

»Mein Gepäck!«

Dröhnend näherten wir uns der Sperre.

Die Untersuchung der Taschen verlief normal.

Die Untersuchung des Menschen zog sich lange hin. Nicht

endenwollendes, aufgeregtes Piepsen klang aus der Kabine, in die Buchheim gegangen war.
Wieder erscholl sein berstendes Gelächter.
Nun erschien er selbst.
Man hatte ihn verhaftet.
»Die dachten, ich hätte zwei schwere Geschütze bei mir!« brüllte er.
Hieb sich auf den Oberschenkel.
»Mit lauter teuren Metallen zusammengeflickt! Edelstahl und Platinplatten!«
Der alte Marine-Krieger trug allerhand von Verwundungen und Operationen stammendes Zeug im Leib, auf das die elektronischen Waffenspürgeräte ansprachen.
Wir donnerten in die Maschine.
Buchheim zeigte ein geheimnisvolles Papier vor. Daraufhin wies uns die Stewardeß die drei vordersten Plätze an.
Einen Platz für Buchheim. Einen Platz für sein Flick- und Strickzeug. Einen Platz für mich.
Wir saßen nicht Erster Klasse, wurden aber Erster Klasse bedient. (Buchheim: Wozu Erste Klasse. Überall, wo ich bin, ist Erste Klasse.)
Sogar der Kapitän tauchte kurz auf zur Begrüßung.
Ich kam mir geradezu geadelt vor. Stewardessenlächeln, Kapitänsgruß und Whisky. Ein Flug wie auf Engelsflügeln. In den Himmel.
Mit vereinten Kräften zogen wir Buchheim die braune Wildlederjacke aus. Ein anstrengendes Unternehmen. Immer wenn ich glaubte, ihn aus der Jacke zu haben, rutschte er mit dem andern Arm wieder hinein.
Ablegen aber wollte er die Jacke, denn es fehlte ihr ein Knopf.
»Der Knopf ist mir in Bremen abhanden gekommen!« schmetterte der Hüne durchs Flugzeug.
Die Leute nahmen zutiefst Anteil. Nickten bedauernd.
»Aber ich habe ihn wiedergefunden.«

Die Fluggäste nickten erleichtert.
»Bremen ist nicht groß. Da findet man sogar einen abgerissenen Knopf wieder.«
Das leuchtete allen Passagieren ein. Selbstverständlich konnte man in Bremen einen Knopf verlieren. Selbstverständlich fand man einen in Bremen verlorenen Knopf wieder.
In 8000 Meter Höhe zwischen Bremen und Frankfurt nähte Buchheim den Knopf an.
Beim Einfädeln des Zwirns in die Nadel verfehlte er das Öhr.
Die Stewardeß bot ihre Hilfe an.
Eine Dame hinter uns wollte ihm beistehen.
Buchheim warf den Zwirn wie ein Speerwerfer in Richtung des wirklich sehr winzigen Nadelöhrs und verweigerte eigensinnig jede weibliche Assistenz.
Als ich es nicht mehr mit ansehen konnte, erbot ich mich, das Ziel zu treffen.
Es wurde mir großmütig gewährt.
Die gesamten Boeing-Passagiere verfolgten gespannt den Fortgang unserer gemeinsamen Handarbeit.
Noch nie in meinem Leben hatte ich einen Faden eingefädelt.
Es gelang auf Anhieb. Das Glück des Anfängers. Gesetz des Zufalls.
Buchheim bezeugte mir seinen Respekt.
Alle Flugzeuginsassen atmeten erleichtert auf.
Die Stewardessen bewunderten mich.
Vor lauter Stolz wurde es mir im Sitz zu eng.
Kurz vor Frankfurt hatte Buchheim den Knopf angenäht.
Aber an der falschen Seite der Jacke. Dort, wo die Knopflöcher sitzen.
Wir beschlossen großmütig, den kleinen Schönheitsfehler zu ignorieren. Jedenfalls saß der Knopf erstmal fest und konnte nicht wieder verlorengehen.
Schon ein Fortschritt.
Während der Näharbeiten erfuhr ich, Buchheim hatte die

letzten Tage und Nächte in Marinestützpunkten an der Nordsee verbracht. Alle höheren Offiziere geschockt, vergrault, aus dem Saal geekelt.
»Tu ich mit Absicht. Sind die eingebildeten Fatzken weg, bringen die unteren Chargen mein Buch, das sie natürlich alle gekauft haben, und lassen es von mir signieren.«
Dröhnendes Lachen. Landser unter sich. Mensch sein. Ja. Die Maschine beginnt zu hopsen.
Gleich wird die Stewardeß erscheinen und bitten: »Herr Buchheim, lachen Sie nicht so heftig, das beeinträchtigt die Flugsicherheit!«
Die Stewardeß verbietet die lautstarke Buchheimsche Heiterkeit nicht.
Wenn ich derartig laut lachen würde, schmissen sie mich wahrscheinlich einfach über Bord.
Ich erfuhr, in München stand im Haus der Kunst eine Kandinsky-Ausstellung bevor. Die Witwe sollte eröffnen.
Buchheim verkündet, er lebe seit Jahrzehnten mit der Dame in einem teuren Rechtsstreit und er werde die Eröffnung im Haus der Kunst stören.
Ließe ich solche Absichten verlauten, verhaftete man mich sofort als linken Störer.
Wenn Buchheim erklärt, er wolle stören, nicken die Leute ringsum verständnisvoll. Kein Maihofer läßt ihn unterwanzen.
Natürlich ist die Witwe Kandinskys eine unmögliche Person. Natürlich muß gestört werden. Das gehört zum guten Ton, da zu stören. Eine Welle des Mitgefühls brandet auf. Gleich werden sie zu sammeln anfangen für den armen Millionär Buchheim, den bürgerlichen Anarchisten, der so arm ist, daß er einen Knopf an seine abgeschabte Lederjacke selbst annähen muß und auch noch an die falsche Seite, der liebenswerte, bedauernswerte, jungenhafte Mann.
Wir landen in Frankfurt.

Die Passagiere halten sich ehrfurchtsvoll zurück und lassen uns zuerst aussteigen.
Vor dem Cockpit ist die gesamte Mannschaft aufgebaut. Männlein und Weiblein, angeführt vom goldbetreßten Flugkapitän, der sich die Krawatte sorgfältig strammzieht und dann einen streng militärischen Gruß hinlegt.
Derart geehrt verlassen wir unser Privatflugzeug.
Eigentlich wollte ich in Frankfurt gleich zum Parkhaus, wo mein Wagen stand.
Buchheim aber hatte etwas Aufenthalt, bis seine Maschine nach München weiterging.
Also durfte ich ihm solange Gesellschaft leisten. Ich verrate nur soviel: Schon lange fragte ich mich, was jene kleinen orangefarbenen Schildchen bedeuteten, die an verschiedenen Stellen im Flughafengebäude angebracht sind.
Buchheim zeigte es mir.
Wir folgten den geheimnisvollen Zeichen und gelangten in einen Salon.
Sowas Prächtiges hatte ich in meinem ganzen Leben noch nicht gesehen. Vorn eine Art elektronisches Steuerpult mit einer Stewardeß, wie es sie im gesamten Europa nur einmal geben kann. Eine Dame, direkt vom Designer erfunden. Eine Originalschöpfung des Charles Wilp.
Das aufregende Wesen lächelte Buchheim entgegen, der wieder ein geheimnisvolles Papier zückte. Ich wurde glatt überlächelt. Mich gab's gar nicht. Ein Sterblicher – haha.
Immerhin durfte ich, als Buchheims Begleitperson, den geheimen Ort mit betreten.
Was für eine Ehre. Mein Herz hopste. Ich unter den »Vip«ern. Ja: Wie ich erfuhr, verbrachten die Vip's ihre kostbare Zeit zwischen den Flügen hier. (Vip: very important persons.)
Im Zentrum des langgestreckten, mit Polstermöbeln und Tischen arrangierten Vip-Warteraums befand sich eine könig-

liche Rund-Bar. Ringsum mehrstöckig bestückt mit ganzen Batterien von Flaschen.
Nichts fehlte. Harte Sachen, Weine, Fruchtsäfte, und alles in Selbstbedienung. Hier konnte einer sich blau saufen bis zum Begräbnis, ohne einen Pfennig bezahlen zu müssen. Einige der Herren, die sich gerade an Getränken gütlich taten, wirkten auf mich, als wohnten sie schon seit Jahren hier. Gesichter aus reinem Alkohol, nur die steife Überheblichkeit verhinderte, daß sie zerliefen und zerrannen.
Da ich noch mit dem Wagen gesund heimkommen wollte, verließ ich meinen Weltmann nach einiger Zeit leicht schwankend und befürchtend, Buchheim würde den Rest des Jahres (wir hatten Oktober) im Vip-Edelbesäufnis-Saal zubringen. Da täuschte ich mich.
Schon am Tag darauf ist er tatsächlich in München gelandet. Nochmal einen Tag drauf las ich's in der »Süddeutschen Zeitung«. Es hatte bei der Kandinsky-Ausstellungs-Eröffnung im Haus der Kunst *den* Skandal gegeben. Der Bericht war bebildert. Die berühmte Witwe. Irgendein wichtiger Landeskulturpolitiker. Und Lothar Buchheim. Es waren sehr scharfe Fotografien. Man konnte alles ganz genau erkennen. Sogar den Knopf an der falschen Jackenseite.

Dichterlesung – eine Ochsentour?

Dichterlesungen gibt es noch immer, trotz vieler Vorbehalte beim Publikum und auch bei den Autoren, Autoren, sage ich, nicht Dichter, denn ein Autor von heute, wenn er auf sich hält, lehnt die Berufsbezeichnung »Dichter« ab, wir dichten nicht, wir schreiben, montieren, protokollieren, dokumentieren, verfassen wissenschaftliche Prosa oder einfach »Texte«, sind Wortproduzenten.

Gut so, Nüchternheit steht hoch im Kurse, zu hoch vielleicht manchmal, sei's drum, die Lesungen also finden noch statt, vorübergehend waren sie etwas außer Mode gekommen, zur schweren unruhigen Apo-Zeit mangelte es an Publikum oder dem Publikum an Ruhe und Sitzfleisch; Autorenlesungen gerieten schnell zur Diskussion, arteten aus in Streit, wilden Beschimpfungen, keine Lesung ohne Happening, Aktion war das Losungswort, wer wollte denn noch ruhig irgendwo auf seinem Stuhle sitzen und passiv über sich ergehen lassen, was dieser Schreibmensch dort oben vom Podium von sich gab. Aus und vorbei, die Nervosität ist vielleicht geblieben, doch verwandelt, man kommt wieder in Sälen und Buchhandlungen, in Volkshochschulen und Lokalen zusammen, lauscht gemeinsam der Stimme des Autors, den man mag oder nicht mag. Konventioneller Literaturbetrieb wird das, wohl auch abschätzig, genannt, was es sein kann, aber nicht sein muß. Ich habe eben wieder zwei Dutzend solcher Autorenabende hinter mir, ein schweres Stück Arbeit, gewiß, eine Ochsentour, wenn einer Abend für Abend aus seinen Büchern vorzulesen hat, und noch schlimmer, wenn anschließend Diskussionen stattfinden mit den berüchtigten Pauschalfragen Warum schreiben Sie – Für wen schreiben Sie – Wie schreiben Sie – ach ja, da könnte einer schon aus der Haut fahren, sollte er aber nicht, und ich plädiere ganz einfach für die Lesereise, die Ochsentour, denn sie gehört zum Handwerk wie beim Theater das Tingeln, sie bringt den Autor von seinem Schreibtisch weg und konfrontiert ihn dem Publikum wie auch umgekehrt, jetzt findet sie statt, die Praxis, die Kommunikation, jetzt sollen sich beide bewähren, Autor und Publikum, und selbst die gefürchteten öden Veranstaltungen in der sogenannten Provinz sind noch wichtig, fordern dem Autor Geduld ab, Charakter, Stehvermögen, Interpretation, hier hat er sich vor den Augen einer wirklich hautnah vorhandenen, einer anwesenden Öffentlichkeit zu bewähren, und wenn es eine Niederlage sein mag, nicht viele Zuhörer zum Autorenabend verlockt zu haben, so kann auch hier die Bewährung einsetzen, indem sich einer sagt, nun gerade, und dann wird ein solcher Abend im kleinen intimen Kreis vielleicht besser und nützlicher als eine der großen Veranstaltungen, wo die Leute in Scharen herbeiströmen, das Wundertier von Literaten zu bestaunen, wo der Literat sich auch oft so benimmt, wortkarg auftritt, das Buch öffnet, sich über die Seiten beugt, mit monotoner, gelangweilter Stimme vorliest, anschließend Buch zu, feierliche Verbeugung und Abgang von der Bühne. Ja, sowas gibt es noch, ich höre es bei meinen Lesungen immer wieder, das Publikum beklagt sich, der oder jener Kollege habe sich so verhalten, warum bringen die Zuhörer ihre Enttäuschung nicht bei demjenigen an, der sie enttäuscht hat? Haben sie sich einschüchtern lassen?

Ich finde, ein Autor ist ein ganz normaler Mensch. Schriftsteller ist ein Beruf. Zu diesem Beruf gehört das Schreiben, es gehört auch das Vorlesen und Diskutieren mit dazu. Nirgendwo sind Schriftsteller auf Langeweile verpflichtet, sie dürfen sich auch mal als Unterhalter betätigen. Kein Grund also, heutzu-

tage soweit zurückzufallen hinter die Gebräuche derer, die angefangen hatten mit den Lesungen, und als Stammvater der löblichen Übung gilt allgemein Charles Dickens, was nicht heißen soll, es habe vorher keine Lesungen gegeben, Dickens hat sie lediglich zur öffentlichen Einrichtung perfektioniert, zur literarischen Show, und kein Geringerer als Mark Twain weiß davon zu berichten:
»Mister Dickens«, so Mark Twain, »las Szenen aus seinen bereits erschienenen Büchern vor ... Er trug einen schwarzen Samtrock und eine grellrote Blume im Knopfloch. Er stand unter einem rot ausgepolsterten Gerüst, hinter dessen Schrägbalken eine Reihe starker Lampen angebracht war ... Dickens' Zuhörer saßen in angenehmem Halbdunkel, während er in dem starken Licht stand ... Er las die lebhaften Passagen sehr kraftvoll, feurig und bewegend. Wohlgemerkt, er las nicht nur, er spielte auch ...«
Soweit Mark Twain, der anfangs mit seinen eigenen Lesungen ein Desaster erlebte; was bei Dickens gelaufen war, lief bei Mark Twain keineswegs, sondern wurde zur Stümperei, bis Mark Twain darauf kam, daß es einen Unterschied zwischen Geschriebenem und Gesprochenem gebe und man Geschriebenes nicht einfach sprechen könne. Hier machte sich der amerikanische Humorist, der diesen Namen als Ehrennamen auffaßte, seine Gedanken, eine Schreibe ist keine Rede, nein, Twain »verinnerlichte« seine Stories, wollte nicht mehr einfach Gedrucktes zitieren, sondern arbeiten mit dem Stoff. Er brachte sein Buch mit aufs Podium, suchte sich aber immer mehr von der Vorlage zu befreien, erzählte oft gänzlich frei, und so wich er selbstverständlich im freien Vortrag von der gedruckten Vorlage ab, zum größten Vergnügen für die Zuhörer, die jetzt nicht mehr mit papiernen Geschichten eingedeckt wurden, sondern eine lebendige Erzähl-Rede erlebten. Solche vorgetragene Literatur mag etwas einbüßen an Perfektion, doch sie gewinnt an Leben. Nun ist das gewiß nicht je-

dermanns Sache, auch hat nicht jeder Schriftsteller die Gabe freieren Vortrages, immerhin sollte sich der Autor seinem Publikum gegenüber soweit verpflichtet fühlen, daß er die Verlebendigung wenigstens versucht.

An Risiken bleibt sowieso noch allerhand, denn es ist ein Unterschied, woraus einer vorträgt, aus einem Roman oder aus kleinen Erzählungen, es ist ein Unterschied, ob man ein großes Auditorium hat oder nur eine kleine Gruppe, es ist ein Unterschied, ob man vor jungem oder älterem Publikum liest, vor Fachleuten oder einem Querschnitt, vor Zufallshörern oder gar einem gezwungenen Pflichtpublikum. Es ist auch ein Unterschied, ob man in großen Städten oder in kleinen liest, auch wenn nicht pauschal zu entscheiden geht, welches Publikum das bessere ist, man erlebt da immer wieder seine Überraschungen, und das macht Lesungen zum Abenteuer. Nein, ich möchte die Erfahrungen meiner literarischen Lesungen nicht missen, ich könnte sie gar nicht entbehren, jedes Jahr im Herbst suche ich mir die paar Wochen abzuringen, die dann für die Schreibarbeit wegfallen, weil allein die physischen Anstrengungen der Reisen kreative Tätigkeit nicht zulassen. Das ist auch mit einer der Gründe dafür, daß die Autoren für ihre Lesungen Honorare verlangen. Was im übrigen eine Selbstverständlichkeit sein sollte, Arbeit hat ihren Preis, Schriftsteller sind, von ganz wenigen Ausnahmen abgesehen, keine Millionäre und oft noch nicht einmal wirkliche Wohlstandsbürger, da kann eine Lesereise die Kasse sogar ganz schön aufbessern, Autoren, die keine Bestseller schreiben, vielleicht aber gute, wichtige und nützliche Bücher, bleiben eben auch durch die Vorlese-Honorare arbeitsfähig. Risiken gibt es sowieso genug. Man kann erleben, daß eine publikumswirksame Fernsehsendung die Leute daheim vor dem Bildschirm festhält, man kann umgekehrt auch erleben, daß ein schwaches Programm-Angebot des Fernsehens die Leute aus ihren Wohnungen treibt und hinein in die Vorlesesäle. So entstehen unvorhersehbare Schwankungen. Prominente Autoren sehen sich plötzlich vor schmalem Publikum, noch ganz unbekannte Autoren kommen in den Genuß eines unfaßbaren Zustroms. Wie schön, daß es noch solche Überraschungen gibt, bei Autor und Publikum. Auf ein neues denn, spätestens im nächsten Herbst bei der nächsten Büchersaison.

Was sind Bennys

Als wir 1971 die Märchenstadt München verließen und an die klare Beton-Peripherie Frankfurts zogen, gerieten wir in den Einzugsbereich des Finanzamts Dieburg. Möglicherweise waren wir dort die einzigen Schriftsteller. Jedenfalls ernannten sie uns auf den amtlichen Papieren, die ins Haus flatterten, zu »Schriftsetzern«. Lediglich aus Angst, damit falsch eingestuft zu werden und neben Mehrwert- und Einkommensteuer auch noch zur Lohnsteuer veranlagt zu werden, korrigierte ich einige Male, was indes folgenlos blieb.

Einmal zum »Schriftsetzer« ernannt, erfreuten wir uns immer weiter dieser schönen Berufsbezeichnung.

Ich gestehe, sie erfüllte mich mit ziemlichem Stolz. Zweifellos handelte es sich um eine ebenso gutgemeinte wie schutzbringende Beförderung. Der Schriftsteller ist, mindestens in Deutschland, ein schräger Vogel, der im Sympathisantensumpf nistet und von Zeit zu Zeit zum Abschuß freigegeben wird. Der Schriftsteller hat in der Öffentlichkeit ein denkbar schlechtes Image. Die CSU haut ihn, die CDU bekämpft ihn und die SPD mag ihn nicht. Bleibt die FDP übrig, doch so hart an der Fünfprozentklausel muß sie sich jeden Fall hundertmal überlegen. Ein gutes offenes Wort für einen Schriftsteller, und schon sinkt man unter die fünf Prozent. Wer wagt schon sowas, hoch vom gelben Wagen herunter.

Auch mit dem Einkommen ist es bei Schriftstellern nicht soweit her. Es ist mal hoch und mal gar nicht vorhanden. Keine Konstante.

Die Schriftsteller sind die neuen Juden der westdeutschen Na-

tion. Die geborenen Vaterlandsverräter. Sie verschenkten die deutschen Ostgebiete an Polen, gaben die DDR auf, zersetzen die Wehrkraft, lesen Marx und bestehen aus lauter abweichenden Meinungen.
Ganz anders die Schriftsetzer! Das ist ein handfester solider Beruf. Man braucht dazu eine Ausbildung und darf sich hernach Facharbeiter nennen. Der Facharbeiter erhält bei Arbeitslosigkeit Arbeitslosenunterstützung, in der Krise Umschulung, bei Krankheit Krankengeld, im Alter Rente, außerdem 13., wo nicht 14. Monatsgehalt, Feriengeld sowie Schwangerschaftsurlaub, falls er eine Facharbeiterin ist. Lauter Vergünstigungen, von denen die losen freischwebenden Schriftsteller und Schriftstellerinnen träumen können.
Ich fühlte mich, vom Finanzamt zum Schriftsetzer befördert, geradezu glücklich. Die Fotokopie meiner Steuererklärung trug ich in der Brusttasche bei mir. Wurde ich irgendwo als Schriftsteller erkannt und entsprechend bedroht, zog ich flugs meinen Steuerbescheid hervor und wies mich als amtlich beglaubigter Schriftsetzer aus.
Schon glätteten sich die Wogen der Erregung. Wer wollte es schon mit einem richtigen Facharbeiter verderben. Womöglich bekam man dann Schwierigkeiten mit den Gewerkschaften. Da sei Vetter vor.
Dummerweise wechselten meine Frau und ich unseren Wohnsitz.
Das nun zuständige Finanzamt hatte schon mal von der Berufsbezeichnung »Schriftsteller« gehört, jedenfalls akzeptierten sie das Wort, so ging ich meines schönen Schutzes verlustig. Statt des stattlichen und ehrfurchtgebietenden Fachmanns Schriftsetzer sind Ingrid und ich seitdem wieder schutzlose, lumpige Schriftsteller, die alten schrägen Vögel also, Sympathisantenpack.
Eine weitere Enttäuschung widerfuhr mir, als ich mitbekam, die falsche und um so viel bessere Berufsbezeichnung nicht

dem mitfühlenden Herzen eines lieben Finanzbeamten zu verdanken, sondern dem Computer.
Sowas schmerzt. Eine elektronische Maschine hatte uns durch einen bloßen Schreibfehler oder Rechenfehler zu höheren Wesen gemacht und zu höherem Ansehen verholfen.
Doch nicht jeder Computer meinte es so gut mit mir. Zwei Jahre nach unserer Übersiedlung von München nach Hessen entschloß sich der Computer des Hessischen Rundfunks, mir zustehende Honorare kurzum wieder nach München zu überweisen.
Ich protestierte telefonisch bei der HR-Honorarabteilung. Eine nette Dame nahm's zur Kenntnis. Aber nicht der Computer. Mein Geld traf weiterhin in München ein, wo ich gar kein Konto mehr hatte.
Jetzt schrieb ich der HR-Honorarabteilung einen Brief. Ein HR-Angestellter bedankte sich höflich, vergaß wohl aber, ihn dem Computer vorzulesen.
Der ließ mein Honorar weiter nach München gehen. Also schrieb ich den Herrn Computer direkt an. Er antwortete mir nicht, korrigierte sich jedoch. Allerdings überwies er mir ein ganzes Jahr lang immer nur 50% meiner Gelder. Doch die Hälfte ist immer noch mehr als gar nichts.
Computer sind eben auch nur Maschinen, versuche ich mich zu beschwichtigen. Der moderne Mensch muß tolerant und liberal sein. Wer immer gleich zornig aufmuckt, kriegt schnell einen Herzinfarkt. Schwierigkeiten wie mit den Computern bekomme ich nur noch mit Menschen, wenn sie sorgfältig mitdenken wollen. In einem Roman schilderte ich eine Kompanie Soldaten, die sich auflöste und, bildlich gesprochen, glatt die Schwindsucht bekam. Der Genauigkeitsfanatiker, der ich immer dann bin, wenn es falsch ist, gab sich mit der allgemeinen Bezeichnung »Schwindsucht« nicht zufrieden. Was ganz Spezielles sollte es sein. Dafür gibt's als Steigerung eine wahnsinnig schnell in den Tod treibende Abart von

Schwindsucht, die *Miliartuberkulose.* Ingrid, mein Lektor, nahm das Wort glatt als Schreibfehler und machte gutgläubig eine *Militärtuberkulose* draus.
Ich protestierte. Zwar handle sich's um einen kriegerischen Vorgang, mit Militär also und in schlimmen Kriegszeiten, doch sei das Wort hier bildlich zu verstehen, Tbc im schlimmsten Fall und Stadium also.
Nach längeren innerfamiliären Auseinandersetzungen flog die *Militärtuberkulose* aus dem Text raus und die *Miliartuberkulose* kam wieder rein.
Wochen später flattern die Druckfahnen ins Haus.
Was steht im Text?
Militärtuberkulose.
Zweifellos hatte der aufmerksame Setzer beim Setzen mitgedacht. Was hat sich da für ein Fehler eingeschlichen, mag er gedacht haben, der liebe Kollege, *Miliartuberkulose,* so'n Quatsch, ganz offensichtlich handelte es sich um militärische Vorgänge, es stand da ja auch *Schwindsucht,* also war's eine militärische Schwindsucht, mithin *Militärtuberkulose.*
Engstirnig, wie so ein Schriftsteller ist, korrigierte ich das Wort nochmals.
Dann kam der Umbruch. Gleich kontrollierte ich die Seite.
Was stand da?
Militärtuberkulose ...
Das Buch enthielt noch eine zweite Schwachstelle. Nachdem eine Universitäts-Magnifizenz auf Seite 435 dummerweise einen ganz einfachen und normalen fränkischen Bocksbeutel-Wein trinkt, gefällt sich die Person kurze Zeit später auf Seite 442 darin, in einer Schimpfkanonade jemanden einen »böhmischen Bookesbeutel« zu heißen, was auf eine alte, gewiß veraltete Wortfügung zurückgreift und des bösartigen, wo nicht obszönen Beiklangs nicht entbehrt.
Mit Hilfe eines sehr persönlichen Schreibens an alle mit dem Druck des Manuskripts befaßten Damen und Herren gelang

es mir tatsächlich, den *Bookesbeutel* im Text durchzubringen. Ein Resultat, auf das ich noch heute, ein Dutzend Jahre später, stolz bin.
Leider muß ich gestehen, daß ich inzwischen nicht mehr so ergrimmt um jedes Wort kämpfe. Das läßt der ständige Fortschritt der Technik gar nicht mehr zu. Es geht alles viel schneller. Manche Verlage, nein fast alle, sparen den Umbruch ein. Andere sparen schon die ersten Druckfahnen ein. Es gibt Verleger, die mieten irgendwo fernab eine billige Scheune, setzen eine türkische Gastarbeiterin hinein und fertig ist das Buch.
Das gehe jetzt alles elektronisch oder irgendwie anders -isch, heißt es. Ich verstehe nichts von Technik, mir können sie das erzählen. Ich glaube denen sowieso nichts mehr.
Dann hält man das erste Exemplar seines neuen Buchs in Händen. Es besteht aus lauter Doppelpunkten. Das kann doch nicht möglich sein, murmelt der überraschte Schriftsteller, irgendwo dazwischen befanden sich doch auch Worte? Und er wird belehrt, die neuen elektronischen Geräte seien ja so empfindlich. Die Türkin trägt zwar ein Kopftuch, irgendwie aber ist ihr eben doch ein Haar ausgefallen und in die Maschinerie gekommen, na und da reagiert die empfindliche Technik empfindlich, schaltet aus und um und an. Und so kommt ein Roman aus lauter Doppelpunkten heraus.
Der arme Schriftsteller protestiert. Das Buch ist inzwischen schon ausgeliefert worden. Der Autor schreit hysterisch auf und erwartet das Übelste.
Da erscheint die erste Besprechung, eine Lobeshymne. Sowas war noch nie da. Ein Bestseller. Sieht man doch wieder, Qualität setzt sich durch.
Öfter mal was Neues, Leute.
So konsequent verstümmelt die Technik mich leider nicht. Bei mir liebt sie nur die einfachen dummen Druckfehler.
Beschreibe ich eine Party bei Gabriele Henkel und denke, es

ist alles wohlgetan, lese ich verblüfft im fertigen Text, den der »stern« gleich buchstabengetreu nachdruckt, es sei eine Party gewesen mit »kaltem Büfett, Professoren, Malern, Dichtern, Webegagmenschen und Bennys als Zugabe.«
Ei der Daus, denk ich mir, da stimmt ja alles auf den Buchstaben genau, und sogar in der aufzählenden Reihenfolge, nur was, zum Teufel, sind diese »Bennys als Zugabe«?
Die arme Gabriele tat mir leid. Was immer die Bennys sein mochten, es klang verdächtig. Da hatte man ein feines Haus, eine hygienebewußte Familie und Firma, und nun sowas Anrüchiges.
Auch waren die Bennys als Zugabe zum erlesenen kalten Büfett aufgezählt, was die Schmach noch vergrößerte. Beliebte man in jenem großbürgerlichen Hause die geheimnishaften Bennys etwa zu verspeisen? Waren damit Boys gemeint oder Bubis oder handelte es sich um auserlesene chinesische Fische oder Frösche?
Verwirrt und mit vor Nervosität zitternden Händen suchte ich im Manuskript nach der Stelle. So erstaunt wie erleichtert fand ich, da stand geschrieben: »... und Beuys als Zugabe!« Da hatte jemand also aus dem berühmten Prof. Beuys den Plural *Bennys* gemacht.
Die geheimnisvollen Wesen aber, einmal auf der Welt, sind nicht mehr wegzubringen. Soeben rief die Mannheimer Dudenredaktion an. Sie haben die »Bennys« in den deutschen Sprachschatz aufgenommen, schreiben sie, und bitten nur um eine kurze und genaue Sacherklärung.
Mal sehen, was ich mir einfallen lasse.
Mal sehen, was dann im Duden rauskommt, Überraschungen sind bei unserer rasant sich voranentwickelnden Drucktechnik in jeder Menge drin.

Letternwirtschaft

Manche Buchstaben sind wichtiger als andere. Das merkt man erst, wenn einer fehlt. Gestern bricht mir am hellichten Arbeitsvormittag der Typenhebel mit dem »e« ab.

Jetzt ist guter Rat teuer und eine neue elektrische Schreibmaschine erst recht. Elektrisch muß sie sein, weil sonst bei mir eine Sehnenscheideentzündung die nächste ablöst.

Zuerst verbarg ich das Maschinenunglück vor der Familie. Es sind Momente der Rache für Frau und Tochter, wenn mir was entzwei geht.

Jede zerbrochene Tasse, jede kleine Beule in der Stoßstange schmierst du uns tagelang aufs Butterbrot, sagte meine Tochter, ohne Rücksicht darauf, daß sie sich eines grausigen Sprachbildes bediente, und du knickst starke Stahlhebel wie Streichhölzer. Ganz klar, wer hier der Gewalttäter und Kaputtmacher in der Familie ist. Was du dir heute geleistet hast, wiegt mindestens fünf Lackkratzer am Auto und sieben zerschellte Suppenteller auf, von der erheblichen Summe gar nicht zu reden, die das Anschweißen des Typenhebels kostet. Also den Dialog konnte ich mir lebhaft vorstellen. Ich hatte nicht das geringste Bedürfnis danach und igelte mich den Vormittag über mit meiner invaliden Olivetti ein.

Das wäre doch gelacht, sagte ich mir, wenn man nicht nach fast dreißig Jahren Schreibroutine das Manko eines einzigen Buchstabens überwinden könnte.

Wenn's nur nicht das vielstrapazierte »e« wäre, sagte ich mir kurz darauf. Jedes andere ABC-Mitglied ist leichter zu entbehren. X oder Y, also das wäre ein Kinderspiel, schreibt man eben statt verflixt verflucht und statt bey bey auf Wiedersehn. Schwieriger wäre schon ein Text über Marx, aber auch hier müßten sich Umschreibungen finden lassen, vielleicht Karl der Große aus Trier, da würden mir bürgerlich Gebildete höchstens nachsagen, ich sei in Geschichte nicht sattelfest. Positiv wäre, daß mir unter diesen Voraussetzungen keiner mehr ein X für ein U vormachen könnte. Doch ermangelte mir ja nicht das »x«, sondern das viel weiter vorn rangierende »e«. Das Problem stachelte meinen Ehrgeiz an. Ein alter Fehler. Mindestens eine Seite müßte zu schaffen sein, danach könnte man weitersehen.

Also fing ich an: Langsam und sacht üb' ich mich. Wandlung im Ausdruck total. Da tritt Prosa im Vollton ans Licht. Sonor rollt Vokalansammlung. Klangmäßig stark. Schon kommt Triumph in mir auf, Apart-Stil wächst, ohn' Ruck und Zuck. Lautlos formt harmonisch sich Bild um Bild. Das Unglück rückt fort. Was du wirklich willst, ist dir willig zur Hand. Das Blatt vor mir füllt sich an. Mit Hauptlast auf »a«, »o« und »u«. Möglich, ich dicht' von nun an ständig so fort. Was ich vorbring', klingt zunächst wild und wirr. Doch wächst langsam das Training. Was glaubt ihr, was schon sagbar ist. Mühsal kaum spürbar. Ahnst du das Groß-Sprach-Panorama? Völlig unüblich? Vollblutductus. Rumort Worturstrom? Kultur urig und guttural. Ratio radikal unwichtig. Klar, plagt mich stark. Das Zuvor muß Schicht für Schicht zum Müll. Kopf ab, Ton auf Zukunft. Was Satz um Satz häuft, birgt gleichwohl Kontur in sich und nicht nur Chaos. Idiotismus? Schimpfwort hilft nicht voran. All das tragisch und schlimm. Nach Kurz-Glück im Hirn tabula rasa.

Ich merkte schon eine Weile, daß mir im Rücken jemand schwer atmete. Wie am Vormittag üblich, hatte meine Frau die zweite Tasse Kaffee gebracht. Sonst stellte sie den Trank leise auf das Regal neben meinem Schreibtisch und verschwand wieder in ihrem Arbeitszimmer. Diesmal war

sie hinter mich getreten, um die Seite zu lesen, die ich gerade volltippte.
Ihr schwerer Atem wurde zum Stöhnen.
»Was ist?« fragte ich aus meinen fürchterlichen, e-losen Schreibmühen heraus.
»Ich dachte mir gleich, daß es dir nicht gut geht«, sagte meine Frau leise, »mit so großen Denkpausen wie heute hast du noch nie gedichtet.«
Ich antwortete: »Hier ist ein Mangel auszugleichen.«
»Ein Mangel?« fragte meine Frau ängstlich. »Glaubst du, daß es jetzt immer so bleibt mit dir?«
»Wieso mit mir? Es dauert nur solange, bis das ›e‹ wieder dran ist.«
Die Schreibmaschinengeschichte erleichterte meine Frau so, daß sie sich jede spöttische Anmerkung verkniff. Sie hieß den Plan mit der e-losen Seite sogar gut und wollte mitspielen.
»Vielleicht ist es einfacher im Gespräch«, sagte sie.
»Nur frisch voran!« ermunterte ich.
Sie: »Was not tut, ist Disziplin und Rigorosität –«
Ich: »Lang währt Wort und Sinn im All –«
Meine Frau fand diese Erwiderung zwar unpassend, erinnerte sich dann aber, daß ich ja schon eine reichliche halbe Seite ohne »e« formuliert hatte.
Sie: »Produktivität kommt ständig mit Kraft und Wucht.«
Ich: »Tradition aufs Schafott, such nach Stil mit Trotz und nicht zaghaft –«
Meine Frau blickte mich von der Seite her etwas sonderbar an, brachte dann aber einen neuen Vorschlag.
»Prosa protzt vorzüglich mit Raum und Traum und Baum –«
Jetzt meinte ich, es sei höchste Zeit, das Experiment abzubrechen.
Ich resignierte in der Erkenntnis, daß das Menschenhirn, dieser Mini-Computer, eben doch auf 32 Buchstaben programmiert sei und man sich nicht ungestraft eines ABC-Angehöri-

gen entschlägt, besonders nicht des dominierenden »e«.
Plötzlich lachte meine Frau.
»Tipp mal deinen Namen«, sagte sie.
»Was soll das?« fragte ich.
Dann tippte ich und verstand.
Niemals mehr werde ich mich anheischig machen, ohne das »e« auszukommen. Denn dann hieße ich Grhard Zwrnz.

Lehrgeld

»Sie wünschen?«
»Ich habe eine Beschwerde vorzubringen.«
»Dafür ist unsere Beschwerdestelle da.«
»Die Beschwerdestelle hat geschlossen.«
»Mittwochs ist unsere Beschwerdestelle immer geschlossen. Da müssen Sie sich an einem anderen Tag beschweren.«
»Am Dienstag hatte die Stelle auch geschlossen.«
»Vielleicht versuchen Sie es mal am Donnerstag.«
»Hören Sie: Ich bin berufstätig. Ich kann mir nicht dauernd freinehmen, nur um mich zu beschweren.«
»Kein Mensch zwingt Sie dazu.«
»Ich will mich aber beschweren, mir ist ein Unrecht geschehen.«
»Das behaupten alle.«
»Mir ist gesagt worden, ich kann meine Beschwerde auch hier in Ihrem Büro vorbringen.«
»Das ist richtig.«
»Das haben Sie mir aber nicht gesagt.«
»Sie haben mich ja nicht gefragt.«
»Ich bin mit zwanzig Mark Bußgeld bestraft worden wegen Schwarzfahrens.«
»Wer schwarzfährt, vergreift sich am Bürger-Eigentum, das wissen Sie doch.«
»Ich bin aber gar nicht schwarzgefahren.«
»Das behaupten alle.«
»Normalerweise fahre ich mit der Straßenbahn von Offenbach nach Frankfurt. Das kostet 1,20 DM.«

»Darin sehe ich keinen Grund zur Beschwerde. Das ist sehr preiswert.«
»Letzten Mittwoch fuhr ich mit der Eisenbahn. Als ich am Automaten stand, las ich, nachdem ich den vorgeschriebenen Knopf gedrückt hatte, daß ich 2,40 DM zahlen müßte.«
»Das ist richtig.«
»Mich wundert es, daß man mit der Straßenbahn 1,20 DM und mit der Eisenbahn das Doppelte zahlen muß. Es ist schließlich die gleiche Entfernung.«
»Die Logik der Preise überlassen Sie mal den dafür zuständigen Beamten.«
»Ich hatte an Kleingeld nur 1,20 bei mir. Meine Geldscheine nützten mir nichts, weil der Automat nur Münzen nimmt. Wechseln konnte ich nicht, weil ich unbedingt den Zug erreichen mußte, um pünktlich zur Arbeit zu kommen. Also fragte ich einen Bahnbeamten um Rat. Er empfahl mir, eine Karte für 1,20 DM zu lösen, damit ich ein Recht zum Einsteigen erhalte, mich aber gleich an den Schaffner zu wenden und nachzulösen.«
»Das ist korrekt.«
»Ich informierte den Zugschaffner, noch bevor ich einstieg. Er nickte. Ich stieg ein. Der Zug fuhr an.«
»Sie wollen sagen: Der Zug fuhr ab – hahaha –«
»Sie entschuldigen, wenn ich das nicht so lustig finde. Der Zugschaffner kam. Er dürfe keine Nachlösescheine ausgeben, sagte er.«
»Das ist vollkommen korrekt.«
»In seiner Begleitung war jetzt ein Herr. Wie sich herausstellte, ein Kontrolleur.«
»Aha.«
»Der Schaffner sagte, ich dürfe nur bis Oberrad mitfahren und müsse dort aussteigen.«
»Richtig.«
»Ich konnte in Oberrad gar nicht aussteigen.«

»Warum nicht?«
»Weil der Zug in Oberrad nicht hielt.«
»So kann man Pech haben.«
»Als der Zug den Bahnhof Oberrad passiert hatte, erschien der Kontrolleur und forderte meinen Fahrschein und den Personalausweis.«
»Was wollen Sie, das alles geschah streng nach Anweisung.«
»Ich mußte 20 Mark Buße zahlen wegen Schwarzfahrens.«
»Das ist korrekt.«
»Ich bin aber nicht schwarzgefahren und wollte auch nicht schwarzfahren.«
»Das behauptet jeder.«
»Aber so hören Sie doch: Ich hab' vor der Abfahrt den Offenbacher Bahnbeamten um Rat gefragt und erhielt von ihm die Auskunft, an die ich mich hielt. Ich informierte den Zugschaffner von meiner Absicht, im Zug nachzulösen und durfte einsteigen. Was sollte ich noch tun, um nicht straffällig zu werden? Hätte ich in Oberrad aus dem fahrenden Zug springen sollen?«
»Abspringen aus dem fahrenden Zug ahnden wir mit mindestens fünfhundert Mark.«
»Ich werde mich mit meinem Fall an die Zeitung wenden.«
»Soll das eine Erpressung sein?«
»Aber es muß mir doch ein Mensch erklären können, wieso ich schwarzgefahren bin. Ich informierte zwei Beamte, besaß einen gültigen Fahrschein und wollte nachlösen. Wenn das nicht möglich ist, hätte mich der Schaffner nicht einsteigen lassen dürfen und der Beamte in Offenbach hätte mir nicht diesen Rat geben dürfen.«
»Wir haben unsere Bestimmungen, meine Dame, und nach diesen Bestimmungen sind Sie schwarzgefahren!«

(An dieser Stelle gab die Dame dem Beamten eine Ohrfeige. Das kostete sie, nach dem üblichen Tarif, fünfhundert Mark, und für diese Summe hätte sie auch in Oberrad aus dem fahrenden Zug springen können. Der Vorfall liegt ein gutes Jahr zurück. Die Dame fährt jetzt aus Prinzip schwarz, und weil sie es in dieser Kunst sehr weit gebracht hat, wurde sie nur zweimal ertappt. Dafür bezahlte sie 2 × 20 DM = 40 DM. Da sie aber täglich von Offenbach nach Frankfurt und am Abend zurückfährt, kostet sie die Strecke weniger als als einen Pfennig. Man sieht, die Leute wissen sich zu helfen, unterstützen unsere Beamten sie dabei mit dem nötigen Nachdruck.)

Parapsychologisches

Die Verwirrung begann mit einem vier Meter langen und gut einen Meter breiten knallroten Flauschläufer.

»Der paßt sehr gut vor deinen weißen Einbauschrank!« rief meine Frau erfreut aus.

Naja, ich hatte auch schon bemerkt, der weiße Schrank zusammen mit dem sehr blassen Teppichboden machte den ganzen Raum zu hell. Da mußte wirklich ein kräftiger Farbtupfer hin.

Zudem war der Flauschläufer ein Sonderangebot, so preiswert, daß man an der Kasse beinahe noch was herausbekam.

Also kauften wir.

Tatsache: Der rote Rest paßte ausgezeichnet vor den weißen Schrank. Das Zimmer sah richtig lustig aus.

Ich fühlte mich sofort wohler.

Aber nicht lange.

Abends hatten wir den Läufer ausgerollt.

Morgens, ich wollte gerade anfangen zu schreiben, fiel mein Blick auf das gute Stück.

Zwischen seiner hinteren Kante und dem Schrankrand klaffte eine Lücke von mindestens fünf Zentimetern.

Das machte eigentlich nichts aus. Warum sollte zwischen Schrank und Läufer nicht der Bodenbelag sichtbar sein.

Sowas konnte durchaus angehen.

Nur erinnerte ich mich, wir hatten den roten Läufer am Vorabend exakt gegen den Schrank stoßen lassen.

Ohne Zwischenraum.

Meine Frau und ich hatten uns auch darüber unterhalten.

Soll man Läufer und Schrank zusammenstoßen oder zwischen ihnen ein Stück freilassen?
Resultat: Kein Zwischenraum.
Jetzt aber war einer da.
Hatte also meine Frau doch ihren Kopf durchgesetzt.
Sie nämlich war für eine Lücke gewesen und hatte sich erst später meinen besseren Argumenten gebeugt.
Da mußte sie, als ich im Bad war, in mein Zimmer geschlichen sein und den Läufer so gelegt haben, wie sie es richtig fand.
Ich rückte den Teppichstreifen in seiner ganzen Länge energisch wieder an den Schrank heran.
So, jetzt war kein Spalt mehr dazwischen.
Ich schrieb zwei Stunden. Dann war der Wein alle.
Ich trinke während des Schreibens gern ein wenig herben Weißen.
Wie ich aufstehe, um eine neue Flasche zu holen und zu entkorken, denke ich, ich ticke nicht mehr richtig.
Zwischen Schrank und Läufer klaffte wieder die verdammte Lücke.
»Das finde ich aber gar nicht komisch«, sagte ich zu meiner Frau im Raum nebenan, »daß du dich, während ich schreibe, in mein Arbeitszimmer schleichst und den Läufer vom Schrank wegziehst.«
Meine Frau sah erstaunt von ihrer Schreibmaschine auf.
»Was ist los? Wie bitte?«
Ich wiederholte meine Klage.
Meine Frau tippte sich gegen die Stirn.
»Ja«, sagte ich, »wenn es nur Einsicht wäre!«
In meinem Zimmer stupste ich den Läufer gegen den Schrank und schrieb weiter.
Dann war Mittagszeit. Ich stand auf. Rechtschaffen hungrig.
Der Schlag soll mich treffen. Oder ein Pferd treten.
Zwischen Schrank und rotem Läufer leuchteten wieder fünf Zentimeter heller Teppichboden.

Mir verging der Appetit.
Unser Mittagsmahl verlief ziemlich wortkarg.
Beim Nachtisch kam mir die richtige Idee. Ich ging in mein Zimmer, schob den Läufer zurecht, verließ meinen Arbeitsraum, schloß hinter mir ab und steckte den Schlüssel in die Tasche.
Nach dem Mittagsschlaf, so gegen vierzehn Uhr, öffnete ich die Tür mit dem Schlüssel und sah drinnen nach.
Fünf Zentimeter Zwischenraum!
Ich rannte zu meiner Frau und schrie sie an:
»Den dummen Spaß mit dem Läufer würde ich dir noch verzeihen, aber daß du dir für den Blödsinn noch einen Zweitschlüssel zu meinem Arbeitszimmer anfertigen läßt, das geht zu weit!«
Wie gut spielte doch dieses Weib Unschuld und Verwunderung!
»Tu nicht so scheinheilig!« brüllte ich, »meinst du, ich weiß nicht, was gespielt wird? Du willst mich wohl für verrückt erklären lassen?«
Wir stritten bis zum Abend und dann kam unser Hausarzt.
Ich warf ihn hochkant die Treppe runter.
Er kletterte zum Fenster wieder rein.
In der Zwischenzeit hatte ich den Wein für die ganze Woche aufgebraucht.
Es gibt bei mir einen Punkt, da schließ' ich sogar mit meinen Feinden Frieden.
Ich lud unseren guten Doktor Mayer zum Mittrinken ein.
Wir leerten drei Flaschen Bocksbeutel, einen Elsässer Riesling und gossen, um nüchtern zu bleiben, ein paar Rote hinterher.
»Nun erklären Sie mir doch mal, wie das mit dem Läufer war«, sagte Doktor Mayer.
Ich wußte natürlich, meine Frau hatte ihm alles lang und breit berichtet, auf ihre Weise.

Jetzt bekam der Mann die reine Wahrheit von mir zu hören.
»Und der rote Teppich rückt tatsächlich ganz von allein ein Stück vom Schrank ab?« fragte der Doktor.
»Ach wo«, sagte ich, »da steckt meine Frau dahinter. Und ich weiß ja auch, warum.«
Unser Hausarzt wußte einen Ausweg. »Machen wir doch ein kontrolliertes Experiment!«
Gesagt getan.
Wir zogen den Läufer dicht an den Schrank heran und verließen das Zimmer, schlossen die Tür ab und becherten bis Mitternacht.
Dann schloß ich auf.
Vorsichtig schlichen wir ins Zimmer.
Unser Doktor Mayer blickte hin, schlug sich mit beiden Händen klatschend auf die Stirn und begann brüllend in der Wohnung umherzutanzen.
Wir täuschten uns nicht. Zwischen Schrank und rotem Teppich klaffte ein Abstand von gut fünf Zentimetern.
Dr. Mayer brüllte immer lauter.
Ich rief einen Nervenspezialisten an.
Der Arzt hatte bereits geschlafen und wollte daher nicht kommen. »Aber es geht um einen Kollegen von Ihnen«, flehte ich laut.
Inzwischen hatte Dr. Mayer angefangen, Bücher und Manuskripte in meinem Zimmer zu verstreuen. Ich würde Wochen brauchen, alles wieder in Ordnung zu bringen.
Der Nervenarzt ließ sich endlich erweichen. Wenn es sich um einen Kollegen handelt, sind die Ärzte sogar nach Mitternacht auf die Beine zu kriegen.
Er kam, sah und wollte uns nicht glauben.
Ihn zu überzeugen, wiederholten wir das Experiment mit dem roten Läufer.
Am Morgen lieferte ich die beiden Doktoren in der Universitäts-Nervenklinik ab.

»Die sind doch stinkbesoffen!« protestierte die Aufnahmeschwester.
»Ja«, sagte ich, »es ging um einen roten Teppich!«
Seitdem sitzen wir alle drei in der Klinik. Meine Frau besucht uns jeden Mittwoch und Sonntag.
Die übrigen Tage ist sie daheim und führt unseren laufenden Läufer vor.
Von dem Eintrittsgeld können wir, wenn weiter alles gut geht, noch lange Zeit die Klinikrechnungen begleichen.

Geschwindigkeiten

Vor kurzem war ich bei Billinger zu Besuch. Wir sind zusammen im Schriftstellerverband, aber da er das Arbeiten nicht erfunden hat, genügt es ihm völlig, sind am Abend eines Tages fünf ganze Zeilen geschrieben worden.

Ein ruhiger, besonnener Mensch, kein Zweifel. Ein großer Lyriker. Ich würde gern öfter einen Abend bei ihm verbringen, doch wirkt seine Ruhe dermaßen ansteckend, daß ich nach jedem Besuch mindestens drei Tage lang alle Fünfe gerade sein lasse und höchstens eine Postkarte schreibe.

Nun kann Billinger sich das leisten. Seine Frau ist Lehrerin. Ich mag sie nicht weniger als ihn, allerdings ist sie in allem das krasse Gegenteil, eine nervöse, schnelle und junge Frau. Dabei sehr akkurat.

Wenn sie daheim ist, denkt man immer, der Wind weht. So fegt sie durch die Zimmer. Man kann leicht einen Zug kriegen davon.

Billingers haben übrigens keine Kinder, aber darüber verbreite ich mich nicht mehr. Es war das einzige Mal, daß es Streit gegeben hatte zwischen uns dreien.

Ich hatte bemerkt: »Wenn der eine zu langsam und der andere zu schnell ist, dann kann auch kein Kind draus werden.«

Aus irgendeinem Grunde nahmen sie das übel. Sie stand wie erstarrt und er fuhrwerkte im Zimmer herum wie von der Tarantel gestochen. Wenn die Menschen sich ärgern, fahren sie aus der Haut und tun in allem das Gegenteil.

Ich habe das Problem der fehlenden Kinder nie mehr zur Sprache gebracht.

Bei meinem letzten Besuch beschäftigte die beiden was Sonderbares. Sie wollten herauskriegen, wie schnell einer gehen müsse, um 30 km in der Stunde zurückzulegen.
Billinger kroch im Schneckentempo durch die Wohnung und behauptete, das sie die angegebene Geschwindigkeit.
Sie pfeilte los und prallte wie ein fliegender Vogel auf die gegenüberliegende Wand.
In ihrer Not fragten sie mich. Ich machte es ihnen vor. Sie nickten befriedigt. Ich hatte ungefähr die mittlere Geschwindigkeit eingeschlagen.
Es war immer noch schnell genug.
Ganz außer Atem setzte ich mich auf die Couch.
Ricarda-Ramona, Billingers Frau, hatte etwas zu besorgen und verschwand durch die Tür. Natürlich war ihr der eigene Vorname viel zu lang, sie nannte sich kurz und knapp: Rira.
»Rira-rutsch«, sagte ich.
»Wie bitte?« fragte Billinger.
Ehe ich antworten konnte, machte sich Billinger auf in die Küche, um aus dem Kühlschrank eine Flasche Aquavit zu holen. Er brauchte dazu so lange, daß er, als er zurückkam, die Frage vergessen hatte.
Wir saßen gemütlich beieinander und tranken den kühlen Schnaps, dabei vergingen an die drei Stunden.
Rira flatterte herein.
Sie war ganz außer Atem.
»Meine Frau ist etwas schwach auf der Brust«, sagte Billinger bedächtig.
Ricarda-Ramona keuchte wirklich gottserbärmlich.
»Vielleicht solltest du deine Frau mal zum Arzt schicken«, riet ich.
»Wozu«, sagte er, eine Viertelstunde später, als er sich meinen Vorschlag überlegt hatte, »schau mal, sie hat nur fünf Minuten Fußweg bis zur Schule, wo sie arbeitet.«
»Bevor sie das Schild anbrachten, war es einfacher«, sagte

Rira und atmete immer noch hastig.
»Was für ein Schild?« fragte ich.
»Irgend so ein Schild halt«, murmelte Billinger.
Die Frau schwirrte zwischen uns herum, es entstand Windstärke elf.
»Irgend so ein Schild – irgend so ein Schild –« äffte Rira ihren Mann mit nervöser hoher Stimme nach.
Sie hetzte hierhin und dorthin und war schon wieder hui durch die Tür davon.
Billinger schwieg und trank Aquavit im Zeitlupentempo. Bei ihm wurde jeder Alkohol zum Longdrink.
»Was hat es auf sich mit diesem Schild?« fragte ich ungeduldig.
Es dauerte diesmal nur 'ne knappe Viertelstunde, bis Billinger antwortete:
»Zwischen unserem Haus und der Schule haben sie es angebracht.«
»Ja, zum Teufel, was steht denn drauf?«
Mein Freund beeilte sich ungeheuer, als er sagte: »Weiß-rot – drinnen eine große Zahl – 30 km –«
»Menschenskind«, sagte ich, »das weiß doch jeder – ein Verkehrsschild. Es begrenzt die Geschwindigkeit auf 30 km die Stunde.«
»So ist es.«
»Aber Billinger, das gilt nur für Kraftfahrzeuge!«
Er schenkte uns beiden die Gläser nach.
»Tja«, sagte mein Gastgeber langsam, »das ist noch nicht alles. Direkt unter dem Schild ist noch ein Schild ...«
»Was steht da drauf?«
»Fußgänger.«
»Das darf doch nicht wahr sein.«
»Wenn ich's dir sage!«
»Willst du damit andeuten, du glaubst, dort müßten Fußgänger mit 30 km in der Stunde –«

»Meine Frau behauptet das steif und fest!«
»Dreißig Kilometer pro Stunde, das ist sogar für Rirarutsch zu schnell«, sagte ich.
»Du siehst doch, wie sehr sie sich immer beeilt.«
»Kein Wunder, wenn sie so keucht, ein bißchen hin und die Ärmste pfeift auf dem letzten Loch«, sorgte ich mich.
»Manchmal hat sie was vergessen und da saust sie gleich nochmal zurück«, sagte Billinger.
»Aber da muß man doch was unternehmen –«
»Mach ich ja«, sagte Billinger, »mach ich ja längst.«
»Was machst du?«
»Seit einem guten halben Jahr gehe ich abends, sobald die Dunkelheit angebrochen ist, hin und säge die Stange ab, auf der die Schilder befestigt sind.«
Wir tranken noch ein paar Gläschen. In aller Ruhe, versteht sich.
Ich verabschiedete mich.
Billinger holte seine Stahlsäge und kam mit.
Wir standen vor dem Schild. Tatsächlich stand da: 30 km – und darunter: *Fußgänger.*
Billinger bückte sich ächzend und sägte in der Finsternis irgendwo herum.
Ich sagte: »Mach's gut« und schlug mich seitwärts in die Büsche, wo ich mich verbarg.
Es dauerte nicht lange, da verschwand Billinger in Richtung seines Hauses. Ich lief zu dem Schild zurück.
Eilige Schritte nahten. Ich warf mich zu Boden.
Im Schein der Straßenlaterne sah ich Ricarda-Ramona vorüberspurten.
Sie hatte die Arme angewinkelt und keuchte heftig. So eine deutsche Lehrerin heutzutage verhielt sich treu nach dem Buchstaben des Gesetzes. Schließlich wollte sie ins Beamtenverhältnis übernommen werden.
Ich wartete, bis die Schritte und Atemzüge verhallten. Dann

richtete ich mich auf und tastete die Stange ab, die die Schilder trug.
Nach geraumer Zeit fühlte ich unten eine winzig-kleine Einkerbung. Billingers Sägestelle seit gut einem halben Jahr. Bei diesem Arbeitstempo würde er noch Ewigkeiten brauchen, bis er die Stange durchhatte.
Es tut nicht gut, dachte ich auf dem Heimweg, wenn Ehepartner gar zu verschiedene Temperamente haben.
An diesem Abend noch bekam ich Besuch. Von Ricarda-Ramona. Sie hüpfte nervös im Zimmer umher.
»Nun setz' dich und beruhige dich!« sagte ich. Sie gehorchte und setzte sich. Nur die Ruhe kriegte sie nicht hin.
»Früher unterrichtete ich in Deutsch und Englisch. Seitdem ich das aufgeben mußte, kribbelt es mir immer unter der Haut«, klagte sie.
»Und weshalb mußtest du die beiden Fächer aufgeben?«
»Weil ich Angst hatte.«
»Angst wovor?«
»Mich zu versprechen –«
»Jeder verspricht sich einmal. Das ist kein Verbrechen.«
»Ich bin eine Linke –«
»Auch Linke können sich versprechen.«
»Das ist doch so – unser Direktor hat Freud gelesen, und mit Freud lassen sich die Versprecher entschlüsseln. Meine Versprecher sind alles linke Versprecher.«
»Es ist, laut Grundgesetz, nicht verboten, ein Linker zu sein in unserem Lande.«
»Aber ich nahm als Studentin an einer Demonstration gegen den Vietnamkrieg teil.«
»Hm.«
»Ein andermal besuchte ich eine Versammlung der DKP.«
»Hm. Das ist bedenklich«, gab ich zu.
»Deshalb gab ich den Unterricht in Deutsch und Englisch auf und gab nur noch Mathematik.«

»Das war ein kluger Schachzug.«
»Leider nicht. Ich verrechnete mich zu oft.«
»Auch gute Mathematiker verrechnen sich einmal.«
»Nicht so wie ich – ich schrieb an die Tafel: zwei mal zwei ist fünf.«
»Zwei mal zwei ist vier.«
»Daran habe ich nie gezweifelt. Ich wußte das auch, als ich die Fünf an die Tafel schrieb. Es war, als säße der Teufel in mir und führte meine Hand.«
»Zum Himmeldonnerwetter, dann mußt du eben den Mathematikunterricht auch drangeben.«
»Hab ich ja schon. Ich erteile jetzt Sportunterricht.«
»Na dann ist doch alles in bester Ordnung.«
»Leider nicht.«
»Wieso nicht –«
»Eine Sportlehrerin muß ihren Schülern alles vormachen können.«
»Das kannst du doch!«
»Nein.«
»Nein?«
»Beim Volleyball, beim Ballweitwerfen, beim Hoch- und Weitspringen – also ich kann nie Beamtin werden – ich bin Linkshänderin und springe auch mit dem linken Fuß ab. Verstehst du meine Situation?«
»Wie wär's als Zeichenlehrerin?«
»Ich kann nur mit der linken Hand zeichnen.«
»Dann bleibt nur noch eins«, sagte ich, »du wirst in Religion unterrichten.«
»Ja«, sagte sie, »das klingt gut und hat nichts mit der linken Hand und dem linken Fuß zu tun. Nur mußt du wissen, ich glaube nicht an Gott.«
»Was tut's. Du kannst doch sonst auch nicht sagen, was du denkst. Da kommt's auf den Lieben Gott nicht mehr an.«
»Wirklich nicht?«

Die geplagte Frau blickte mir zweifelnd ins Gesicht, als ließen sich da meine tiefsten Gedanken enträtseln.
»Nein!« rief Ricarda-Ramona, »als Religionslehrerin wäre ich auf die volle Wahrheit verpflichtet. Als erstes müßte ich meinen Mann anzeigen.«
»Warum denn das?«
»Weil er heimlich an dem 30-Kilometer-Verkehrsschild für Fußgänger herumsägt.«
Der Gedanke, ihren Mann anzeigen zu müssen, erregte die arme Frau unmäßig. Sie würde es gewiß sehr ungern tun. Andererseits waren die behördlichen Maßnahmen auf fruchtbaren Boden gefallen. Der Wunsch, sich pflichtgemäß zu verhalten, wuchs immer stärker in dieser Frau an.
Plötzlich verstand ich den tieferen Sinn der Disziplinarordnungen und Berufserschwernisse wie Ausübungsverbote, die unsere staatlichen Behörden mit ungebrochener Erfindungskraft ersannen.
Gegen Morgen schrillte mein Wecker. Ich erhob mich, nahm Farbe und Pinsel, ging zu dem Verkehrsschild und verwandelte die 30 km in 100 km.
Fünf Minuten vor acht kam Ricarda-Ramona an.
Sie erblickte die neue Ordnungszahl. Blieb stehen. Erbleichte. Dann setzten sich alle ihre Energien in Geschwindigkeit um. Mit mindestens hundert Kilometern brauste sie los. Am Schulgebäude drüben mißlang die Abbremsung. Die Lehrerin rannte sich an der Vorderwand den Schädel ein.
Dabei hatte sie doch nur ihre Pflicht tun wollen.

Gebrauchte Sachen

Früher fuhr man mit der Eisenbahn. Die war schneller als das Pferdefuhrwerk.
Dann erfand man den Schnellzug. Der brachte den Eiligen gegen ein Aufgeld noch schneller ans Ziel.
Im dritten Nachkriegsjahrzehnt erdachte der bundesdeutsche Verkehrsminister in einer schlauen Stunde den TEE- und IC-Zug.
Man braucht damit vier Stunden und zehn Minuten von Frankfurt nach München. Solange brauchten früher die Schnellzüge. Sie kosteten dafür zwei Mark mehr als die Personenzüge.
Heute kosten der TEE oder IC zehn Mark mehr. Dafür fährt er auch nicht schneller als früher die Schnellzüge fuhren. Die wiederum fahren jetzt schon so schnell wie früher die Personenzüge, und dafür darf man auch mehr bezahlen.
Außerdem führen die meisten TEE und IC nur die Erste Klasse.
Bald wird man wohl den Super-TEE und Super-IC starten. Zuschlag: fünfzig Mark. Fahrzeit von Frankfurt nach München: vier Stunden. Der Fortschritt liegt in den Preisen.
Wir leben im Zeitalter der Angleichung. Die Bahn gleicht ihre Preise denen der Fluggesellschaften an. Die Fluggesellschaften gleichen dafür die Zeit, die man bei ihnen braucht, der Eisenbahn an.
So kommt jeder zu seinem Ziel. Der Reisende zahlt gleichmäßig drauf.
Ich liebe die modernen Großraumwaggons. Die Sessel sind

drehbar. Man muß nicht gleich die Schuhe des Gegenübers in den Schoß nehmen, wenn der sich ausstreckt. Man erhebt sich kurz, dreht den Sessel in die andere Richtung. Soll der Herr von gegenüber doch sehen, wie er seine Füße im Gepäcknetz an der Rückseite unterbringt.

Nicht alle Konflikte sind im modernen Großraumwaggon schon vollkommen ausgeschaltet. Es gibt noch immer die Langstreckenbonbonlutscher.

Der Herr rechts neben mir überm Gang drüben knisterte von München bis hinter Nürnberg mit dem Papier. Ich zählte zweiundzwanzig Bonbons. Bonbonbeutel öffnen: knister. Bonbon aus dem Beutel fischen: knister. Bonbon aus dem Papier wickeln: knister. Leeres Papier zusammenknüllen: knister. Zusammengeknülltes Papier in Bonbonbeutel zurückstecken: knister.

Kurz hinter Nürnberg war der Bonbonbeutel leer.

Ich atmete auf.

Der Herr entnahm seinem krokodilledernen Diplomatenköfferchen eine zweite Tüte.

Nach dem dritten Bonbon des zweiten Beutels verständigte sich der Nachbar des Bonbonlutschers mit dem Bonbonlutscher. Die beiden erhoben sich und schritten von hinnen.

Beide nahmen ihre Diplomatenköfferchen mit.

Der Bonbonlutscher nahm auch die zweite Bonbontüte mit.

Endlich, dachte ich. Knister-knister ist vorüber, dem Himmel sei Dank. Die Herrschaften steigen aus.

Ich schloß zufrieden die Augen. Und öffnete sie wieder. Lag dort drüben auf dem Sitz des ausgestiegenen Bonbonfetischisten nicht der neue »stern«?

Er lag tatsächlich da. Bunt und leuchtend.

Ich griff ihn mir. Tiefe Befriedigung verspürend. So eine Zeitschrift kostet heute immerhin schon 2,50 DM.

Es geschah an einem Donnerstag. Erstverkaufstermin der neuen Nummer. Das Blatt war druckfrisch.

Ich habe eine Angewohnheit. Wenn ich lese, gleichgültig ob Buch oder Zeitung, halte ich unwillkürlich einen Kugelschreiber bereit und streiche meine Lektüre an. Das geschieht geradezu automatisch.
Ich besitze dafür ein alterprobtes ausgefuchstes System von Zeichen, Symbolen, Hieroglyphen. Meine Anmerkungsspezialkurzschrift.
Sie besteht aus Kreuzen, Kringeln, Schlangenlinien und prägnanten Ausrufen: Gut! Idiot! Großartig! Blödsinn! Ausgezeichnet! Affe!
Der Intercity hatte Würzburg hinter sich gelassen und näherte sich den winterlich verhüllten Spessarthängen. Ich war in meinem »stern« bis in die Mitte gelangt, als der Schreck mich erzittern ließ.
Waren die beiden Nachbarn etwa gar nicht ausgestiegen?
Ein Blick auf das Gepäck oben in der Ablage zeigte es deutlich. Die Herren waren nur in den Speisewagen gegangen. Ihre wichtigen Aktenköfferchen hatten sie aus Gründen der Sicherheit mitgenommen. Das andere Gepäck war vorhanden.
Ich warf den »stern« eilends auf den leeren Sitz nebenan. Keine Minute zu früh.
Hinter mir erklang das zischende Schleifen der Automatictür. Die Herren kehrten zurück.
Sie stellten ihre Köfferchen ab. Nahmen Platz. Der Bonbonlutscher bediente sich aus dem zweiten Beutel und ergriff seinen »stern«.
Ich rührte mich nicht.
Leise glitt der Intercity zwischen den schneebedeckten Spessartbergen hindurch.
Sorgsam getarnt hinter vorgehaltener Hand schielte ich nach rechts hinüber.
Der Nachbar hatte die Illustrierte aufgeschlagen und starrte mit runden großen Augen auf die arg bemalten Seiten.

Sowas hatte er noch nicht erlebt. Wirklich nicht. Der Mann war so geschockt, daß er vergaß, seine Bonbons zu essen. Wie tat mir das leid.
Die Zeitschrift, am Morgen erst auf dem Münchner Hauptbahnhof erstanden, war über die Hälfte mit Strichen und wilden Worten bedeckt.
Jetzt würde man doch tatsächlich jede Zeitung und Illustrierte vor dem Kauf erst aufmerksam durchblättern müssen. Vor lauter Kummer dachte der Herr immer noch nicht an seine Bonbons.
Vom Spessart bis zum Frankfurter Hauptbahnhof machte es nicht ein einziges Mal *knisterknister*.
»Entschuldigen Sie«, sagte ich beim Aussteigen höflich zu meinem Mitreisenden, »Sie sehen so angegriffen aus. Ist Ihnen nicht wohl?«
»Wenn Sie wüßten, was mir passiert ist«, murmelte der Herr, »man hat mir heute am Münchner Hauptbahnhof eine gebrauchte Illustrierte verkauft.«
»Typisch«, sagte ich, »unsere Kultur kommt auf den Hund.«
Der Herr dauerte mich jetzt wirklich. Er teilte das große Leid am allgemeinen Niedergang. Sowas nimmt mich für einen Menschen ein.
Schon hatte ich den Ärger mit dem knisternden Bonbonpapier vergessen. Der Vorfall selbst kam mir nicht so schnell aus dem Sinn. Wenige Monate später passierte die seltsame Geschichte mit Thomas Kniepusch, dem lesewütigen Tontechniker.
Ich war zu Dreharbeiten für einen Fernsehfilm über Kurt Tucholsky unterwegs. Kniepusch, der zum Team gehörte, überraschte durch seine ungewöhnlichen Literaturkenntnisse. Man weiß ja, Fernsehleute lesen normalerweise nichts außer ihren Gehaltsstreifen. Zwischen Television und Buch besteht keine Beziehung, abgesehen von Literaturverfilmungen. Wenn einem Fernsehautor nichts mehr einfällt, greift er sich

in der Sender-Bibliothek blind einen Band aus dem Regal und verfilmt ihn. Kommt dabei etwas Verständliches heraus, nennt man es ein klassisches Kunstwerk. Begreift kein Mensch, was gespielt wird, rechnet man den Film zur Avantgarde.

Der lesende Tonmeister war unter tv-Leuten die große Ausnahme. Vor allem verblüffte mich seine Kenntnis sämtlicher Neuerscheinungen.

»Wie schaffen Sie das bloß?« fragte ich.

»Och, das ist ganz einfach. Ich wohne nicht in Stuttgart, sondern in Meutlingen. Sind wir nicht zu Dreharbeiten auswärts, gehe ich jeden Tag, wenn ich vom Sender heimkomme, für ein-zwei Stunden in unsere Buchhandlung am Marktplatz.«

»Wie – Sie lesen die Bücher alle beim Buchhändler?«

»Kaufen kann ich sie mir nicht, dazu sind sie zu teuer.«

»Was sagt denn der Buchhändler dazu?«

»Anfangs war er nicht einverstanden. Aber Meutlingen ist nur ein kleiner Ort und alle wissen, ich arbeite beim Stuttgarter Fernsehen. Und wenn ich in seinem Laden stehe und lese, dann ist das werbewirksam.«

Als ich Monate später zufällig durch Meutlingen kam, parkte ich meinen Wagen auf dem Markt und ging in die Buchhandlung.

»Kommt Herr Kniepusch noch zu Ihnen?« fragte ich.

»Den mußte ich leider rauswerfen!« sagte der Buchhändler.

»Weil er hier in Büchern las?«

»Das ging ja noch, und es hob sogar den Umsatz. Aber dann fing Herr Kniepusch an, Eselsohren in die Seiten zu machen, damit er, wenn er wieder erschien, nicht lange nach der Stelle suchen mußte, wo er aufgehört hatte.«

»Ah – ich verstehe. Und die Kunden, die das Buch kaufen wollten und die Eselsohren sahen, argwöhnten, das Buch sei nicht neu, sondern gebraucht.«

»Es kam noch schlimmer«, klagte der Ladenbesitzer, »Herr

Kniepusch begann, Bemerkungen auf die Seiten zu schreiben.«
»Oje«, sagte ich, »sowas macht eine Neuerscheinung antiquarisch.«
»Sehen Sie sich das an!« sagte der Buchhändler, schlug einen Roman auf und zeigte mir, was mit Kugelschreiber unter dem Titel vermerkt war: ›*Lieber Freund, bitte erwerben Sie das Buch nicht, ich möchte es erst noch auslesen* – Ihr Thomas Kniepusch.‹«
»Das ging wirklich zu weit!« bestätigte ich.
Der Buchhändler drückte mir dankbar die Hand.
Im Jahr darauf war ich wieder zu Dreharbeiten unterwegs. Kniepusch gehörte zum Team. Der Mann war ganz verwandelt, mürrisch und einsilbig.
Ich versuchte ihn in ein Gespräch über neue Bücher zu ziehen – vergeblich. Er hatte keinen Schimmer von der neueren Verlagsproduktion. Jetzt war er ein völlig normaler, analphabetischer Fernsehmensch geworden.
Schließlich beichtete er den Rausschmiß aus der Meutlinger Buchhandlung.
Ganz sanft und vorsichtig fragte ich:
»Und Sie haben nie daran gedacht, den Roman, der Sie so brennend interessierte, auch – hm – käuflich zu erwerben?«
Herr Kniepusch sah mich an, als hätte ich ihm einen unsittlichen Antrag gemacht.
So war es denn wohl auch.

EIN BRECHT MIT FLÜGELN

oder

Das Verhör des Herrn Brecht

oder

Schwierigkeiten mit der Dialektik

ERSTER AKT

Die Bühne ist dunkel.
Aus dem Lautsprecher ein zarter Flötenton: Und der Haifisch, der hat Zähne. Und die trägt er im Gesicht...

Kommentator über Lautsprecher:
Es kommt einer vor seinen Himmlischen Richter, welcher zu entscheiden hat über den Verbleib in den wolkigen Gefilden. Die Rückkehr zur Erde ist tabu. Ausnahmen sind selten. Aber gütige Ausnahmen bestätigen den blechernen Himmel, in den nicht nur die Guten kommen. Und manchmal auch einer daraus zurück.
Er muß es aber wollen.

Das Licht auf der Bühne geht an. Auf einem Transparent steht geschrieben: *Büro des Elysium*
Kommentatorenstimme: Er muß es aber wollen...

Originalmusik: Und der Haifisch, der hat Zähne...

Währenddessen steht der Amtsengel starr und stumm in seinem himmlischen Amtszimmer vor seinem Schreibtisch herum. Er soll schräg seitlich zum Publikum stehen.
Man muß seine beiden Flügel sehen. Aber nicht ganz.

1. Szene

Der Amts-Engel geht vor seinem Schreibtisch hin und her und bewegt seine Flügel. Es sieht aus, als lüfte er sie.
Es klopft an die Tür.
Der Engel nimmt sofort hinter einem Schreibtisch Platz.
Engel: Herein!
Die Tür wird vorsichtig geöffnet.
Brechts Kopf wird sichtbar.
Engel: Na?
Brecht: Bin ich hier – bin ich hier richtig?
Engel: Weiß ich doch nicht, ob Sie hier richtig sind.
Brecht, einen Schritt nähertretend: Ist das hier das Amt für – für Absetzbewegungen?
Engel: Für was?
Brecht: Ja, es ist nur, weil ich –
Engel: Ach, wollen Sie etwa wieder – weist nach unten –
Brecht: Ja, ich möcht' schon, wenn's verstattet wär' –
Engel: Sind Sie am Ende der – der –
Brecht: Na?
Engel: Der Herr Brecht?
Brecht: Bin ich.
Engel: Oje!
Brecht: Was heißt denn da oje.
Engel: Über Sie hab ich schon allerhand gehört.
Brecht: Dabei hab ich die ganze Zeit nur auf meiner Wolke gehockt und gelauscht.
Engel: So, gelauscht. Ein Lauscher sind Sie.
Brecht: Was man halt hier heroben so hört –
Engel: Zum Beispiel?
Brecht: Da zerreiß' ich mir nie nicht das Maul drüber, vielleicht käm's alle leichter an, daß ich wieder runter dürfte –
Engel: Nun sagen Sie mir eins: Weshalb möchten Sie partout zurück auf die Erde? War's da etwa gar so schön?

Brecht: Das nun nicht.

Engel: Aber?

Brecht: Jedenfalls fand' ich's herunten nicht so arg langweilig.

Engel: Und bei uns ist's langweilig?

Brecht: Nehmen Sie nur die Musik –

Engel: Sagen Sie bloß, Ihnen gefällt unser jauchzendes Himmelskonzert nicht – wo wir das beste Orchester haben weit und breit, Posaunen, Zimbeln, Flöten, Trommeln und Trompeten, dazu die Jubel-Chöre.

Brecht: Jaja, diese Jubel-Chöre. Die hatten wir herunten auch – eine Zeitlang.

Engel: Unsere Jubel-Chöre jubeln zur höheren Ehre –

Brecht: Genau wie dazumalen bei uns. Bis denen der Jubel im Halse steckenblieb. Da warn's auf einmal heiser.

Engel: Unsere Musik-Engel werden niemals heiser.

Brecht: Misuk –

Engel: Wie bitte?

Brecht: Misuk – nicht Musik.

Engel: Das haben wir gern. Aus lauter Renitenz nennen Sie die Musik Misuk, und dann wundern Sie sich, wenn's Scherereien gibt bei uns mit solchen wie Ihnen.

Brecht: Ich räum' den Himmel freiwillig. Schon zuwegen der Misuk.

Beide schauen sich wortlos an. Der Engel blickt scharf. Brecht senkt die Augenlider. Er hebt den Blick und schaut den Engel scharf an, bis der die Lider senkt.

Brecht: Seh'ns –

Engel, aufschauend: Was heißt hier seh'ns –

Brecht: Die Misuk ist eine miserable Musik. Und was am grausigsten ist, sie musizieren – sie misuzieren hier in einem fort. Bei Tag und Nacht in den Wolken ein ewiges Jubilieren – ohne Pause. Das hält kein Mensch nicht aus und einer wie ich schon gleich gar nicht. Das macht auch, weil ich mit einem scharfen Gehör bestraft worden bin schon von Kindesbeinen an. Ich verkraft' sie nicht, die falschen Töne – die Jubel-Töne –

Der Amts-Engel blättert in den Akten.

Engel: Sie zählen sich zur modernen Musik-Richtung?

Brecht: Die Herren Weill, Eisler und Dessau waren meine Freunde. Sie lernten von Schönberg, wenn Ihnen die Namen was sagen.

Engel: Wir hier sind so ungebildet nicht. Wir kennen uns aus.

Brecht: Dann werden's ja verstehen, was ich leide –

Engel: Die Herren Schönberg, Weill, Eisler und Dessau befinden sich mitnichten im Elysium.

Brecht: Bei Gott – hatten die ein Schwein.

Engel: Wissen Sie überhaupt, was Sie damit sagen?

Brecht: Die kriegen keine Ohrenschmerzen von dem Jubel-Gezimbel hier heroben.

Engel: Sie sitzen tief unten bei den Verdammten –

Brecht denkt nach.

Brecht: So. Verdammt und tiefdrunten.

Engel: Das erschreckt Sie nicht?

Brecht: Eins möcht' ich ums Verrecken gern wissen: Gibt's in der Hölle Musik oder Misuk?

Er beugt sich vor, faßt an seine Ohren und flüstert vertraulich.

Brecht: Wissen's, für einen wie mich mit einem so feinen Gehör ist der Himmel mit seiner Misuk die reinste Hölle!

2. Szene

Der Amts-Engel ist ziemlich aufgeregt. Er läuft während der ersten Sätze hin und her, lüftet auch wieder die Flügel und nimmt erst im Lauf des Dialogs mühsam hinter seinem Schreibtisch Platz.

Engel: Jetzt hören Sie mir mal gut zu, Herr Brecht. Zwischen der Erde und dem Himmel, das ist keine Rutschbahn, wo man immer rauf und runter kann, mal so und mal so –

Brecht: Vor allem ist's völlig undialektisch, was Sie da sagen: Schon der alte Heraklit wußte: Der Weg aufwärts und der Weg abwärts ist dasselbe!

Engel: Ich beruf' mich nicht auf Heraklit, ich meinte es mehr theologisch, metaphysisch, meinetwegen.

Brecht: Meiner Treu, ist der Kerl altmodisch –

Engel: Das ist bei unsereinem kein Vorwurf!

Brecht: Es ist blanker Quatsch. Dialektisch gesehen –

Engel: Wollen Sie mich belehren?

Brecht: Ja, wenn Sie so verqueres Zeug daherreden –

Engel: Unbelehrbar sind Sie!

Brecht: Sie sind es!

Engel: Sie möchten doch unbedingt wieder hinab in den irdischen Saustall!

Brecht: Ausdrücke sind das!

Engel: Sie bringen einen ganz durcheinander. Kein Wunder, wenn man sich erregt.

Brecht: Nur ruhig Blut, mein lieber Engel. Sie bleiben oben und ich geh runter und so hat jeder von uns beiden, was er will. Des Menschen Wille ist sein Erdenreich!

Engel: Ob Ihnen das erlaubt wird, ist noch nicht heraus!

Brecht: Ich kenn' die Vorschriften –

Engel: Einer darf wieder hinunter, innerhalb eines ganzen Jahrtausends. Einer in tausend Jahren!

Brecht: Ja, ja, und der für's jetzige Jahrtausend bin ich.

Engel: Mit welcher Begründung?

Brecht: Ich bin immerzu emigriert: Aus Augsburg nach München, aus München nach Berlin, aus Berlin nach Dänemark, aus Dänemark nach Amerika. Aus Amerika in die Schweiz. Aus der Schweiz in die DDR. Und vorher hab ich mir noch einen Paß aus Österreich verschafft. Na, ist das nichts?

Engel: Und direkt aus der DDR sind Sie in den Himmel gekommen.

Brecht: Das glaubt mir sowieso kein Aas, wenn ich's erzähl'.

Engel: Ich ersuche um etwas Mäßigung im Ausdruck!

Brecht: Meinetwegen. Aus der DDR also in den Himmel und jetzt aus dem Himmel zurück in die DDR. Das eben nenn' ich Dialektik, mein lieber Engel!

3. Szene

Engel: Herr Brecht, Sie emigrierten aus dem Dritten Reich in die Vereinigten Staaten von Amerika.

Brecht: Ein Unglück kommt selten allein.

Engel: Lassen Sie Ihre Witze. Wir sind hier nicht im Theater!

Brecht: Nein?

Engel: Sie armselige Seele! Sie befinden sich in einer Amts-Stube! In der über Ihr Schicksal entschieden wird!

Brecht: Sie sagen es.

Engel: Was sage ich?

Brecht: In Amtsstuben ist jedermann eine arme Seele.

Engel: Sie haben in den USA keine guten Erfahrungen gemacht?

Brecht beginnt zu lachen.

Brecht: Keine – guten Erfahrungen – lacht wieder –

Engel: Sie sind einer, der sich nirgendwo wohlfühlt, wie? Ein Subversiver? Anarchist? Ein Linksoppositioneller? Ein Kommunist, was?

Brecht: Hm.

Engel: Hm?

Brecht: Steh' ich hier vor'm Ausschuß für unhimmlisches Verhalten?

Engel: Fürchten Sie nicht, daß es für Leute Ihres Kalibers nirgendwo Platz gibt? Sie machen überall Ärger! Keine Partei, kein Staat, keine Polizei ist mit so einem zufrieden. Weil Sie, Herr Brecht, nirgendwo zufrieden sind!

Brecht: Marx lehrt, der Mensch ist in der Klassengesellschaft ein entfremdetes Wesen.

Engel: Sie behaupten, hier im Himmel existiere eine Klassengesellschaft?

Brecht: Sie profitieren davon. Also wollen Sie dableiben. Mir paßt's hier nicht. Also will ich weg!

Engel: So einfach ist das?

Brecht: So einfach. Wenn einer erstmal durchblickt!

4. Szene

Der Engel liest in den Akten.

Er blickt auf Brecht.

Engel: Gibt es gar nichts, was Ihnen bei uns im Himmel gefällt?

Brecht: Nirgendwo ist alles schlecht.

Engel: Also?

Brecht: Das Kino geht einigermaßen.

Engel: Unser Programm gefällt Ihnen?

Brecht: Ein reines Reprisen-Kino.

Engel: Soll das schon wieder eine Kritik sein?

Brecht: Ich mag alte Filme. Nie ist mir so klar geworden, was in den zwanziger Jahren produziert wurde. Dabei hab ich die zwanziger Jahre miterlebt.

Engel: Ich kenne welche, die verbringen die gesamte Ewigkeit im Kino. Das Kino ist der beste Platz für Unsterbliche.

Brecht: Unsterbliche?

Engel: Wer gestorben ist und das ewige Leben erreicht hat, der ist ein Unsterblicher geworden.

Brecht: Schöne Scheiße.

Engel: Herr Brecht!

Brecht: Es ist nur – ich hab ja nichts gegen die Filme aus den zwanziger Jahren. Aber man will sich auch mal was Modernes ansehen.

Engel: Seien Sie froh, daß Ihnen das erspart bleibt.

Brecht: Es würde mich schon interessieren. Was machen die da unten heute für Filme? Das erfährt man nicht in eurem Kino.

Engel: Die meisten modernen Leinwandproduktionen stehen unter Engel-Verbot.

Brecht: Ist das sowas wie – Jugendverbot?

Engel: Zum Schutz der Moral und der Sittlichkeit, zur Aufrechterhaltung von Sauberkeit und Anstand und Ordnung und –

Brecht, sich belustigt vorbeugend:

Brecht: Sagen Sie, zittern Sie hier heroben auch vor der Revolution? Sitzt der Hausherr auf gepackten Koffern, hat er ein Nummernkonto in der Schweiz?

Engel: Ich glaub', Herr Brecht, Ihre Chancen, aus dem Himmel ausgebürgert zu werden, steigen und steigen –

5. Szene

Engel: Sie sind Kommunist, Herr Brecht?

Brecht: Drunten war ich einer.

Engel: Eingeschriebenes Parteimitglied?

Brecht: Gott behüte – ich meine, wo denken Sie hin, mein lieber Engel –

Engel: Also Sympathisant.

Brecht: So kann man es nennen.

Engel: Das sind die Allerschlimmsten.

Brecht: Gestatten Sie eine Frage –

Engel: Ja?

Brecht: Karl Marx – sitzt er auch in den Wolken?

Engel: Damit kann ich nicht dienen.

Brecht: Also schmort er in der Hölle.

Engel: Aber aus ganz anderen Gründen.

Brecht: Nicht wegen – seines Marxismus?

Engel: Wofür halten Sie uns? Wir erteilen weder Denk- noch Berufsverbote. Uns ist jede arme Seele willkommen, wenn sie nur sauber genug ist –

Brecht: Soll das heißen –

Engel: Ich bitte Sie, Herr Brecht. Karl Marx hatte ein Verhältnis mit seiner Haushälterin. Schließlich einen illegitimen Sohn, für den der brave Friedrich Engels einstehen mußte –

Brecht: Und deshalb mußte Marx in die Hölle?

Engel: Exakt.

Brecht: Da wundere ich mich nur – also bei mir – so die Verhältnisse mit Frauen – Sie haben doch meine vollständige Akte vorliegen?

Engel: Die hab ich, Herr Brecht. Doch legen wir bei Künstlern – und besonders solchen vom Theater – andere Maßstäbe an. Sonst kriegten wir von denen nämlich nie einen in den Himmel.

Brecht: Und die Künstler – fühlen die sich wohl hier bei Ihnen?

Engel: Das nicht. Offengestanden. Die Luderei in der Hölle wäre diesen Leuten lieber –

Brecht: Aber?

Engel: Ja, sollen wir diesem Kroppzeug die irdische Luderei auch noch dadurch versüßen, daß wir sie in der ewigen Hölle weiter schweinigeln und rumhuren lassen? Diese Damen und Herren fahren auf in unseren sittenstrengen, frommen Himmel, das ist die einzig gerechte Strafe für sie.

Brecht, aufspringend: Jetzt weiß ich auch, warum ich hier im Hosianna hocke! Ich will hier raus, ich will raus, und wenn's sein muß, in Dreiteufelsnamen, auch ohne Fallschirm!

Engel, immer vor Brecht hin und her promenierend, seine Flügel schwingend.

Engel: Herr Brecht, Sie sind doch so etwas wie ein Progressiver, ja?

Brecht: Weshalb rennen Sie immer auf und ab? Das macht mich ganz fuchtig – könnten Sie nicht auf Ihrem Hintern sitzen bleiben, bitte?

Engel: Herr Brecht!

Brecht: Was ist denn nun schon wieder? Ich hab doch bitte gesagt –

Engel: Aber davor –

Brecht: Schön, ich bin ein Progressiver und ich sag Hintern, wenn ich will, also – würden Sie sich jetzt freundlicherweise auf Ihren hochverehrlichen Arsch setzen –

Dem Engel fallen die Flügel runter.

Engel: Herr Brecht, ich verwarne Sie zum wiederholten Mal, Sie entziehen uns die Basis zu jedem vernünftigen Gespräch –

Brecht: Würden Sie sich dann, lieber guter Engel, bitte auf Ihre Basis setzen?

Der Engel montiert seine Flügel wieder an und nimmt hinter dem Schreibtisch Platz.

Brecht atmet erleichtert auf.

Engel: So, Sie Progressiver, was heißt es also, ein Progressiver zu sein?

Brecht: Progressiv – das ist nach vorn streben, vorwärts gehen und nicht zurück. Beginnt zu singen: Völker, hört die Signale …

Engel: Gefangen!

Brecht: Wie meinen's?

Engel: Wenn Sie progressiv sind, können Sie nicht zurück auf die Erde wollen.

Brecht: Das nenn' ich aber eine verteufelte Logik.

Engel: Auch der Teufel ist nur ein gefallener Engel. Seine Logik ist der unseren nicht ungleich.

Brecht: Ich finde, auf der Erde geht es bedeutend progressiver zu als hier bei Ihnen.

Engel: Es geht ziemlich zurück dort unten.

Brecht: Ihnen mit Ihrem Informationsvorsprung fällt's leicht, sowas zu behaupten. Ich kann's nicht widerlegen. Ich krieg' auf meiner Wolke nur die *Bild*-Zeitung. Sowas zwei Jahrzehnte hindurch und man hat einen Luftballon im Kopf.

Engel: Das mit der Russischen Oktoberrevolution – das ist mißlungen.

Brecht: So reden die Reaktionäre drunten auch.

Engel: Ich bin ein Engel.

Brecht: Das behauptet jeder Reaktionär von sich.

Engel: Sie sind ungläubig, was?

Brecht: Ich glaube nur, was ich sehe.

Engel: Sehen Sie mich?

Brecht: Leider.

Engel: Also gibt es mich.

Brecht: Hm.

Engel: Also gibt es mich?

Brecht lacht.

Engel: Weshalb lachen Sie so blöd?

Brecht lacht weiter.

Brecht: Es gibt Sie schon – aber nicht ganz –

Engel: Was soll das heißen?

Brecht, noch immer kichernd.

Brecht: Da sind Sie schon – aber es ermangelt Ihnen – ich mein' Flügel haben Sie – aber sonst – Ihnen fehlt der Schwanz!

Engel: Degoutant, außerordentlich geschmacklos!

Brecht: Besser ohne Geschmack als ohne Schwanz!

Engel: Seit Sie, Herr Brecht, in den Wolken weilen, haben Sie auch keinen – keinen – na, Sie wissen schon –

Brecht: Deshalb will ich ja wieder runter!

7. Szene

Engel: Versteh' ich Sie recht, möchten Sie einen Antrag auf Auswanderung stellen?

Brecht: Ja.

Engel: Die Gründe sind politischer und sexueller Natur.

Brecht: Das ist dasselbe.

Engel: Was ist dasselbe?

Brecht: Wenn einer sich nicht richtig menschlich benehmen darf, dann ist das auch politisch reaktionär. Und wenn es politisch reaktionär zugeht, dann vergeht einem zugleich die Liebe. Ich will Ihnen, lieber Engel, mal was sagen. Wenn man hier so in Ihrem Kino sitzt und die Filme der zwanziger Jahre beschaut, wo die Menschen sich immerfort küssen, da hat unsereins als himmlisches Wesen bald gar kein Verständnis mehr dafür. Dauernd kommen sie mit den Lippen zueinander, und man denkt, das ist Mundraub, was die da machen. So fern kann einem das Sexuelle sein, vor lauter heiliger Abgewöhnung.

Engel: Angenommen, Ihr Gesuch auf Ausweisung wird von der Zentralinstanz genehmigt. Wohin gedenken Sie sich hernach zu begeben?

Brecht: Blöde Frage. Ich gehe dahin zurück, wo ich zuletzt gelebt habe.

Engel: Doch nicht in die DDR?

Brecht: Warum nicht?

Engel: Die DDR wird Sie vielleicht gar nicht wieder aufnehmen wollen, Herr Brecht!

Brecht springt erregt vom Stuhl auf und wandert unruhig umher.

Brecht: Mich nicht wieder aufnehmen? Ja, was denken Sie denn, wen Sie vor sich haben, Sie –

Engel, sehr behutsam: Sie sind sehr lange weggewesen –

Brecht: Na und? Ich bin ein sozialistischer Klassiker! Ich bin unsterblich! Ich lebe fort im Herzen der Arbeiterklasse!

Engel: Vielleicht sollten Sie da auch bleiben.

Brecht: Das hier ist nicht das Herz der Arbeiterklasse. Das ist ein windiges, wolkiges, altmodisches Gebäude, eine Abbruch-Ruine, ein zerfallendes Klostergemäuer, Ihr ganzer Himmel hier ist doch nur noch komisch, mein Lieber –

Engel: Sie sind erregt.

Brecht: Lieber erregt als so ein Apparatschik auf Wattewolken.

Engel: Dort unten wird man Ihnen Ihre – Ihre Temperamentsausbrüche nicht durchgehen lassen –

Brecht, voller Zorn: Jede Bürokratie – in die Knie!

Engel: Lieber Freund, ich fürchte, Sie werden dort unten kein rotes, Sie werden Ihr blaues Wunder erleben –

Brecht: Fatalistisches Geschwätz! Was ich verlange, ist die Beseitigung einer existentiellen Ungerechtigkeit. Man gab mir lächerliche 58 Jahre. Etwas wenig für einen, der viel getan hat und noch mehr hätte tun können. Ich bräuchte ein paar Leben mehr als nur dieses bitter-kurze einzige, das man mir gewährte. Der Mann hat ein Glied, das erigiert. Warum kann der Mensch nicht erigieren? Sich vergrößern und verstärken?

Engel: Für solche Fragen bin ich die falsche Instanz, lieber Herr Brecht!

Brecht: Versteh' ich Sie recht, darf ich – er weist nach unten –

Engel: Hauen Sie bloß schnell ab, je eher wir Sie los sind, desto besser –

Brecht reißt beide Arme hoch und ballt die Hände zu Fäusten.

Brecht: Hurra, die Erde hat mich wieder! (Na, was er da wohl erleben wird.)

Auf einen Sprung zu Toni

Wir wollten diesen Abend eigentlich nur zu Toni in den Künstlerkeller. Im Fernsehen gab es auf drei Kanälen wieder mal gar nichts. Man hätte diese Programme auch zum Nulltarif weggeben können. Kein Mensch würde sich sowas schenken lassen.

Bei Toni aber ist immer was los. Besonders kurz vor Mitternacht, wenn die Theater schließen und die Schauspieler auf einen Schwatz noch zu Toni kommen, um Mensch zu sein. Hier trifft man wirklich jeden. Die Privilegierten dürfen sich an Tonis Tisch in der Ecke neben der Tür zur Küche setzen. Oder man darf Tonis köstliche Suppen essen ohne bezahlen zu müssen.

Dazu aber muß man schon tief in Tonis mütterliches Herz eingeschlossen worden sein.

Wir wollten also zu Toni.

Die Frage war nur, wo parkten wir unseren Wagen.

Optimist, der ich bin, fuhr ich erst die Seckbächer Gasse entlang. Die Chance, hier einen Parkplatz zu finden, ist mindestens so groß wie ein Hauptgewinn im Lotto. Dennoch, es gibt ja Lottohauptgewinne.

Allerdings nicht für uns.

Also links in die Alte Mainzer Gasse einbiegen. Hier sinkt meine Gesetzestreue meist so weit, daß ich bereit bin, in jedem Parkverbot zu parken.

Leider hatten vor mir schon so viele anderen denselben Zusammenbruch ihrer Verkehrsmoral erlebt, daß nur ein Dakkel noch Platz genug hätte finden können.

Wir beginnen zu kreiseln.
Irgendwo wird schon was frei sein.
Tatsächlich, am Römer, gleich hinter der Kreuzung Buchgasse, gähnt auf der Gegenseite eine Lücke.
Ich gebe Gas.
Ein Mercedes gibt noch früher Gas und gewinnt das Rennen.
Ich tippe mir gegen den Kopf.
»Den Vogel zeigen kann dich teuer zu stehen kommen!« warnt meine Frau.
»Ich werd' mir doch noch an den eigenen Kopf fassen dürfen«, sage ich. »Leben wir in einem freien Lande oder nicht?«
Meine Frau verneint heftig. Sie hatte schon immer radikale Neigungen. Unsere Kreise werden größer.
Ich muß sagen, seit die Suche nach einem Platz fürs Auto so langwierig geworden ist, lerne ich unsere Stadt wenn auch nicht lieben, so doch kennen.
Man glaubt gar nicht, wie viele Straßen und Gassen eine Stadt hat.
Früher ging man zu Fuß.
Der Fußgänger ist aus natürlichen Gründen in seinem Aktionsradius eingeschränkt.
Später fuhren wir mit dem Auto immer nur dahin, wo wir tatsächlich was zu erledigen hatten.
Hatten wir in einer Bibliothek zu tun, fuhren wir einfach zu dieser Bibliothek.
Wollte man nur schnell bei einer Bank was erledigen, gab es auch da keine Schwierigkeiten.
Heute, nachdem jede Familie einen Zweit-, wo nicht Drittwagen fährt, gehört schon viel Geländekenntnis dazu, einen angezielten Punkt auch tatsächlich anzusteuern.
Am besten, man steht frühmorgens heiter auf, fährt bis auf zehn Kilometer an sein Ziel heran, sucht dann die nächsten zwei Stunden nach einer Parklücke und nimmt sich von hier bis zum Ort des Geschehens ein Taxi.

Dabei darf man nicht vergessen, sich den Standort des geparkten Wagens einzuprägen.
Ich durchforschte die Stadt schon mal zwei Tage und Nächte lang im Taxi, weil mir nicht einfiel, wo ich geparkt hatte.
Dabei schien alles so einfach.
Ich wollte nur zum Hauptbahnhof, meine Tante vom Zug abholen. Zwei Tage später fanden wir meinen Wagen in Unterliederbach. Das kostete mich sechshundertsiebenundachtzig Mark Taxigeld und eine beträchtliche Erbschaft.
Meine Tante glaubte mir nämlich nicht, daß ich sie tatsächlich hatte abholen wollen und nahm übel. So wurde ich von ihr enterbt.
Diesmal hatten wir nur einen ganz kleinen Wunsch: Bei Toni einen Wein und ein Bier trinken. Es herrschte an diesem Abend großes Autogedränge. Monatsanfang. Die Leute hatten Gehalt gekriegt und wollten es unverzüglich umsetzen.
Gerade hielten wir vor einer Verkehrsampel.
Sie zeigte rot.
Ein Polizist tauchte auf und winkte uns nach rechts in eine Seitenstraße.
Jetzt sahen wir auch die gelben Umleitungsschilder. Es war alles in bester Ordnung.
Allerdings stockte der Verkehr erstmal.
Dann holperten wir über eine längere Baustelle.
Das nächste Umleitungsschild wies nach links.
Im letzten Moment sah ich ein zweites Schild, das nach rechts zeigte.
Ich riß den Wagen herum und so gerieten wir auf die Autobahn.
Ich habe an sich nichts gegen Autobahnen.
Bekanntlich geschehen darauf weniger Unfälle als auf Bundesstraßen.
Das sagte meine Frau auch.
Ich wollte aber immer noch zu Toni.

»Nehmen wir die nächste Ausfahrt und kehren zurück zur Stadt«, sagte meine Frau begütigend.

Die nächste Abfahrt war gesperrt.

Die übernächste, immerhin, war frei.

Wir fuhren im eleganten Bogen heraus und über die querführende Bundesstraße zur gegenüberliegenden Einfädelung auf die Autobahn.

Mir blieb nur noch eine Vollbremsung.

Die Einfahrt zur Autobahn war eben gesperrt worden.

Zwei Arbeiter schleppten Sperrböcke und ein Schild herbei: *Umleitung.*

Ein Polizist mit Kelle nahte.

Ich fühlte wenig Lust zur Konversation, wendete und gab Gas.

Wir erwischten auf der anderen Seite, wo wir die Autobahn eben verlassen hatten, die noch nicht gesperrte Einfahrt zur Autobahn. Glück muß man haben.

»Es ist leider die falsche Richtung«, nörgelte meine Frau leise, »wir entfernen uns immer weiter von der Stadt.«

»Meckern«, zürnte ich, »das hab ich gern. Wenn du denkst, daß du's besser kannst, fahr du doch. Soll ich vielleicht auf dieser Autobahnseite in die falsche Richtung fahren?«

»Nein. Da knallen wir ja mit dem nächsten entgegenkommenden Wagen zusammen!« ängstigte sich meine Frau.

»Na also!«

»Es ist bloß«, sagte meine Frau schüchtern, »weil wir doch drinnen in der Stadt bei Toni was trinken wollten!«

Zweifellos stand dieser Plan unter einem Unstern.

Andererseits, wenn man es recht bedenkt, hat jede Umleitung auch ihre guten Seiten. Weil alle Wege nach Rom führen, sind wir, obwohl wir nur auf einen Sprung zu Toni in die Frankfurter Innenstadt wollten, in die Ewige Stadt gelangt und machen jetzt hier am Tiber Zwangsferien.

Eines allerdings bereitet meiner Frau Sorgen.

»Ich weiß nicht, ob unsere beiden Katzen daheim in der Wohnung allein zurechtkommen.«
»Na«, sage ich, »notfalls können die beiden im Supermarkt einkaufen gehen. Der Fleischer dort weiß doch schon, was sie am liebsten essen – frische Rinderleber!«
»Dabei wollten wir nur auf einen Sprung zu Toni!« klagt meine Frau.
Naja, diese Frauen haben immer etwas zu nörgeln.

DAS VORBILD

Gespräche eines Vaters mit seinem Sohn
Ein Zeitstück in IV Akten

»Papa, war der Krieg Hitler-Deutschlands nun verbrecherisch oder war er das nicht?«

»Das ist eine äußerst schwierige Frage.«

»Du weißt keine Antwort darauf, Papa?«

»Eine Antwort weiß ich schon, aber –«

»Aber was Papa?«

»Ich habe Bedenken wegen der Konsequenzen. So eine Antwort hat nämlich ganz bestimmte Konsequenzen.«

»Kannst du mir nicht erst einmal antworten und über die Konsequenzen später sprechen, Papa?«

»Ich will's versuchen.«

»Also war der Hitler-Krieg verbrecherisch oder war er das nicht?«

»Das ist doch so –«

»Kannst du nicht einfach mit JA oder NEIN antworten, Papa?«

»Ja.«

»Er war verbrecherisch?«

»Ja.«

»Sind dann diejenigen, die den Krieg führten, auch verbrecherisch, Papa?«

»Nein.«

»Das verstehe ich nicht. Wenn ein Krieg ein Verbrechen war, wieso sind dann diejenigen, die den Krieg führten, keine Verbrecher?«

»Weil sie davon nichts wußten.«

»Also sind nur diejenigen, die davon wußten, Verbrecher?«

»Ja.«

»Also begingen diejenigen, die den Krieg führten, aber nicht wußten, daß er verbrecherisch war, keine Verbrechen?«

»So ist es.«

»Der baden-württembergische Ministerpräsident Filbinger hat im Krieg als Ankläger die Todesstrafe gegen einen desertierten deutschen Soldaten beantragt.«

»Herr Filbinger hat auch die Exekution protokolliert. Er sagt selbst, daß es so war.«

»Ist Herr Filbinger also ein Verbrecher?«

»Nein.«

»Also war es falsch von dem Soldaten, daß er von der deutschen Wehrmacht desertiert ist?«

»Auf Desertion stand die Todesstrafe. Das war rechtens.«

»Wenn aber der Krieg verbrecherisch war, Papa? Oder war er es doch nicht?«

»Doch, das war er.«

»Wie kann die Fahnenflucht von einer Armee, die einen verbrecherischen Krieg führt, ein todeswürdiges Verbrechen sein?«

»Sie war es ja nur aus der Sicht dieser kriegführenden deutschen Armee.«

»Also ist die Fahnenflucht des Soldaten von uns heute aus gesehen keine verbrecherische Tat?«

»Nein, ist sie nicht. Der Soldat wollte sich ja der weiteren Teilnahme an diesem verbrecherischen Krieg entziehen. Das kann kein Verbrechen sein.«

»Wenn also die Fahnenflucht von einer Armee, die einen verbrecherischen Krieg führt, kein Verbrechen ist, dann muß es aber doch ein Verbrechen sein, wenn dieser Fahnenflüchtige zum Tode verurteilt und hingerichtet wird, Papa?«

»... Ja ...«

»Also hat Herr Filbinger als Ankläger ein Verbrechen begangen, indem er für den Fahnenflüchtling die Todesstrafe beantragte?«

»... Nein ...«

»Das verstehe ich nicht, Papa.«

»Ich auch nicht.«

*

Papa, wenn jemand Ministerpräsident in einem deutschen Bundesland ist, dann muß er doch als Vorbild für alle gelten.«

»Ja.«

»Besonders für die Jugend.«

»Ja.«

»Ist Herr Filbinger ein Vorbild für alle und besonders für die Jugend?«

»... Hm ...«

»Ist er es, Papa?«

»Sonst wäre er sicher nicht Ministerpräsident geworden.«

»Also war es eine vorbildliche Tat, daß der Herr Filbinger einen Fahnenflüchtling im letzten Weltkrieg zum Tode verurteilte?«

»Er verurteilte ihn nicht zum Tode, sondern beantragte als Ankläger beim Kriegsgericht die Todesstrafe.«

»Also war das eine vorbildliche Tat, Papa?«

»Es blieb dem Herrn Filbinger damals nichts anderes übrig. Auf Fahnenflucht stand die Todesstrafe.«

»Herr Filbinger verhielt sich so, wie die geltenden Gesetze es verlangten, Papa?«

»Ja.«

»Aber die geltenden Gesetze dienten doch dazu, einen verbrecherischen Krieg zu führen?«

»So ist es.«

»Also halfen alle diejenigen, die die Gesetze streng einhielten, den faschistischen Kriegsverbrechern, ihren verbrecherischen Krieg zu führen, Papa?«

»Ja.«

»Dann befand sich der Deserteur im Recht.«

»Wenn du es so siehst, – ja.«

»Und dann befand sich der Herr Filbinger nicht im Recht –«

»Das mußt du dialektisch sehen. Objektiv gesehen hat Herr Filbinger dem Verbrecher Hitler geholfen, einen verbrecherischen Krieg zu führen. Objektiv machte Herr Filbinger sich mitschuldig, indem er an diesem

Krieg teilnahm und indem er gegen einen Soldaten die Todesstrafe beantragte und die Exekution beaufsichtigte, machte er sich sogar ganz besonders mitschuldig. Subjektiv gesehen aber blieb Herr Filbinger unschuldig, und deshalb hat er den Fall auch später vergessen.«

»Könntest du eine Hinrichtung vergessen, an der du teilgenommen hast, Papa?«

»Nein.«

»Bedauert Herr Filbinger seine Tat?«

»Er sagt, er habe nichts getan, also brauche er auch nichts zu bedauern.«

»Ist Herr Filbinger ein Christ?«

»Ja.«

»Das weißt du sicher?«

»Er sagt es.«

»Und er bereut nichts?«

»Er sagt, er habe nichts zu bereuen.«

»Was meinst du, Papa – ist Herr Filbinger ein Vorbild für andere und besonders für die Jugend?«

»Dazu sage ich nichts.«

»Warum sagst du nichts, Papa?«

»Weil ich Beamter bin.«

»Darf ein Beamter nicht seine ehrliche Meinung sagen, Papa?«

»Das darf er schon.«

»Warum sagst du sie dann nicht?«

»Weil ich nicht will, daß du Sohn eines Arbeitslosen bist, mein Junge.«

*

»Papa, die Terroristen behaupten, die Bundesrepublik sei ein faschistischer Staat. Ist das richtig?«

»Das ist unrichtig.«

»Die Terroristen sagen, ein Mann wie Ministerpräsident Filbinger zeige mit seiner Person an, daß sich in der Bundesrepublik dieselben Leute in führenden Funktionen befinden wie im 3. Reich.«

»Herr Filbinger war im 3. Reich keine wichtige Persönlichkeit. Er befand sich auch nicht in einer wichtigen Funktion.«
»Ist jemand, der einen anderen als Ankläger mit dem Tode bedroht, nicht in einer wichtigen Funktion?«
»Doch. Zumindest für denjenigen, den er mit dem Tode bedroht.«
»Papa, müßte die Bundesrepublik nicht allen Antifaschisten und Widerstandskämpfern ein Ehrenmal errichten?«
»Wir haben mehrere solcher Ehrenmale. Es gibt auch offizielle Gedenkfeiern, zum Beispiel in Plötzensee in West-Berlin, wo Stauffenberg und andere Hitler-Attentäter hingerichtet worden sind.«
»Wenn man die Widerstandskämpfer ehrt, müßte man dann nicht auch die Deserteure ehren? Immerhin wollten sie den Krieg nicht mehr unterstützen.«
»Man müßte sie schon ehren.«
»Wenn man sie aber ehren würde, könnte man dann gleichzeitig diejenigen, die sie anklagten und hinrichteten, ebenso ehren und als große Vorbilder hinstellen?«
»Das wird schwer sein.«
»Jetzt begreife ich, weshalb wir die Fahnenflüchtlinge nicht ehren können, Papa.«
»So? Das begreifst du wirklich?«
»Ja, Papa. Wenn wir zum Beispiel so einen Deserteur wie denjenigen, für den Herr Filbinger die Todesstrafe beantragte, wenn wir den also heute so einfach ehren würden, dann gäbe es keine Möglichkeit, gleichzeitig auch Herrn Filbinger zu ehren.«
»Das mag richtig sein. Aber worauf willst du hinaus?«
»Herr Filbinger ist heute Ministerpräsident, und deshalb muß er ein Vorbild sein und geehrt werden. Der Soldat dagegen, der 1945 erschossen wurde wegen Fahnenflucht, den kennt doch kein Mensch. Auch seine Eltern und seine Verlobte haben ihn längst vergessen. Also besteht keine Notwendigkeit, ihn zu ehren.«
»Realpolitisch magst du recht haben, mein Sohn.«

»Aber – Papa?«
»Es gibt auch noch andere Ebenen als nur die realpolitische, mein Sohn. Es gibt auch noch die moralische Ebene, mein Sohn.«
»Wirklich, Papa?«

*

»Papa, ich habe darüber nachgedacht, ich begreife das nicht.«
»Was begreifst du nicht?«
»Das mit Herrn Filbinger.«
»Das begreife ich auch nicht, mein Sohn.«
»Papa, wenn du so einer wärst wie der Herr Filbinger –«
»Aber hör mal –«
»Nur als Beispiel, Papa. Bitte. Wenn du gegen einen Menschen die Todesstrafe beantragt hättest. Wenn du dabei gewesen wärst, wie er erschossen wurde – wohin schießen die Soldaten denn eigentlich, Papa, wenn sie jemanden erschießen?«
»Laß uns jetzt nicht darüber reden –«
»Wenn du also der Herr Filbinger wärst. Könntest du dich heute schuldlos fühlen?«
»Ich habe nicht jemandes Tod verlangt und habe niemanden getötet und fühle mich trotzdem nicht schuldlos.«
»Wenn – ich sage: Wenn du an Filbingers Stelle stündest –«
»Ich sage doch: Ich stehe nicht an seiner Stelle! Du mußt eins wissen, es gibt immer welche, die erschossen werden, und welche, die erschießen lassen. Du mußt das ganz anders sehen. Wenn der Herr Filbinger damals desertiert wäre und sie hätten ihn erwischt, dann wäre auch er erschossen worden.«
»Er ist aber nicht erschossen worden, damals.«
»Weil er nicht desertiert ist, damals.«
»Er ist nicht desertiert und nicht erschossen worden, aber er hat einen Deserteur erschießen lassen – und sowas ist heute unser Vorbild?«
»Schließlich haben ihn die Leute doch gewählt.«

»Wenn einer gewählt worden ist, dann ist er auch automatisch unser Vorbild?«
»Ich weiß schon, worauf du jetzt hinaus willst, Sohn. Ich kenn' dich doch. Wenn ich jetzt ja sage, dann antwortest du, der Hitler wurde damals auch von den Leuten gewählt, also müßte er ebenfalls ein Vorbild sein. Das war er ja auch, damals, mein Junge, damals.«
»Papa –«
»Ja?«
»Was konnte man eigentlich gegen Hitler tun, damals?«
»Man konnte ihn bekämpfen. Wenn man konnte. Und man konnte emigrieren und später desertieren. Wenn man konnte.«
»Konnte man, wenn man wollte?«
»Ach –«
»Konnte man, wenn man wollte?«
»Wer wollte damals schon. Erst später, zuletzt dann, gegen Kriegsende, da wollten immer mehr, aber die wenigsten konnten.«
»Hätten am Anfang mehr gekonnt, wenn sie gewollt hätten?«
»Am Anfang hätten alle gekonnt, wenn sie gewollt hätten. Aber sie wollten nicht gegen Hitler sein, sie waren für ihn.«
»Was kann ich heute tun, wenn ich Herrn Filbinger nicht als Vorbild anerkennen möchte?«
»Du kannst es offen sagen.«
»Nützt das was?«
»Nein.«
»Schadet es wenigstens was?«
»Ja. Dir.«
»Was kann ich also tun?«
»Wenig. Eigentlich gar nichts.«
»Papa –?«
»Ja, mein Sohn?«
»Ich desertiere.«

So sprechen sie – sprechen sie so?

Kommentare zu den typhuskranken Studenten von Göttingen

In Göttingen gab es Anfang der siebziger Jahre eine Seuche: Typhus. Und sie traf Mitglieder einer Gruppe, die durch Krawalle in der Öffentlichkeit immer unbeliebter geworden ist: Studenten. Der Autor läßt den Fall Göttingen hier von einigen Herren aus der damaligen Politik-Szenerie kommentieren – hätten die so reagieren können?

Vogel, Bundesminister für Justiz:
Bei den Erkrankten handelt es sich, aufs Ganze der Studenten gesehen, um eine kleine radikale Minderheit, die ihren Kommilitonen schon lange schadete und nun endlich ihren bazillengesteuerten Extremismus offen bekennt. Man sollte sich nicht scheuen, diese fiebernden Chaoten einer lang andauernden Quarantäne zu unterwerfen, besser noch, von der Universität auszuschließen.«

Arndt, Rudi, Frankfurter Oberbürgermeister:
»Es stimmt, daß einige Göttinger Studenten in einigen wenigen Fällen Bauchgrimmen bekamen. Umweltverschmutzung und dadurch begünstigte menschliche Unpäßlichkeiten sind unleugbar. Wer aber behauptet, die Typhuskranken seien typhuskrank, der sucht damit den Kranken nicht zu helfen, sondern will allein unsere freiheitlich-demokratische Grundordnung zum Einsturz bringen. Die bakteriell zu Schaden ge-

kommenen Göttinger jungen Leute sind in Wirklichkeit verfassungsfeindliche Systemveränderer, denen es nicht so sehr um ihr Übelbefinden, sondern darum geht, unserem Staat zu schaden.«

Bielefeld, hessischer Innenminister:
»Das kann schon mal vorkommen, daß im pausenlosen Einsatz befindliche Mensaköche Salznapf und Typhusnapf verwechseln, den staatstreuen Bürger muß das nicht beunruhigen, er speist nicht in der Mensa. Die Landesregierung stellt sich sowohl vor als auch hinter die angegriffenen Köche.«

Leber, Georg, Bundesverteidigungsminister:
»Die Angehörigen der Bundeswehr sowie deren Angehörige dürfen beruhigt sein, der universitäre Typhusbazillus ist in unseren Bundeswehrkantinen geradezu unmöglich, zumal wir festeingebettet sind in die atlantische Verteidigungsgemeinschaft. Ich werde jedoch bei meinem nächsten Besuch in USA mit Präsident Nixon auch darüber sprechen.«

Knut Müller, Frankfurter Polizeipräsident:
»Zunächst einmal war ja geplant, Frankfurt, die Stadt, die schon am meisten an vielerlei Studentenseuchen zu leiden hat, auch noch mit Typhus zu überziehen. Ich bekenne nicht ohne Stolz, daß dies nicht gelang, weil unsere Wachsamkeit triumphierte. Wer nun aber hinsichtlich Göttingen behauptet, die Mensa einer Universität habe Studenten mit Typhus infiziert, lügt. Wir mußten Polizeibereitschaften mit Schlagstockeinsatz sowie Wasserwerfer mit Tränengas gegen die sogenannten Kranken aufbieten, weil anders niemand mehr das vergiftete Mensaessen zu sich genommen hätte. Im übrigen zeigt die Tatsache, daß lediglich 20 echte Typhusfälle vorliegen, wie exakt die Polizei die Verhältnismäßigkeit der Mittel gewahrt hat. Wer anderes behauptet, sagt die Wahrheit.«

Wehner, Herbert:
»Wer behauptet, ich hätte die Göttinger Typhusköche angestiftet, muß mit meinem ganz entschiedenen Widerspruch rechnen. Richtig ist, daß ich schon vor meiner Moskaureise vor jeder Art Bazillen warnte und, als das Kind in den Brunnen gefallen war, einen Strauß roter Rosen oder auch, wie ich mich erinnere, Nelken überreichte. Im übrigen ziehe ich nicht die Hosen mit der Kneifzange an wie gewisse andere Herren, die ich ausdrücklich beim Namen zu nennen nicht die Absicht habe.«

Maier, bayerischer Kultusminister (vollmundig):
»Die Göttinger Typhusfälle beweisen aufs neue, wie richtig wir handelten, als wir unsere Professoren und Studenten hundertprozentig disziplinierten, was heißt, mit schwarzer Farbe deutlich anstrichen, damit die sozialdemokratischen Roten keinen Platz für ihre Farbtupfer finden können. Wir werden auch fürderhin jeden Anschein von Typhus, GEW, Marxismus und Dialektik von unseren Universitäten und Schulen fernhalten, bzw. unnachsichtig daraus entfernen, denn wenn erst mehrere Offergelds sich eingenistet haben, greift die Krankheit auch auf Gesunde über. Gott schütze unsere Landeskinder!«

Strauß, Franz Josef:
»Unsere CSU und ich an deren Spitze hatten beizeiten vor den Folgen gewarnt. Viele Köche verderben das Mensaessen. Wer einmal aus dem Mensanapf frißt, ist selbst dran schuld. Wahrscheinlich aber schüttete Herbert Wehner unter der Maske des freiheitlichen Biedermanns rote Typhusbeete in die Suppe. Jeder weiß ja, wo und wie Borscht gekocht wird und schließlich habe nicht ich, sondern dieser Genosse Herbert lange in Rußland gelebt. Wir sollten aber unsere Studenten vor der oralen Infektion mit sogenannter geistiger (sprich

marxistischer) Nahrung schützen, indem wir die Mensen schließen. Die Studenten können schließlich Knödl und ein paar Maß Bier zu sich nehmen, das hülfe zugleich der bayerischen Industrie.«

Erklärung der Jusos:
»Die Jungsozialisten solidarisieren sich mit den erkrankten Studenten von Göttingen, indem sie sich von ihnen distanzieren und darauf hinweisen, daß Typhus eine typische Krankheit benachteiligter Minderheiten ist, an der allein die Großen der Medikamentenbranche profitieren. Im übrigen ist der Klassenkampf zwischen Infizierten und Nicht-Infizierten eine Folge mangelhafter Reformpolitik. Die Jungsozialisten schlagen vor, Mensaköche mindestens einmal alle zehn Jahre ärztlich zu untersuchen. Dabei aufgefundene Typhusbazillen sollten von den Arbeitnehmern und Studierenden dadurch ferngehalten werden, daß man sie den Konzernen für die dortigen Direktorenküchen zur Verfügung stellt.«

Dregger, Alfred:
»Wenn wieder Ruhe und Ordnung einziehen sollen an unseren Universitäten, müssen wir auch den Mut zu Maßnahmen aufbringen, die das gewährleisten. Die Mensaküche eignet sich gut zur Wiederherstellung von Recht und Ordnung.«

Stellungnahme des Bundes freiheitlicher Wissenschaftler:
»Richtig ist, daß wir, wie Herr Löwenthal schon mehrmals im ZDF erklärte, zu viele Studenten haben.«

Ordination und Ordnung

»Wie fühlen Sie sich heute?«
»Nicht gut, Herr Doktor.«
»Wir dürfen die Medikamentendosis bei Ihnen nicht weiter erhöhen.«
»Ich bin aber immer noch unruhig, Herr Doktor.«
»Haben Sie besonderen Kummer?«
»Ich bin arbeitslos.«
»Seien Sie froh. Vom Arbeitslosengeld kann man leben.«
»Ich bekomme kein Arbeitslosengeld.«
»Warum nicht?«
»Ich bin Lehrer.«
»Auch Lehrer erhalten Arbeitslosenunterstützung.«
»Ich habe alle meine Examen, aber noch nicht als Lehrer gearbeitet, Herr Doktor.«
»Es gibt eben zu viele Lehrer, das hätten Sie bei Studienbeginn schon wissen müssen.«
»Es gibt zu wenig Lehrer, Herr Doktor.«
»Also, wenn Sie immerzu widersprechen, dann müssen Sie sich nicht wundern, wenn Sie nervös sind.«
»Ich darf in meinem Beruf als Lehrer nicht arbeiten, weil ich Pazifist bin.«
»Konnten Sie sich nicht etwas weniger Gefährliches einfallen lassen?«
»Ich bin als Pazifist so gefährlich, daß ich Berufsverbot habe.«
»Das will ich nicht gehört haben. Es gibt bekanntlich gar keine Berufsverbote.«
»Ich leide also an etwas, das es gar nicht gibt.«

»Ich sehe ein, Ihr Fall ist schwierig. Wir erhöhen die Dosis der Medikamente!«
Der Doktor notierte sich etwas auf einem Zettel, damit er es nicht vergäße, knüllte den Zettel zusammen und steckte ihn in die Tasche zu vielen anderen zusammengeknüllten Zetteln.
Er ging ins Sprechzimmer. Es war Montagvormittag halb elf Uhr. Beginn der öffentlichen Sprechstunde.
Als erstes gleich wieder ein Fall von Schizophrenie. Der Mann bildete sich ein, er hätte Berufsverbot.
»Was sind Sie von Beruf?«
»Arbeiter.«
»Wer ist Ihr Arbeitgeber?«
»Die Bundespost.«
»Sie wissen, Sie leben im freiheitlichsten Land der Welt?«
»Ich weiß, Herr Doktor, deshalb erschreckt mich das Berufsverbot ganz besonders. Und erwischt hat es mich, weil ich vor drei Jahren meinen Wagen in der Nähe eines Lokals parkte, in dem eine KP-Versammlung stattfand. Na und gegen den Vietnamkrieg hab ich auch mal was unterschrieben.«
Dem Doktor war alles sonnenklar. Symptome von Bewußtseinsspaltung wie aus dem Lehrbuch. Dieser Patient lebte mitten in der Freiheit und bildete sich ein, es gäbe sie nicht mehr.
Der Arzt verschrieb die üblichen Medikamente. Von der Einweisung in die Psychiatrie sah er ab. Dort war alles überfüllt.
Kein Bett frei.
»Der Nächste bitte!«
»Herr Doktor, ich bin Koch. Vorige Woche hat man mich entlassen.«
»Wohl die Suppe zu oft versalzen, wie?«
»Nein, ich bin Marxist.«
»Was hat der Marxismus mit Ihrem Beruf als Koch zu tun?«
»Das frage ich mich auch, Herr Doktor.«

Der Mann legte ein umfängliches Behördenpapier auf den Schreibtisch.
»Meine Entlassung, Herr Doktor.«
Tatsächlich stand da geschrieben, der Koch Günter Lehmann biete mit seiner marxistisch-kommunistischen Einstellung und Parteizugehörigkeit nicht die Gewähr, stets für die freiheitlich-demokratische Grundordnung einzustehen.
Der Behördenbrief war natürlich eine raffinierte Fälschung. Solche Fälle grassierten momentan. Eine Massenpsychose. Vor Jahren hatte es so was schon mal wegen der fliegenden Untertassen gegeben, damals waren scharenweise Patienten erschienen, die aus Angst vor unbekannten Flugobjekten schlotterten. Sie beschrieben sie ganz genau, legten zum Beweis für ihre Halluzinationen dem Doktor sogar UFO-Fotos auf den Schribtisch. So ähnlich schien das jetzt mit den Berufsverboten zu laufen. Die Leute logen, daß sich die Balken bogen.
Der Arzt fixierte den Patienten. Die Augen sagten schon alles. Der flackernde Blick. Auch vollführte der Koch unkontrollierte Bewegungen. Schloß die Rechte um einen imaginären Holzlöffel und rührte in einem imaginären Suppentopf. Eindeutig, was hier vorlag: Psychotischer Realitätsverlust mit nachfolgender Chaotisierung. Der Mann mußte sofort eingewiesen werden. Hatten sie in der Psychiatrie kein Bett mehr frei, fand sich vielleicht eine Abstellkammer in Nähe der Küche.
Als nächste erschien eine junge zierliche Frau, die behauptete, sie werde ständig belauscht. Aus einem Beutel schüttete sie kleine runde Dinger vor den Doktor hin.
»Wanzen!« sagte die Frau, »Wanzen, Sie verstehen?«
Der Arzt schrieb eine Überweisung in die Veterinärklinik.
»Aber es sind doch keine Tiere, es sind kleine technische Geräte«, protestierte die zierliche Frau mit krankhaft gesteigerter Energie.

Sollten sich doch die Kollegen Viehdoktoren mit der Frau herumärgern. Sie protestierte immer weiter, da rief der Arzt zwei kräftige Pfleger, und die brachten die widerspenstige Patientin samt ihrer Handvoll Wanzen in die Tierklinik.
Ein Herr in mittleren Jahren war als nächster an der Reihe. Offenes Gesicht, ruhiges Auftreten, endlich mal ein Vernünftiger. Man durfte aufatmen. Das Leben war schön.
»Ich bin Hydrotechniker«, erklärte der Herr, »ich habe mit Wasser zu tun und man hat mir meinen Arbeitsvertrag gekündigt.«
Mich tritt ein Pferd, dachte der Doktor, der Mann macht einen so guten Eindruck und hat doch 'ne schwere Macke.
»Warum wurde Ihnen gekündigt?«
»Ich habe einen Bruder –«
»Hören Sie, das ist doch kein Grund –«
»Meinem Bruder wurde ebenfalls gekündigt, er ist bei der Feuerwehr!«
»Und weshalb verlor er seine Stellung?«
»Es wird behauptet, er stehe nicht auf dem Boden des Grundgesetzes.«
»Und was hat das mit Ihnen zu tun?«
»Das ist ja eben mein Problem, Herr Doktor!«
»Ich will Ihnen mal etwas sagen! Wenn das wirklich so wäre wie Sie hier erzählen, also dann lebten wir nicht im freiheitlichsten Staat unserer Geschichte –«
»Achten Sie auf Ihre Worte!« flüsterte der Patient.
»Auf meine Worte?« schrie der Doktor, »in einem freien Land gibt's keinen Grund, seine freie Meinung zurückzuhalten. Sie sind nicht entlassen worden, mein Herr, das bilden Sie sich nur ein. Wenn Ihnen wirklich wegen Ihres Bruders gekündigt worden wäre, dann wäre das Sippenhaft und wir lebten nicht in einer Demokratie, sondern –«
»Sondern?« fragte der Herr und blickte dem Arzt gespannt in die Augen. Der Besucher sah, genau betrachtet, nicht aus wie

ein Patient. Eher wie ein Geheimpolizist.
Der Arzt schwieg.
»Was wollten Sie denn sagen, wo wir leben, Herr Doktor?«
Der Arzt begann eilig etwas auf seinen Block zu kritzeln.
»Herr Doktor, was schreiben Sie da?«
»Nichts Besonderes – nur meine Einweisung in die Psychiatrie, Herr Kommissar!«

Verstehen Sie das?

Es gab Lachsbrötchen und einen guten Sekt, dessen Marke ich nur deshalb nicht nenne, weil ich keine Reklame für Alkoholika machen möchte. Aber unsere Stadtverwaltung ließ sich bei ihren Presseempfängen wirklich nicht lumpen. Wenn sie dazu einlud, strömten die Journalisten nur so von allen Seiten herbei, denn Gastlichkeit kennt keine Grenzen, soweit es unseren Magistrat betrifft.

Ich hatte gerade in jeder Hand ein Lachsbrötchen, als der große Kronleuchter krachend von der Decke fiel, was den Empfang ein wenig störte.

Der Pressesprecher legte eine Pause ein, bis Bedienstete der Müllabfuhr die Scherben weggefegt hatten, und danach erläuterte der Pressesprecher, wie es hatte dazu kommen können, daß der Kronleuchter aus der Deckenhalterung gefallen war.

Jetzt, da man uns darauf hinwies, bemerkten wir es alle. Die Betonwände unseres zwanzigstöckigen neuen Rathauses schwankten nicht unbeträchtlich. Dadurch war der Kronleuchter in starke Schwingungen versetzt worden, bis seine Fliehkräfte die Verankerung gesprengt hatten.

»Keine Bange«, erklärte der Mitarbeiter für Wissenschaft und Technik vom »Generalanzeiger«, »es handelt sich weniger um ein Erdbeben als vielmehr um die vollkommen bedeutungslosen Folgen der Tatsache, daß auf der hier vorüberführenden Straße eine große Anzahl von Schwerlastzügen entlangbrausen, wodurch die Rathauswände in Bewegung geraten.«

Der Wissenschaftsfachmann vom »Landboten« widersprach sofort.
Seiner Ansicht nach handelte es sich lediglich um die ganz normalen Schwingungen, die in den obersten Etagen aller Hochhäuser aufträten und gänzlich ohne Bedeutung seien.
»Sagte ich doch eben, Herr Kollege!« entgegnete der Redakteur des »Generalanzeiger«, »das ist gänzlich ohne Bedeutung.«
Bei dieser Bemerkung löste sich aus der Zimmerdecke ein gut anderthalb Meter langes Stück Putz und begrub den Mann vom »Generalanzeiger« unter sich.
Die Müllmänner gingen unverzagt daran, den Technik-Redakteur auszubuddeln und wir anderen traten auf einen Wink des Pressesprechers der Stadt ans große Panoramafenster.
Rechter Hand, wo in der Woche zuvor das neue Kernkraftwerk feierlich in Betrieb genommen worden war, stiegen an der Stelle, an der das atomar aufgeheizte Wasser in den Fluß zurückgeführt wurde, hausgroße, weißliche Nebelwolken auf.
Wie der Pressesprecher lächelnd berichtete, hatte der Volksmund, der flinke, dem Wolkengebilde bereits den Namen »Fisch-Kocher« gegeben, denn in der Tat garte der Atomdampf, wenn er ins Flußwasser traf, die darin lebenden Fische, die nun mit Macht aus dem Flußbett hinausgeschleudert wurden.
Am Ufer standen viele Frauen bereit, die die gedünsteten fliegenden Fische in mitgebrachten Töpfen auffingen und heimholten.
»Zweifellos eine beträchtliche Erhöhung der Lebensqualität!« bemerkte der Pressesprecher stolz, und die Journalisten notierten das kluge Wort.
Leider konnten wir den Gar- und Fangvorgang nicht richtig beobachten, denn vom südlichen Stadtrand drangen riesige schwarze Ruß-Schwaden heran, die die Sicht nicht unwesentlich behinderten. Immerhin konnten wir genau erkennen, wie

sich gleich an der Rückseite des Rathauses mehrere Dutzend Fahrzeuge ineinander verkeilten, nachdem man gerade eine sechsspurige Autostraße feierlich eingeweiht und dem Verkehr übergeben hatte.
»Die Schwierigkeit war vorauskalkuliert«, erklärte der Pressesprecher nicht ohne Stolz, »die von Ampeln oder Verkehrsschildern unbelastete plötzliche Verengung der Fahrbahnen von sechs auf eine bringt natürlich Karambolagen mit sich. Doch erstens werden wir die Straße auch auf der anschließenden Streckenführung sechsbahnig erweitern, wenn gegen Ende des dritten Jahrtausends unserer Zeitrechnung das Geld dafür im Haushalt ausgewiesen sein wird, und zweitens schaffen zerstörte Kraftwagen Nachfrage nach neuen, so daß unsere ortsansässige Autofabrik ihre Arbeitsplätze glücklicherweise nicht einschränken muß.«
Weil ein zutreffendes volkswirtschaftliches Argument noch immer am besten überzeugt, wandten wir nun unsere Aufmerksamkeit dem interessanten Motorradrennen zu, das man von der Ostseite des Rathauses aus gut beobachten konnte. Mehrere in schwarze Lederanzüge gehüllte Rennfahrer jagten mit atemberaubendem Tempo und unter ohrenbetäubendem Lärm um das Großkaufhaus *Mertens & Co.* herum.
Es war spannend, von unserer Höhe aus zuzusehen, wie die schnellen Jungs um die Quote kämpften.
»Hier kommt es nicht allein auf die höchste Geschwindigkeit an«, erläuterte Herr Bigball, der Rathaus-Pressesprecher, freundlich, »sondern mindestens ebenso auf die Geschicklichkeit. Zwar ist es nicht unwesentlich, möglichst als einer der ersten das Ziel zu erreichen, doch ebenso wichtig ist es, möglichst viele Leute, die über die Straße laufen, um ins Kaufhaus zu gelangen, exakt umzufahren. Dazu gehört schon ein Optimum an fahrerischem Geschick, glauben Sie mir!«
Während Herr Bigball noch allerhand Statements abgab, bemerkte ich, mit Appetit mein Lachsbrötchen verzehrend,

daß die gesamte umstehende Hochhausbebauung rhythmisch zu wanken begann. Schließlich sank ein Gebäude nach dem anderen in sich zusammen. Ich zählte zwölf Hauseinstürze und hörte dann auf, ein wenig irritiert, wie ich eingestehen muß.

Wer das arrangiert hat, dachte ich gerade, der wußte gewiß, was er wollte, und da wurde auch der Pressesprecher aufmerksam.

Tatsächlich war es um uns herum jetzt viel lichter und heller. Nur vom Erdboden erhoben sich umfängliche Staubwolken und drangen langsam bis zu uns herauf.

Wie ich sah, flüsterten der Oberbürgermeister und sein Pressesprecher ein wenig nervös miteinander. Doch schon hatte sich der tüchtige Herr Bigball wieder voll in der Gewalt, und die Arme zum eben sichtbar gewordenen Horizont ausbreitend rief er fröhlich:

»Und hier, meine Damen und Herren, eröffnen sich Ihnen und uns die wirklichen modernen Perspektiven, der Mensch möchte den Blick frei und weit schweifen lassen und sich nicht immer durch hohe Steinmauern eingeengt sehen!«

Tatsächlich erkannte man für einen Augenblick einen Steifen Wald am Horizont und daraufhin applaudierten alle, nur ich applaudierte nicht mit, weil ich in jeder Hand noch eins der wirklich vorzüglichen Lachsbrötchen hielt.

Gerade, als ich die aufgegessen hatte und die Hände freibekam, um Beifall zu klatschen, sank der Boden unter unseren Füßen weg.

Als ich wieder bei mir war, befand ich mich zwanzig Stockwerke tiefer. Mitten im Trümmerhaufen traf ich unseren Pressesprecher.

»Wie geht es Ihnen?« fragte ich.

Der tüchtige, clevere Herr Bigball sah mich dankbar an und dann umarmte er mich.

»Begreifen Sie eigentlich«, schluchzte er an meinem Ohr,

»weshalb täglich zwanzig Bürger unsere schöne Stadt verlassen und aufs Land hinausziehen?«
Wir klopften uns den Ziegel- und Atomstaub aus Jacke und Hose. Ich sammelte ein paar Holzstückchen von Herrn Bigballs Scheitel.
»Täglich zwanzig Wegzüge, das macht im Jahr rund gerechnet siebentausend Stadtflüchtlinge!« jammerte der Pressesprecher, »verstehen Sie das?«
»Nein«, sagte ich, atmete tief durch und sprach: »Das verstehe ich auch nicht!«

Das Phantom von Innsbruck

Mit welcher Olympiade die Schwierigkeiten einsetzten, ist in unserer Familie umstritten. Nur eins wissen wir noch genau, es war eine Winterolympiade, »weil«, wie Heinz, unser Jüngster, allen anderen mitteilte, »diese Winterolympiaden für die Werbung attraktiver als die Sommerolympiaden sind.«
So jedenfalls unser tüchtiger Sohn, der es wissen mußte, denn sie hatten in seiner Schule im Unterricht davon gesprochen. Die nachhaltige und höchst eindringliche Wirkung der Werbung verspürte besonders unser Großväterchen Franz. Er war zu dieser Zeit schon reichlich klapprig und nicht mehr ganz fest auf den Beinen. Regelmäßig alle vier Jahre zur Winterszeit änderte sich das. In den Werbesendungen des Fernsehens boten sie jede Menge Kraftnahrung für Sportler und solche, die es werden wollen, an, und so versank unser Großvater am Eßtisch fast hinter den vielen Gläsern, Tuben, Pakkungen mit Aufbau-Speisen, Energie-Säften, Wachstums-Pillen.
Während der Olympiade war Großvater nicht von Radio und Fernseher wegzukriegen. Er regte sich furchtbar auf, wenn unsere Mannschaft verlor und jubelte begeistert bei ihren Siegen.
»Was ist denn bei Ihnen los?« fragte mich Frau Neubert, die Nachbarin von oben drüber.
Ich antwortete: »Sie wissen doch – unser Großvater ist so olympia-begeistert.«
War die Winterolympiade vorüber, kam die Zeit der Olympia-Bildbände. Großväterchen schleppte jeden Bildband an,

den sich ein Verlag nur hatte einfallen lassen. Unsere Wohnung verwandelte sich in eine Olympia-Bibliothek.
»Großvater! Daß du für so was deine schöne Rente ausgibst!« schimpfte unser Heinz.
»Glaubst du Grünschnabel etwa, ich bezahle die Bildbände?« kicherte Großvater. »I bewahre mein Kind, diese Fernsehreporter, die dafür ihre Namen hergeben, verdienen eh genug.«
»Sag bloß, du klaust die Bücher?« fragte meine Frau ganz entsetzt.
»Was hast denn du gedacht!« antwortete Großvater entrüstet.
»Du bist ja schlimmer als diese jungen Rocker!« schimpfte meine Frau.
Wütend blickte sie mich an: »Und du schweigst dazu? Stell dir nur vor, wenn er erwischt wird dabei! Das gibt einen Skandal! Vater eines Schriftstellers stiehlt Olympiabücher!«
Ich zog es vor, nichts zu erwidern, und also verdrückte ich mich still in die Ecke. Was hätte ich auch sagen sollen, schließlich war ich von Großvater eingeweiht worden in seine Pläne, und angesichts der Dinge, die da kommen sollten, erschien mir die kleine Klauerei geringfügig und nicht der Rede wert.

Als die Olympiade von Innsbruck bevorstand, steigerten sich unsere familiären Spannungen ins Unerträgliche. Großvater stiefelte schon Wochen vorher in schwerer Winterausrüstung umher, verlangte bei Tische doppelte Fleischration und sprintete jede Stunde dreimal ums Haus, um, wie er erklärte, »die Kondition zu erhalten«.
Drei Tage vor Eröffnung der Olympiade verschwand Großvater spurlos.
»Du mußt ihn in ein Heim geben!« verlangte meine Frau. Sie ist zwar sehr gutmütig, menschenfreundlich und ausgesprochen tierlieb, doch Großvaters Verhalten überforderte sie einfach.

»Nie werde ich meinen alten Herrn in ein Heim bringen!« erklärte ich.
»Dann gehört ihr alle beide in eine Anstalt!« schimpfte meine Frau.
Ich antwortete: »Wenn es um die Emanzipation der Frauen geht, da bist du gleich Feuer und Flamme. Wenn sich aber die Alten emanzipieren wollen, da endet schon dein Verständnis!«
»Emanzipation! Wenn ich so was höre. Du solltest nur mal sehen, mit welchen Augen mich dein Vater neuerdings betrachtet.«
Ich machte, daß ich davonkam. Offengestanden, das war mir auch schon aufgefallen. Die viele Kraftnahrung, das ständige Training, der Aufenthalt in frischer Luft hatten Opa ganz schön aufblühen lassen.
Na ich gönnte dem alten Herrn seinen dritten Frühling. Nur sollte er mir nicht die Familie durcheinander bringen.
Am Samstag in der Woche drauf trat ich ins Haus, legte eine Zeitung auf den Tisch und wies triumphierend auf die riesige Balkenüberschrift.
»Seht ihr – das ist er!«
»Wer denn?«
»Unser Großvater!«
Die Überschrift lautete: *Das Phantom von Innsbruck*...

Ich habe später den Ablauf der Ereignisse rekonstruiert und kann exakt erläutern, wie alles gekommen ist. Begonnen hatte es mit einem sogenannten wilden Starter im 30-Kilometer-Langlauf. Die Offiziellen, damit beschäftigt, die gemeldeten Läufer auf die Strecke zu schicken, erfaßten gar nicht recht, was geschah, als sich aus dem umstehenden Publikum jemand löste und vom Start in langen schnellen Schritten loslegte. Der Mann, in nichts von den nominierten Langläufern unterschieden, war ganz vorschriftsmäßig gekleidet; aller-

dings trug er auf der weißen Rückenbinde statt der üblichen Nummer groß und deutlich den Buchstaben Z.
Der Zeitnehmer hatte teils gewohnheitsmäßig, teils aus Verblüffung die Uhr auch bei Z anlaufen lassen, und als er bemerkte, Z gehörte nicht zu den offiziell nominierten Läufern, bewogen die anwesenden Sportjournalisten Zar und Zimmermann den schimpfenden Zeitnehmer, die Zeit von Z laufen zu lassen, denn, so sagte der Zar, wir wollen doch einmal sehen, was ein wildernder Laie unter den besten Profis der ganzen Welt ausrichten kann. Der Zimmermann stimmte grinsend zu, und beide lachten sich ins Fäustchen.
Dann kam die Sensation. Der unbekannte Laienlangläufer Z schlug die gesamte Weltelite und erreichte noch drei Sekunden vor dem Sieger das Ziel. Das darf doch nicht wahr sein, riefen die Sportjournalisten Zar und Zimmermann verzweifelt und beinahe gleichzeitig aus. Allerdings konnte der Sieg des unbekannten Z nicht anerkannt werden, denn er wurde erstens außerhalb der Legalität herausgelaufen, und zweitens verschwand der rasende unbekannte Langläufer nach seinem Triumph inmitten der tobenden Zuschauermassen.
Sergej Saweljew, der sowjetrussische Olympiasieger in der 30-km-Langlaufdisziplin, schnallte im Ziel seine Bretter ab und warf sie zornbebend in den hohen Schnee.
Genosse Saweljew galt zwar als offizieller Sieger und bekam auch die Goldmedaille, aber der Gedanke, ein anderer sei auf der Loipe schneller gewesen als er, bestürzte den sensiblen Russen.
Nun wäre das irreguläre Geschehnis wohl bald wieder vergessen worden, weil der menschliche Sportverstand alles, was er nicht begreift, ins Unbewußte verbannt, allein, beim sensationellen Abfahrtslauf der Herren vom Patscherkofel kam es schon bald zur zweiten Sensation.
Es war, um der eiskalten Wahrheit die Ehre zu geben, einfach nicht zu fassen. Ganz Österreich hielt schon tage-, wenn nicht

wochenlang den Atem an, daß er vor der Nase im winterlichen Skigebiet nicht mehr gefrieren konnte. Österreich und die Welt starrten auf Franz Klammer, den Naturburschen aus Kärnten, dem der Sieg schon deshalb nicht mehr zu nehmen war. Wie ein wilder Teufel stürzte der Franzl die 3 145 Meter lange Abfahrt mit einem Höhenunterschied von 870 Metern hinab: Das Schnee-Phantom, der Eisblitz, den sein Herr, der weltberühmte Ski-Fabrikant Knieheisl ausgerüstet und ausgesandt hatte und gegen den, wie alle Welt wußte, kein fremdes Kraut gewachsen war.

Aber auch Franzl Klammer erlebte sein Damaskus, und das mitten im Hochgebirge. Kaum war Klammer sturzgestartet, da fauchte es hinter ihm, Funken schienen zu sprühen, mitten in Schnee und Eis, und ein phantastischer Schatten näherte sich grollend, stürzte mit Franz Klammer um die Wette den Berg hinab, degradierte den von vornherein ausgemachten, feststehenden Sieger Franzl, der jetzt auf der Abfahrt tatsächlich festzustehen schien, weil eben die allergrößte Geschwindigkeit selbst die große Geschwindigkeit noch relativiert.

So richtig kriegten die Zuschauer gar nicht mit, was da vor ihren Augen geschah, und auch die Reporter und Kameraleute verpaßten in der Eile das schnellste Objekt. Hatten nicht alle Fachleute vor dem Rennen auf Klammer geschworen? So hingen denn aller Augen an ihm und alle Kameras richteten sich auf den Franzl.

Jener unbekannte Fremd-Abfahrtsläufer, der hinter Franz herstürzte, ihn überholte und einfach stehenließ und dann unten durchs Ziel schoß, überstieg die Fassungskraft des menschlichen Verstands, zumindest bei den Sportreportern und vaterländisch begeisterten Sportartikel-Zuschauern.

Später hieß es, ein Wirbelwind habe sich erhoben und sei vor Klammer hergeweht. Andere vermeinten eine Art kleinerer Schneelawine gesehen zu haben.

Franzl selbst hatte bemerkt, was geschehen war, denn mit einem vor Wut oder Scham zornroten Gesicht schoß der Olympiasieger hinter seinem Besieger her und durchs Ziel, wo er die Arme hochriß und ständig *Betrug! Betrug!* ausrief. Übersetzt wurden diese Worte aus dem Kärntnerischen mit *Gesiegt! Gesiegt!* Was nicht schwerfiel, denn das echte Kärntnerische verstehen nur die Kärntner selbst, die denn auch, das Ziel in dichten Schwärmen umlagernd, erleichtert lachten, während Franzl noch aufgeregt schimpfte und von den Offiziellen einige zu weinen begannen.

Betrug oder Sieg, der Franzl bekam seine Goldene. Ein falkenäugiger Kameramann vom ZDF, der geistesgegenwärtig den wirklichen Sieger gefilmt hatte und sogar die bodenlose Frechheit besaß, seinen Film nach Mainz zu schicken, wurde vom ZDF umgehend gefeuert, weil seine Bilder nicht als genügend ausgewogen befunden werden konnten. Jedermann wußte doch, daß Klammer zu siegen hatte und demzufolge auch gesiegt haben mußte.

Das unbekannte Wesen Z beteiligte sich dann letztmals am Skispringen, was dem Faß den Boden durchschlug – wirklich, diesmal übertrieb Z etwas. Nachdem die Vorspringer über den Schanzentisch gegangen waren und bevor der erste Mann des olympischen Wettbewerbs startete, stand Z plötzlich oben auf dem Turm, glitt in die Spur und schwang sich zu einem unerhört modernen und eleganten Sprung in die Lüfte, wobei es ihn enorm weit und hoch hinaustrug. In seinem Übermut breitete Z seine Arme aus, bekam prächtigen Aufwind und segelte noch über den Auslauf und die erstarrten Zuschauer hinweg, weit jenseits erst aufsetzend.

Es gibt bekanntlich keinen Rekord, für den sich nicht bald ein Land findet, das ihn für sich reklamiert. Weil einige Leute, die Z beim Landen gesehen haben wollten, behaupteten, er sei auffallend alt gewesen und habe einen nahezu oberbayerisch anmutenden Bart getragen, erklärte die CSU, einer ihrer Parteigründer sei der unbekannte Rekordler. Die DDR sprach von einem bescheidenen hundertjährigen Altsportler aus dem Erzgebirge. Die Sowjetunion legte Wert auf die Feststellung, bei ihnen in Asherbeidshan sprängen hundertzehnjährige Schafhirten noch alle Tage weiter als hundert Meter, und die USA verbreiteten eine CIA-Meldung, wonach es sich bei Z um einen ihrer Kontrollagenten gehandelt habe, der die Olympiateilnehmer während der sportlichen Wettkämpfe sicherheitsdienstlich überwachen sollte.

Diese Meldungen sind natürlich allesamt falsch. Um der Wahrheit die Ehre zu geben: Mein 98jähriger Großvater war's; er wollte, des untätigen Rentnerdaseins überdrüssig, nur mal eben nachsehen, was es mit dem teuren Wintersport Olympia eigentlich auf sich habe.

Aus Innsbruck zurückgekehrt, brummelte unser Großvater mürrisch: »Nichts als dummes Gerede und Propaganda!« Jeder einigermaßen normale Greis schlage die olympische Weltelite, denn die berühmten Rekordsportler riskierten aus Angst um ihre teuren Knochen nur wenig. Außerdem sei so ein Rennen ein reines Kinderspiel, wenn man einen windschlüpfrigen Anzug aus Weltraumstoff mit Weltleistungslacküberzug trage. Da gäbe es überhaupt keinen Luftwiderstand mehr.

»Na«, sagten wir, »und woher bekamst du die teuren *Elite*-Skier?«

»Nichts einfacher als das. Ich hab mir jede Nacht vor einem Rennen ein Paar geklaut.«

An dieser Stelle fiel meine Frau in Ohnmacht, was unseren Rekordsportler zu einer abfälligen Bemerkung über das weibliche Geschlecht verführte, die ich hier nicht wiedergeben möchte.

Nun werden Sie sich wundern, daß Sie von meinem Großvater nichts hörten, nichts lasen und im Fernsehen auch nichts sahen. Ganz einfach: Man hat ihn überall getilgt. Denn was soll der normale Steuerzahler daheim denken, hört er, mein stinknormaler, kaum trainierter Großvater degradierte mit seinen 98 Jahren die gesamte Weltelite. So etwas schadet nur dem Sport und besonders dem schönen olympischen Gedanken.

Auf Betreiben meiner Frau ließen wir Großvater vier Jahre darauf, als die nächste Winterolympiade bevorstand, nicht aus dem Haus. Reihum und uns abwechselnd spielten wir mit ihm Skat, 17 und 4, Schach und Mensch ärgere dich nicht. Weil wir auch die Kraftnahrung nicht auf den Tisch kommen ließen, verblieb Großvater ganz im normalen Zustand eines gesetzten älteren Herrn. Nur wenn im Fernsehen was von der Winterolympiade gemeldet wurde, sprang er auf und schrie mit brüchig-heller Greisenstimme: »Hepp-hepp-hoho!«

»Was ist denn bloß mit dem lieben Großvater los?« fragte mich Frau Neubert von oben drüber.

»Ach«, antwortete ich, »Sie wissen doch, er begeistert sich so für die Winterolympiade, der liebe alte Herr.«

Brief an meine Tochter

Liebe Catharina,
stell Dir vor, gestern nach Ende der Veranstaltung im Münchner Kunstverein, die meisten Besucher waren beim Weggehen, einige standen noch am Vortragspult, da tauchten zwei Personen auf, wovon die eine gewiß entfernte Ähnlichkeit mit Dir, liebe Tochter, vorführen konnte, was sie auch tat, indem sie, ihre entfernte Ähnlichkeit bis zum Doppelgängertum hochstilisierend, sich als meine Tochter auszugeben suchte.
Freilich muß die junge Dame Einblicke in Dein Leben gemacht haben können, denn sie gab sich in manchem fast wie Du, setzte einige Worte wie Du und hatte in vollendeter Täuschungsabsicht auch noch eine Freundin dabei, die ganz offensichtlich Deine Freundin Uschi darstellen sollte. Ich muß zugeben, einen kurzen Augenblick war ich versucht, auf die verführende Vorführung hereinzufallen. Doch sei bitte nicht traurig, ich kann schon noch meine wirkliche Tochter von einer sie spielenden Doppelgängerin unterscheiden. Zu meiner Entschuldigung und für die kurze Verwirrung darf ich vorbringen, daß ich nach dem Vortrag und der Diskussion etwas unkonzentriert und gar erschöpft gewesen bin, zumal der Raum überheizt war, überdies ist Dein Vater eben ein alternder Mann, den so was schon derart strapazieren kann, daß er eine Fremde für seine leibliche Tochter hält.
Wenn ich noch was zu meiner Entschuldigung vorbringen darf, so vielleicht den Hinweis auf die tatsächlichen schauspielerischen Fähigkeiten jener jungen Dame, welche Dich

spielte. Sie erklärte ihr kurioses Aussehen damit, daß sie an diesem Abend als Modell bei einem berühmten Münchner Friseur angetreten sei, welche öffentliche Vorstellung erstens der Aufbesserung ihres Budgets gedient und zweitens den Applaus des versammelten Publikums eingebracht habe. Hernach aber sei keine Zeit mehr gewesen, die Spuren auf dem Gesicht und im Haar zu beseitigen, sie sei vielmehr mitsamt ihrer Freundin Uschi sogleich vom Ort des haarigen Geschehens zum Ort meines Vortrags und unserer Diskussion ins Kunsthaus geeilt, um mich dort noch anzutreffen.
Wie Du siehst, sind das gar nicht so abwegige Begründungen, wie ich es überhaupt für ein Exempel kunstvoller Täuschung halte, wenn jemand einerseits einen anderen spielt, andererseits aber eine Situation zu schaffen weiß, die ihn verfremdet und die Verfremdung auch noch begründet. Man kann also Deiner Doppelgängerin ein gewisses Kunstverständnis nicht absprechen. Die Dame weiß sehr wohl mit fremden Federn anzutreten.
Möglicherweise wäre ich auch noch stärker drauf hereingefallen, hätte sich nicht eine andere Parallelität herausgestellt. Deine Doppelgängerin hatte sich alle Mühe in der Nachahmung Deines Gesichts gegeben, war aber wohl nicht gänzlich zufrieden mit ihren Verstellkünsten und hatte am Ende eine Unmenge blutroter Farbe übergegossen. Die bleiche Haut und der rote Kontrast im Gesicht erweckten in mir den Doppeleindruck von Schaufensterpuppe und geschlachtetem Schwein. Ich weiß, es kann leicht degoutant wirken, im Zusammenhang mit Dir solche Vergleiche zu ziehen, doch handelt es sich ja gar nicht um Dich, sondern um die andere, die Dich spielte, und da hatte ich nun diesen Eindruck, der überdies noch einen tieferen Grund hatte, nämlich den der Ausstellung mit dem Titel *Aspekt Großstadt*, die ja der Anlaß meines Vortrags gewesen ist. Ja und in der Ausstellung finden sich – etwa in den Bildern von Klaus Vogelsang, Arwed D.

Gorella oder den Gebilden von Wolfgang Petrick – so Bildnisse und Gestalten mit Köpfen, deren Zusammenmischung aus verschiedensten Eindrücken offensichtlich ist und werden soll – Schaufensterpuppe und Schlachtschwein, ich jedenfalls verspürte so provokatorische Eindrücke bei Betrachtung der ausgestellten Kunstwerke, und als bei Ende der Diskussion die beiden Damen erschienen, erschrak ich zutiefst, beruhigte mich kurz darauf, indem ich mir sagte, hier haben die lieben Kunstvereinskollegen eine Provokation beabsichtigt, ein anschließendes Happening arrangiert, und erst als ich das fassungslose Staunen bei den leitenden Mitgliedern des Kunstvereins bemerkte, erkannte ich meinen Irrtum. Ja und dann begriff ich, hier suchte sich jemand als meine Tochter auszugeben, gar noch vor meinen Augen und im Gespräch mit mir. Also da müßte schon eine ganz großartige Darstellerin einherkommen, wenn das gelingen sollte. Ich werde doch erkennen, wenn meine Tochter vor mir steht und wenn mir jemand was vormacht. Also das war eine nachgemachte Tochter.
Vielleicht muß ich noch schildern, auf welche Weise der berühmte Friseur ihr Haar frisiert hatte, es war recht kurz geschnitten und zu lauter gekringelten Büschelchen zusammengebrannt, zwischen denen die weiße Kopfhaut hindurchschimmerte, nein leuchtete, was den Eindruck von Schlachtfleisch noch verstärkte. Und nun kommt der Clou – diese junge Dame begann unverzüglich auf uns einzureden und wollte uns dazu überreden, mit ihr und ihrer Freundin in Schwabing die »Klappe« aufzusuchen, ein Lokal, von dem ich durchaus weiß, daß Du, liebe Catharina dort anzutreffen bist. Gerade deshalb durchschaute ich auch den raffinierten Plan, mich und meine Freunde vom Kunstverein nach dort zu lotsen. Das Mädchen hätte gleich mehrere Fliegen mit einer Klappe geschlagen. Sie wäre dort als meine Tochter aufgetreten, hätte ihre Feunde mit dem Verwechslungstrick amüsiert und gar noch eine Steigerung erreicht; falls nämlich Du selbst

vorbeigekommen wärest, hätte sich das Zusammentreffen meiner beiden Töchter zum schönsten Gaudi gefügt. Glücklicherweise jedoch bemerkte ich den Pferdefuß und verabschiedete das schauspielerische Talent mit dem Verweis, ich wüßte parodistische Vorführungen sehr wohl zu schätzen, hätte aber gerade wenig Zeit dafür, weil wir, meine Freunde und ich, noch ein wenig und wie üblich nach solchen Abenden in aller Stille irgendwo zusammensitzen möchten, beim ruhigen Bier und im kargen Gespräch übers Glas hinweg. Eben wie so alte Männer es gern halten nach getaner Arbeit und um Mitternacht. Daraufhin verschwand Deine Doppelgängerin, wobei sie sich leicht schmollend gab, was ich nicht unvergnüglich bemerkte, denn auch darin kamen wiederum gewisse Annäherungen und Anklänge an Dich zum Vorscheine.
Dies nun ist das Ende des Berichts wie es das Ende der köstlichen, wenn auch ein wenig unpassenden Vorstellung war. Ich wollte Dir davon nur schreiben, weil Du ja betroffen bist und Dich umsehen solltest in Deiner Umgebung, irgendwer von Deinen Freundinnen muß es ja sein, und das solltest Du schon herausbekommen.
Ursprünglich wollte ich Dir davon noch aus München berichten, ich hatte aber wenig Zeit und als ich bei Dir anrief, von der Tankstelle am Münchner Stadtrand, schon auf der Rückfahrt nach Offenbach, da war Deine Leitung besetzt. Nun schreib ich Dir die Geschichte eben. Bis bald – und mit den allerherzlichsten Grüßen – Dein Vater, der in Deinem Leben immer als Gerhard auftrat und nur aus Gründen der Plausibilität hier einmal das Wort »Vater« benutzt; den Grund dafür muß ich aber wohl in ein PS verbannen:

PS: Als ich diesen Brief schrieb, stockte ich inmitten und verhielt beinahe erschrocken – was wäre, dachte ich, wenn ich mich geirrt haben sollte, was wäre, wenn die Doppelgängerin keine war, wenn das tatsächlich meine Tochter gewesen wäre,

die da auftrat... Doch schon beruhigte ich mich wieder. Du wärst sicher nicht als provokante Schaufensterpuppe zum Kunstverein gestürmt, wärst sicher nicht blicklos an den Exponaten der Ausstellung vorbeigerannt, Dir wäre aufgefallen, was sich da an Verdoppelung mit den Kunstwerken ergab – die Kunst als realistische Steigerung der Konsumwelt, davor ein Mädchen als nochmalige Kunststeigerung, als Personifikation des Horrors, nein, Dir wär' das aufgefallen und Du hättest Deinen armen alten Papa, der grade gegen die Konsumwelt angeredet hatte, nicht in solche Verlegenheiten gestürzt, das hat nur Deine Doppelgängerin fertigbringen können. Sie ist eben doch nicht Dein Eben-Bild, höchstens Dein Ander-Bild, und das beruhigt mich. Bis bald denn. Der obige.
25.5.78

Rationalisierungen

Ein Spiel in vier Akten

I

»Den Bildschirm-Computer müssen Sie schon mit bedienen«, sagte der Verleger zum Journalisten, »Sie sind bei uns doch als Redakteur eingestellt.«
»Ach verdammt«, antwortete der Journalist.
Dann tat er wie geheißen.

II

»Drucker und Setzer brauchen wir jetzt nicht mehr. Die neue Technik erlaubt, daß Sie Ihre Artikel statt in die Schreibmaschine gleich über den Computer in die Druckmaschine geben«, sagte der Verleger.
»Verdammt will ich sein«, antwortete der Journalist.
Und tat wie geheißen.

III

»Diese Recherchen kosten zu viel Geld und Zeit«, sagte der Verleger zum Journalisten. »Nehmen Sie doch einfach die Agenturberichte. Ein wenig gekürzt, den Rest umfrisiert, und fertig ist die neue Zeitung!«

»Ich bin auf ewig verdammt!« antwortete der Journalist und tat wie geheißen.

IV

Am Abend ging der Verleger durch die Stadt. Da sah er, wie sein Journalist einem hölzernen Verkaufskasten (die lebendigen Zeitungsverkäufer waren schon vor Jahren wegrationalisiert worden –) eine Zeitung entnahm und darin las.
»Sie lesen Ihre eigene Zeitung?« fragte der Verleger verwundert. »Sie haben die Drucker und Setzer entlassen«, antwortete der Journalist. »Sie haben auch die Redakteure entlassen. Ich bin der letzte Arbeitnehmer in Ihrem Betrieb. Einer muß doch die Zeitung lesen. Die anderen haben keine Arbeit mehr und kein Geld.«
Die Antwort irritierte den Verleger. Er ging weiter. Bald darauf kehrte er zurück.
»Sie sind entlassen!« sagte er zu dem Journalisten.
»Ach du dickes Ei!« sagte der Journalist, »und wer wird Ihnen nun die Zeitung machen?«
»Kein Problem. Ich leite die Agenturberichte über Computer direkt in die Druckmaschinen. Menschliche Zwischenstationen kosten nur überflüssiges Geld.«
Der Journalist ging seines Weges.

V

Vorher hatte der Verleger noch die Zeitung weggenommen.
Da stand der Verleger nun mitten in der Stadt und las seine Zeitung.
Einer muß das Blatt schließlich lesen.
Dafür wird es ja gemacht.

Einem liebenden Wesen kann ich nicht gram sein

Es begann damit, daß meine Frau auf der Straße fremden Männern nachpfiff.
Ich bin eine ziemlich tolerante Natur.
Aber es gibt gewisse Dinge, die halte ich für unangebracht.
»Liebling«, sagte ich, »deine Pfiffe gehen mir ehrlich gesagt auf die Nerven.«
Meine Frau liebt mich.
Sie stellte das dumme Pfeifen ein.
Man muß sich in der Familie eben durchzusetzen wissen und im richtigen Zeitpunkt die richtigen Worte finden.
Wir lebten glücklich und zufrieden.
Leider mußte ich mit ansehen, wie meine Frau im Vorraum des Kinos, während ich an der Kasse stand, einem Herrn an die Hose faßte.
Ich steckte ruhig das Wechselgeld weg.
Als ich mich meiner Frau näherte, stürzte der Mann gleich herbei. »Hören Sie, Ihre Frau hat mir an die Hose gelangt!«
Der gute Mann war ganz aufgeregt.
Er zitterte und flatterte, daß es einem leid tun konnte.
Nun kam auch noch seine Frau dazu.
Sie zitterte und flatterte nicht. Sie sprühte Funken.
»Ist es wahr, du hast diesem Herrn an die Hose gegriffen?« fragte ich streng meine Frau.
»Es geschah aus Versehen«, murmelte meine Frau.
»Vonwegen aus Versehen!« donnerte die Frau des anderen, der von meiner Frau belästigt worden war.
Sie nahm deutlich eine drohende Haltung ein.

Mir sind körperliche Auseinandersetzungen zuwider. Zumal in der Öffentlichkeit. Jedenfalls mußte man hier abwiegeln, damit sich eine Prügelei gar nicht erst entwickelte.
Ich warf meiner Frau einen beschwörenden Blick zu.
»Naja, ein ganz klein bißchen habe ich seine Hose gestreift«, gab meine Frau leise zu.
»Und wohin dieses Weibsstück meinem Mann gegriffen hat!« donnert die andere Frau.
Sie beugte sich jetzt vor und wies mit dem Zeigefinger auf die bewußte Stelle ihres Mannes.
Zweifellos drohte die Situation zu eskalieren.
Mich durchlief's heiß und kalt.
Um uns herum drängte sich das Publikum. Statt ins Kino zu gehen, erwarteten sie eine Vorstellung im Vorraum.
»Na«, sagte ich, »so ganz vorn wird es wohl nicht gewesen sein!«
»Nein«, sagte meine Frau, »ganz vorn nicht.«
»Vonwegen!« brüllte die andere Frau, »ganz vorn nicht. Nein. Erst hat sie ihn hinten angefaßt und dann vorn!«
Jetzt wurde es mir wirklich etwas zu viel. Ich hatte nur die vordere Berührung gesehen, die hintere war mir entgangen.
Ich überreichte der erregten Frau meine Visitenkarte, versprach eine angemessene Geldbuße zu zahlen und zog meine Frau nach draußen.
Hier kam es zu einer häßlichen Szene zwischen uns, denn sie weigerte sich, mit nach Hause zu kommen.
»Ich will den Film sehen!«
»Und noch einem Fremden an die Hose gehen, was?«
»Aber wir haben doch schon bezahlt!«
Schließlich einigten wir uns.
Ich ging heim und meine Frau in ihre Stammkneipe.
Erst weit nach Mitternacht schwankte sie ins Schlafzimmer.
Sternhagelvoll.
Ich zog sie aus, legte ihr eine kalte Kompresse auf die Stirn

und löschte das Licht. Lange Zeit konnte ich nicht einschlafen. Am Morgen suchte ich meinen Rasierapparat.
Er fand sich nirgendwo.
Ich rief meine Frau im Büro an.
»Nein«, sagte Herr Wandrich, ihr Sekretär, »Ihre Frau können Sie heute nicht sprechen, sie ist auf einer Geschäftsreise.«
»So«, sagte ich, »wohin denn?«
»Einen Augenblick – «
Er erkundigte sich und kam dann ans Telefon zurück.
»Hören Sie noch? Ihre Frau ist heute morgen nach Hamburg geflogen.«
»Können Sie mir sagen, in welchem Hotel sie übernachtet?«
»Darüber dürfen wir eigentlich keine Auskunft geben – «
»Es geht nur um meinen Rasierapparat, ich finde ihn nirgendwo – «
Der Sekretär verschwand wieder.
Ich hörte Stimmengemurmel.
Dann war er wieder am Hörer.
»Ihre Frau hat ein Zimmer im Hotel Westland belegt. Aber Sie werden sie dort jetzt nicht antreffen. Sie ist sicher zu geschäftlichen Besprechungen unterwegs.«
»Schon gut. Rasiere ich mich heute eben nicht.«
Am Abend rief ich im Westland-Hotel in Hamburg an.
Meine Frau war noch nicht auf ihrem Zimmer.
Ich wartete bis 22 Uhr, weil dann der Tarif am billigsten ist.
Meine Frau war noch nicht da.
Um Mitternacht rief ich nochmal an.
»Nein«, sagte der Portier, »die Frau Landgrewe können sie momentan nicht sprechen. Aber ich kann Ihnen ihren Mann geben.«
»Gut«, sagte ich, »verbinden Sie mich bitte.«
Es knackte und krachte am Telefon, und dann krächzte eine tiefe Männerstimme etwas, das entfernt nach »Hallo!« klang.
Ich sagte:

»Eigentlich wollte ich Frau Landgrewe sprechen, doch der Portier meinte, ich könne auch den Herrn Landgrewe sprechen.«
Am anderen Ende der Leitung blieb es still.
»Sind Sie noch da?« fragte ich.
»Ja.«
»Und Sie sind Herr Landgrewe?«
»Hören Sie«, sagte der Mann, »wenn Sie meine Frau sprechen wollen, eh – die Frau Landgrewe meine ich, also sie ist im Bad und duscht gerade. Ich kann sie holen, wenn es wichtig ist –«
»Es ist wichtig!«
Er krachte deutlich hörbar aus seinem Hotelbett hoch und rief etwas ins Bad.
Schritte näherten sich.
»Hallo?«
»Hallo! Hör mal, du wirst dich noch erkälten, wenn du mit bloßen Füßen über den Steinfußboden gehst.«
»Ach du bist es«, sagte meine Frau.
»Ja«, sagte ich, »ich bin es, dein Mann, und ich erfuhr gerade von deinem Mann im Bett neben dir, daß du im Bad bist.«
»Erstens bin ich nicht im Bad, sondern am Telefon. Zweitens gibt's hier gar keinen Steinfußboden. Drittens ist der Mann hier im Bett nicht mein Mann.«
Die Auskunft beruhigte mich so, daß ich auflegte. Erst als ich aufgelegt hatte, fiel mir ein, ich hatte ganz vergessen, meine Frau nach dem Rasierapparat zu fragen.
Ich rief nochmal an.
Wieder war der Mann am Apparat und murmelte was.
Er schien ein rechter Muffel zu sein. Was meine Frau nur an so was finden konnte.
»Hören Sie mal!« schrie ich, »wenn Sie so arm sind, daß Sie sich keinen eigenen Rasierapparat leisten können, dann können Sie sich auch nicht eine so teure und anspruchsvolle Frau als Geliebte leisten!«

Er mümmelte undeutlich herum. Dann war wieder meine Frau am Apparat.
»Hör mal«, sagte sie vorwurfsvoll, »so geht das aber nicht mit uns. Du verschreckst mir den guten Peter doch!«
»Was kümmert das mich. Er soll sich gefälligst selber einen elektrischen Rasierer kaufen. Ich find' es einfach unverschämt, wenn du ihm immer meinen mitnimmst.«
»Ach du Dummerchen«, flüsterte meine Frau, »das ist doch ganz viel anders.«
»Was ist ganz viel anders?«
»Ich nehm' ihn dir doch nur weg, wenn ich auf Reisen bin, damit nicht die Frau Weilert an dir Gefallen findet. Sie macht dir immer schöne Augen. Aber ich weiß, sie kann unrasierte Männer nicht ausstehen.«
Ich entschuldigte mich und legte auf. Mir war klar, meine Frau nahm meinen Rasierapparat aus purer Liebe zu mir mit auf ihre Reisen.
Einem liebenden Wesen aber kann ich einfach nicht gram sein.

Neues aus dem Vatikan

Früher wurden wir Freidenker ja nicht ganz ernst genommen. Erst seit wir eine eigene *Freie Landeskirche der Nichtgläubigen* gegründet haben, wächst unser Renommee. Wir zahlen jetzt zehn Prozent der Lohn- oder Einkommensteuer, je nach Veranlagungsart, als Kirchenpfennig; Steuereinziehung und Buchführung obliegen dem Staat, sonstige Zuwendungen an unsere Landeskirche sind steuerfrei, auch werden wir vom Gesetz in allen erdenklichen Formen begünstigt.

Welche internationalen Fortschritte wir machen, zeigte kürzlich der Besuch unserer Delegation im Vatikan. Drei unserer nichtgläubigen Bischöfe wurden sogar vom Papst empfangen, der sich huldvoll nach dem Stand der Gläubigkeit in unserer Kirche erkundigte.

Als Sprecher unserer Delegation versicherte ich, daß wir uns in unserer gläubigen Ungläubigkeit von keiner anderen Kirche übertreffen ließen.

Nun fragte der Papst, ob es stimme, daß wir FKK-Gottesdienste abhielten.

Ich antwortete wahrheitsgemäß, daß wir uns zwar gern nackt bewegten, allerdings nicht bei Gottesdiensten, die es bei uns zweckdienlicherweise nicht gäbe, wohl aber an sommerlichen Stränden.

Natürlich kam es an dieser Stelle der Audienz zu einem längeren Disput über die Moral des Nacktbadens. Der Papst selbst enthielt sich bei diesem Thema jedes Wortes, doch die ihn umgebenden Herren, durchweg gesetzteren Alters, sprachen sich derart extrem dagegen aus, daß unsere Delegation in

Verlegenheit geriet. Zwar verstanden wir die Gründe der Gegenseite, doch die Schärfe der Argumentation und die Lautstärke der Ablehnung mißfielen uns. Wie sollten wir ihrerseits dem begegnen, ohne die Würde des Ortes durch unschickliches Schreien zu verletzen. Bevor die Auseinandersetzung endgültig ausuferte, nahm ich den Herrn Papst beiseite und richtete ihm aus, was meine Frau mir aufgetragen hatte.
Mein mir angetrautes Weib nämlich, das, wie ich einräumen muß, nicht unbeeinträchtigt blieb von modernen emanzipatorischen Gedanken, mißbilligte vor allem die Sonderstellung der weiblichen Brust. Wenn der feminine Busen als sekundäres Geschlechtsmerkmal dem Schamgebot unterliege und züchtig zu verhüllen sei, sagte meine Frau, dann stelle dies die gemeinste Diskriminierung ihrer Geschlechtsgenossinnen dar. Ebenso nämlich könne man argumentieren, die männliche Brust, auf die man doch jederzeit und in aller Öffentlichkeit stoße, sei ein sekundäres Geschlechtsmerkmal und also zu verbergen.
Der Papst hörte sich ganz ruhig an, was ich ihm, immer im Namen meiner Frau, ausrichtete, und dann stellte er einige Fragen, die seine detaillierte Sachkenntnis im Bereich der menschlichen Anatomie bewiesen. Jedenfalls ist es nicht so, wie bösartige Kritiker Roms behaupten, daß man am Heiligen Stuhle den Unterschied zwischen Mann und Weib gar nicht kenne oder daß die höheren Kirchenführer ihn, ihres fortgeschrittenen Alters halber, total vergessen hätten.
Ich entwickelte die Überlegungen meiner Frau weiter bis zu dem einleuchtenden Punkt, wonach das Gebot, die weibliche Brust zu verhüllen, zweifellos von Männern erteilt worden sein müsse. Frauen störten Frauenbrüste nun mal nicht. Wie ja auch Männer keinen Anstoß an nackten Männerbrüsten nähmen. Das aber hieße, zwischen den Geschlechtern einen ebenso ungerechten wie bedeutenden Unterschied zu machen. Der Mann nämlich setze sich selbst als Mann über die

Frau, ja, er sähe sich als den normalen Menschen an, wie die männliche Brust als normal-menschlich genommen werde, die jederzeit entblößt vorgewiesen werden dürfe. Der Zwang, den Busen strikt zu bedecken, erniedrige das Weib und dränge es in eine unterlegene Position.
Kurzum, ließ meine Frau mitteilen, der Papst solle doch am Beispiel der Ungleichbehandlung von männlichem und weiblichem Oberkörper einmal über die Unterdrückung der Frau nachdenken, und wenn die römische Kirche sich schon nicht für das ganze FKK-Leben entscheiden wolle, so solle sie doch wenigstens den weiblichen Busen vom einseitigen Makel des Schamvollen erlösen.
An dieser Stelle deutete der Herr Papst ein verständnisvolles Nicken an.
Heimgekehrt von der Reise, lieferte ich meiner Frau einen recht hoffnungsvollen Bericht zur Lage. Der Papst hatte aufmerksam und geduldig gelauscht, ließ das nicht auf den allerbesten Willen schließen?
Tatsächlich gibt es ja nun in der letzten päpstlichen Verlautbarung über *»Grundsätzliche Sexualmoral«* jene in aller Welt als sensationell empfundene Stelle über die phänomenal-theologische Gleichwertigkeit der männlichen und weiblichen Brust. Der Fortschritt ist auch in der römischen Kirche nicht aufzuhalten, er schreitet nur etwas langsamer, ganz nach dem Motto: zwei Schritt vor, drei Schritt zurück.
Fortan nämlich müssen auch wir Männer jederzeit unsere Brüste verhüllen, denn, so wird ausführlich kundgetan, was den Frauen zugemutet werde, müsse den Männern auch aufgetragen sein. Überdies diene angesichts der verstärkt grassierenden Homosexualität die nackte Männerbrust im verstärkten Maße sexueller Stimulation, was die strikte Bedekkung des sekundären Männergeschlechtsmerkmals unabdingbar erscheinen lasse.
Wie ich höre, hat die Bademodeindustrie dem Papst schon

begeistert zugestimmt, und die kriselnde Textilindustrie ist munter dabei, sich durch die Produktion von mehreren Milliarden männlicher Brusthalter in einen neuen Boom hineinzuretten.

Das Isolierband

Ein Gespräch zwischen Gerhard und Zwerenz

Gerhard: Das ist wohl so eine Marotte von dir, daß du dich gern in zwei Personen aufteilst?

Zwerenz: Nein, ich bin schon als Zwilling geboren worden.

Gerhard: Ein- oder zweieiig?

Zwerenz: Ich meine das Sternbild des Zwillings.

Gerhard: Was? An den horoskopalen Schwindel glaubst du, ein aufgeklärter Mensch, auch noch?

Zwerenz: Es gefällt mir nicht, wenn du mich so einfach duzt.

Gerhard: Du duzt mich auch.

Zwerenz: Du bist für mich der Gerhard. Für dich aber bin ich immer noch der Herr Zwerenz.

Gerhard: Meinetwegen. Also, Herr Zwerenz, Sie glauben tatsächlich an die Astrologie?

Zwerenz: Nein.

Gerhard: Sie sagten, Sie seien ein Zwilling.

Zwerenz: Ich wurde im Juni geboren und fühle mich tatsächlich zweigeteilt. Zum Beispiel in dich und mich.

Gerhard: Wer von uns beiden ist der bessere?

Zwerenz: Wir sind beide gleich schlecht. Weil einer allein gar nicht so schlecht sein kann, haben wir uns aufgespalten.

Gerhard: Wie Kurt Tucholsky. Der war noch schlechter. Er schrieb sogar unter fünf Namen. Mit vier Pseudonymen und seinem eigenen Namen. Der war vielleicht auch ein Pseudonym.

Zwerenz: Tucholsky war ein Fünfling. Jedenfalls schuf er sich eine Fünflingsfamilie zum Schreiben. Wir aber sind zweigeteilt, mein Lieber.

Gerhard: Ich muß meist die undankbaren Rollen übernehmen.

Zwerenz: Einer von uns beiden muß hin und wieder den seriösen Herrn spielen. Das kannst du gar nicht. Du bist treuherzig, geradezu und doof. Du hast noch nie im Leben eine Krawatte getragen.

Gerhard: Sie tragen auch keine.

Zwerenz: Ich könnte mir aber eine umbinden, und dann paßte sie zu mir. Zu dir gehört das Bier, die Vorstadt und die Weiberwirtschaft.

Gerhard: Und zu Ihnen, was paßt dazu?

Zwerenz: Einmal im Jahr besuche ich die Jahrestagung des PEN-Clubs. Da würden sie dich gar nicht aufnehmen, du Rauhbein.

Gerhard: Na, so arg vornehm sind Sie nun auch wieder nicht.

Zwerenz: Ich könnte es sein. Jedenfalls bring' ich den Part manchmal beinahe glaubhaft. Immerhin stammen von mir diejenigen Bücher, die man als seriös, anständig und vorzeigenswert einschätzen kann. Von dir dagegen –

Gerhard: Ich weiß, ich bin der arge Zwilling. Der böse Bube und Undergroundler. Von mir rührt das Pornografische her, ich schreibe den Gassenjargon. Politisch stehe ich immer mit einem Bein im Zuchthaus. Drüben in der DDR war ich der Antikommunist. Hier in der BRD bin ich der Kommunist. Mich senden Sie immer aus, wenn Sie vorhaben, auf den Putz zu hauen.

Zwerenz: Es wird auf die Dauer furchtbar langweilig, brav zu leben. Meine Güte, diese leise, leere Sprache, die netten Gesten in einer Gesellschaft von akademischen Hohlköpfen. Man muß dazu geboren sein, will man das aushalten.

Gerhard: Ich beschwer' mich ja gar nicht. Sie schickten mich mitunter in recht interessante Gegenden. Was die Weiber angeht – Pardon – Sie würden ja von Damen sprechen –

Zwerenz: Beides ist gleich schlimm.

Gerhard: Na scheiß drauf –

Zwerenz: Das wiederum, mein Freund, geht zu weit –

Gerhard: Bei Ihnen weiß man nie, was man bringen soll. Erst heißt es, man sei der schwarze Mann, der Grobian, der Schreckliche. Gibt man sich gehorsam, ist's auch wieder nicht recht.

Zwerenz: Red nur, wie dir der Schnabel gewachsen ist.

Gerhard: Jetzt bin ich raus. Warten Sie, ich muß erst einmal überlegen –

Zwerenz: Du und überlegen?

Gerhard: Dann frag' ich was anderes. Wenn Ihnen seriös auf die Dauer nicht behagt, warum schmeißen Sie dann nicht alle Rücksichten von sich und gehen als Elefant im Porzellanladen?

Zwerenz: Weil ich das nicht bin. Dazu fehlt mir einiges und von manchem anderen habe ich zu viel –

Gerhard: Aber ich – ich soll das auf mich nehmen.

Zwerenz: Du bist meine dunkle Seite. Mein Katzenjammer. Mein mörderischer Schatten. Mein lieblicher Schmutzfink.

Gerhard: Na gut. Ich bin's so ungern nicht. Ich fühl' mich ganz wohl im Untergrund, Sie nehmen bei den Weibern oder Damen den Kopf und ich kümmere mich um's Untere. Sie besuchen den PEN-Club und ich scheiß' denen mitten auf den Teppich. Es gab auch schon ganz erlesene, erlauchte Versammlungen, da gingen Sie hin und ließen mich dann drüber schreiben, da waren die feinen Pinkels dann sehr erschrocken.

Zwerenz: Ja mein Lieber, wir haben manchmal Besetzungsschwierigkeiten. Wie gut ging's demgegenüber diesem Oscar Wilde, der war erst der Lieblings-Dandy-und-Dichter der guten englischen Gesellschaft. Dann sperrten sie ihn ein und sahen nur noch seine rabenschwarze Seite, bis er krepierte.

Gerhard: Manche Ihrer Ausdrücke, mein Herr, sind auch nicht eben comme il faut –

Zwerenz: Sagte ich ja, wir haben manchmal Besetzungsprobleme.

Gerhard: Weißt du noch –

Zwerenz: Du sollst mich nicht duzen –

Gerhard: Wissen Sie noch, wie Sie dieser blaublütigen französischen Herzogin was gezeigt haben –

Zwerenz: Das war nicht ich. Das warst du!

Gerhard: Sie waren das!

Zwerenz: Ich benehme mich nie derart daneben. Außerdem übereignete ich das, was da vorgewiesen wurde, zum Gebrauch an dich. Endlich liegt der Fall sehr lange zurück.

Gerhard: Dabei war die Dame davon höchst entzückt.

Zwerenz: Wir leben in unmoralischen Zeiten.

Gerhard: Ein Glück, daß die meisten Leute nicht wissen –

Zwerenz: Was nicht wissen?

Gerhard: Daß wir zwei sind.

Zwerenz: Unsere guten Bekannten profitieren davon.

Gerhard: Wegen der Abwechslung, die wir bringen.

Zwerenz: Ich glaube, du bist eine reine Parodie auf mich.

Gerhard: Oder Sie auf mich.

Zwerenz: Stimmt es, was Freimut Duve erzählt. Er wollte dich auf der letzten Buchmesse mit Herrn Joachim Fest bekanntmachen und fragte höflich: »Kennen Sie sich?« Daraufhin hast du dem Herrn Fest erst respektlos ins Gesicht und dann auf die vorgestreckte Hand geblickt und ausgerufen: »Nein!« – und bist mit einer barschen Wendung davongestampft. Trifft das wirklich zu?

Gerhard: Ich kann's nicht leugnen.

Zwerenz: Dafür werd' ich in der FAZ wieder tüchtig Prügel einstecken. Nicht nur Antisemit für die, sondern ein unhöflicher Klotz. Du bringst mich wirklich überall in Verruf, du lausiger Kerl du!

Gerhard: Ich dachte, dafür bin ich bei Ihnen angestellt.

Zwerenz: Du mußt doch nicht gar so übertreiben. Ein wenig kluger Anstand wäre schon mal angebracht gewesen.

Gerhard: Sie sollten froh sein, daß ich dem Herrn nicht so richtig die Meinung gegeigt habe – überhaupt, ich hätte schon Lust, mal tüchtig vom Leder zu ziehen – ah – das wär' ein Fest!

Zwerenz: Komm mal her, du!

(Gerhard tritt nahe an Zwerenz heran. Zwerenz verklebt Gerhard das freche Maul mit Isolierband.)

Zwerenz: So, der wär' für die nächste Zeit erstmal schön zum Verstummen gebracht...

(Gerhard macht eine unheilbar obszöne Geste und entfernt sich.)

Zwerenz: Na den bin ich auf eine kleine Weile los.

(Dabei glitzert ihm im Aug' eine einsame Träne.)

Hurra! Der Mord an mir kommt als Buch

»Das ist ja hochinteressant!« sagte meine Frau und unterstrich einen Zeitungsartikel Zeile für Zeile dick mit Rotstift. Merkwürdig, dachte ich, daß deine Frau von einem Bericht so gefesselt ist. Sonst sagt sie immer, die Presse unterschlage das Wichtigste, das Unwichtige aber blase sie auf zur großen Sensation.

Ich verschwand in mein Arbeitszimmer. Es gab allerhand zu tun.

Zwei Stunden später, als ich mir eine Tasse Kaffee aus der Küche holte, saß meine Frau noch immer mit der Zeitung vor sich am Frühstückstisch. Als ich vorbeikam, blickte sie auf.

»Hast du nichts Besseres zu tun«, fragte ich. »Wie wär's mit Tippen? Manuskripte sind genug da!«

»Der Artikel hier ist wichtiger!«, sagte meine Frau kurz.

Ich jedenfalls hatte keine Zeit, meine kostbare Arbeitskraft mit Zeitungslektüre zu verschwenden. Einer im Haus mußte schließlich das Brötchengeld verdienen.

Mittags tuschelten meine Frau und unsere Tochter miteinander.

»Geht's immer noch um diesen verdammten Artikel?«, brummte ich.

»Ja!«, sagte meine Frau.

»In diesem Bericht steckt wirklich was drin!« sagte meine Tochter.

»Na wenn schon!« Ich zog mich grollend zurück.

Beim Abendessen meinte meine Frau beiläufig: »Diese Inge van Burg hat ihren Geliebten erschossen.«

»Ja«, sagte ich, »das ist mir nicht verborgen geblieben. Es steht in allen Blättern. Man bekommt es durch Radio und Fernsehen mitgeteilt. Die Illustrierten berichten darüber. In Kürze erscheint sogar ein Buch.«

»Das ist nicht das wirklich Interessante an dem Fall!«, stellte meine Tochter sachlich fest.

»Was soll an so 'ner Geschichte schon dran sein«, suchte ich abzuwiegeln. »Das gab's schon 100mal. Alternde Schauspielerin erschießt aus großer Eifersucht ihren viel jüngeren Liebhaber.«

»Das ist nicht interessant!«, stimmte meine Frau zu.

»Das nicht!«, bestätigte meine Tochter.

»Na also!«

»Wichtig ist etwas ganz anderes, mein Lieber!«

Ich sah meine Frau erstaunt an. Auch ihre Stimme enthielt jetzt das nervöse Schwanken und Vibrieren. Ganz wie bei meiner Tochter. Meine Frau aber steckte nicht in der Pubertät. Dessen war ich sicher, und vielleicht war es das einzige, was ich noch ziemlich sicher wußte, soweit es meine Familie betraf.

»Also«, sagte meine Frau, »nun hör mal schön zu: Diese eifersüchtige Schauspielerin war bankrott.«

»Ja«, sagte ich, »und ihr Liebhaber war es auch.«

»Und jetzt ist der Mann tot, und der Frau geht's viel besser!«

»Besser nennst du das? Wo die van Burg als Mörderin angeklagt ist und mindestens wegen Totschlags verurteilt werden dürfte?«

»Wieso Totschlag«, wunderte sich meine Tochter, »wo sie ihn doch peng-peng-peng mit dem Revolver, das ist doch totschießen, nicht totschlagen. –«

»Mädchen«, sagte ich, »so lautet nun mal der gebräuchliche juristische Fachausdruck. –«

»Jetzt weiß ich's«, sagte meine Tochter.

»Immerhin verdient die Mörderin oder Totschlägerin jetzt

viel Geld«, sagte meine Frau träumerisch. »Inge van Burg hat alles aufgeschrieben und ihre Story verkauft. Eine Illustrierte zahlt eine hohe Summe dafür. Dann erscheint die Geschichte als Buch. Das bringt nochmal Honorare. Sicherlich wird der Fall verfilmt. Ergibt wieder Zuwachs auf dem Konto. Dafür kann man sich schon einige Zeit ins Kittchen setzen!«
Die Tonlage, in der meine Frau das rausbrachte, gefiel mir überhaupt nicht.
»Erstens«, sagte ich, »war diese Frau van Burg eine berühmte Schauspielerin. Zweitens war der Erschossene ein bekannter Finanzmakler, ein Reiter und Vertrauter geschiedener Millionärsgattinnen – die Sensation, die sich aus seinem Tod ergibt, ist, wie sich bei näherer Betrachtung zeigt, abhängig vom Grad der Prominenz aller Beteiligten.«
Meine Tochter lachte laut: »›Ein Reiter und Vertrauter von Millionärsgattinnen‹ hast du gesagt!« Das Mädchen lachte noch lauter.
Dann wurde meine Tochter traurig: »Mit der Prominenz, da hast du leider recht. –«
»Hm«, sagte meine Frau.
Schweißtropfen traten auf ihre Nase. Wie ich sie kannte, dachte sie jetzt intensiv nach.
Ich zog es vor, die Pause zu nutzen und zog mich in mein Zimmer zurück.
Meine Frau kam mir kurze Zeit später nach.
»Was gibt's?«
»Du bist«, sagte meine Frau, »als Schriftsteller zwar kein Genie, aber einigermaßen bekannt. –«
»Eingermaßen bekannt schon. –«
»Das muß reichen! Du stimmst auch mit mir überein, daß unsere finanzielle Lage nicht gerade rosig ist, wie?«
»Was heißt hier rosig, es geht uns nicht besonders gut, aber auch nicht besonders schlecht. –«
»Das ist nicht genug!«, sagte meine Frau energisch. »Ange-

nommen, ich schösse auf dich wie Inge van Burg auf ihren Liebhaber. –«
»Du vergißt, mein Liebling, ich bin nicht dein Liebhaber, sondern dein Ehemann. –«
»Ein Grund mehr, auf dich zu schießen. –«
»Wenn du meinst. –«
»Glaubst du nicht auch, der Fall wirbelte ganz schön Staub auf?«
»Beim billigen Sensationsbedürfnis der Massen – naja.«
»Und die Zeitungen berichteten in riesigen Schlagzeilen darüber?«
»Die Revolverblätter!«
»Die Illustrierten machten mir lukrative Angebote.«
»Da diesen Burschen nichts heilig ist.«
»Unser Fall käme als Buch und später als Film groß heraus?«
»Es wäre nicht ausgeschlossen.«
Jetzt maß meine Frau mich wieder mit diesem durch Mark und Bein gehenden Blick. Drehte sich um und ließ mich allein. Was nun.
Ich rauchte meine Zigarre nicht zu Ende. Stellte den kleinen Portable, unser eben erstandenes Zweitfernsehgerät, auf höchste Lautstärke und verließ das Haus heimlich über den Balkon.
Von der Stadt aus rief ich daheim an.
»Wir haben schon bemerkt, daß du geflüchtet bist!«, schimpfte meine Frau.
»Man kann viel gegen mich vorbringen«, antwortete ich, »aber ich bin gewiß nicht lebensmüde.«
»Du warst noch nie ein guter Familienvater«, sagte meine Frau.
»Was soll denn das heißen?«
»Daß es mich nicht wundert, wenn du Frau und Kind bei Nacht und Nebel verläßt.«
»Nacht ist zwar«, sagte ich, »aber Nebel nicht.«

»Die Wetterlage ist mir vollkommen egal. Sei mal ehrlich: Besteht Aussicht, daß eines deiner Bücher ein Bestseller wird?«

»Schwerlich!«

»Stehen Film und Fernsehen Schlange bei uns nach deinen Drehbüchern?«

»Auch nicht. Ich gelte als problematischer und zu subtiler Autor!«

»Na also. Dann mußt du auch wissen, was du zu tun hast.«

»Und was habe ich zu tun?«

»Dafür zu sorgen, daß es deiner Familie gut geht.«

Sie hängte ein.

Ich nahm ein Taxi zum Flughafen.

Dort angelangt, nannte ich dem Fahrer meine Adresse.

»Was wollen Sie nun – wegfliegen oder heimfahren?«, brummte der Taxifahrer.

»Heimfahren und wegfliegen«, sagte ich.

Der Mann starrte mich verwundert an.

»Schon gut, fahren Sie mich nach Hause!«

Seither sind gut fünf Monate vergangen.

Die Story haben wir gemeinsam entwickelt. Meine Frau, meine Tochter und ich.

Es ist alles bis ins kleinste Detail vorbereitet.

Manuskript schon sauber geschrieben.

Außerdem die ersten Interviews meiner Frau und meiner Tochter bereits ausgearbeitet.

Die Illustrierten-Story.

Die Roman-Fassung.

Das Film-Drehbuch.

Für alle Fälle schrieben wir noch eine längere Fernseh-Version. 24 Folgen. Man kennt doch die Brüder.

Die Pistole habe ich auch besorgt. Schweres Kaliber.

Jetzt ist es soweit.

Morgen stehe ich in allen Zeitungen. Mein Weltruhm ist unaufhaltsam, die Zukunft meiner Familie gesichert.

Draußen auf dem Flur vor meinem Arbeitszimmer höre ich Schritte. Meine Frau geht ans Werk.
Die Tür zu meinem Zimmer öffnet sich. Gleich wird der Schuß fallen.
Über alles Folgende informiert Sie die Presse.
»Peng...peng...peng...«

Wetten, daß ich Tucholsky drucken würde?

»Sie wollen also für uns schreiben«, sagte der Chefredakteur und fixierte mich argusäugig.
Ich hatte extra meinen besten Anzug angezogen, was nicht schwer war, denn es gab keinen außer dem einen. Dazu machte ich ein Gesicht, in dem deutlich zu lesen stand: *Ich kann kein Wässerchen trüben.*
»Was wollen Sie denn für uns schreiben?« fragte der Chefredakteur.
»Oh – ich dachte so humoristische Dinge – dachte ich...«
»Hm. Humor ist der Stuhlgang der Seele. Lachen ist die beste Medizin. Humor ist, wenn man trotzdem lacht – ich verstehe – wir verstehen uns. Und worüber wollen Sie uns lachen lassen?«
»Vielleicht über UFOS?«
»Was soll denn heiter sein an diesen Unbekannten Flug-Objekten?«
»Also – das ist doch vor allem üble Geschäftemacherei.«
»Nun hören Sie mal zu, mein Herr. Eine Zeitschrift lebt von den Anzeigen und unter unseren Annoncenkunden sind auch Verleger, die UFO-Bücher herausbringen.«
»Dann könnte ich vielleicht eine Satire – nein Humoreske über den Exorzismus...?«
»Niemals. Da kriegen wir es mit der Kirche zu tun.«
»Ich wollte ja nur humoristisch –«
»Das ist ja eben das Schlimme. Ernste langweilige Abhandlungen liest sowieso keiner, aber mit einer leichten heiteren Sache können Sie schwer einbrechen...«

»Wie wär's dann mit einer Glosse über das Bermuda-Dreieck?«
»Glänzend! Das machen Sie mal. Also der Ozean öffnet sich, die Passagiere fangen an zu lachen, die gesamte Schiffsmannschaft lacht und schon geht der Dampfer unter. Das ist Humor!«
Der Chefredakteur war aufgesprungen, um den Schreibtisch herumgekommen und schüttelte mir die Hände.
»Ich dachte«, sagte ich ein wenig verlegen, »man müßte vielleicht ein wenig anders lachen lassen.«
»So? Wie denn?«
»Na, das Dreieck ist ganz anders. Und es gibt dort Piraten, die überfallen die Schiffe, bringen Besatzung und Reisende um und ...«
»Viel zu gesellschaftskritisch, mein Lieber, so was will doch heute niemand mehr hören ... Piraten! Nein! Nein!«
»Wenn das so ist, dann schreib' ich ein paar Glossen über erfolgreiche Schriftsteller.«
»Zum Beispiel?«
Ich nannte ein paar Namen.
Der Chefredakteur warf sich zu Boden und preßte die Hände gegen seine Ohren.
»Schluß damit!«
Ich schwieg beeindruckt.
»Wollen Sie mich vernichten? Unser Blatt ruinieren?«
»Aber diese Autoren leben doch nur davon, daß sie die Leute in ihrem Nichtwissen und Aberglauben bestärken. Sie veröffentlichen dicke Wälzer über Dinge, die wissenschaftlich längst widerlegt sind. Das telekinetische Verbiegen von Gabeln und Schlüsseln war ein ausgemachter Schwindel. Die Angriffe außerirdischer Monster sind schiere Fantasieprodukte. Solange so was als informativer Lesestoff ausgegeben wird, ist es doch nur recht und billig, die ganze Richtung lächerlich zu machen.«

Der Chefredakteur erhob sich kurz und nahm gleich wieder hinter seinem Schreibtisch Platz.
»Lachen können Sie, worüber Sie wollen, aber nicht in meiner Zeitschrift.«
»Also ist es Essig mit dem Humor?«
»Wahrhaft heiter ist, wenn Sie unsere Leser über etwas schmunzeln lassen, was keinem weh tut und niemanden zum Widerspruch reizt. Am besten reiben Sie sich an unseren kleinen liebenswerten Schwächen. Jeder Mensch hat mal Zahnschmerzen. Na also. Schreiben Sie eine Humoreske über einen Besuch beim Zahnklempner – nein, das ist doch nicht so gut. Beim Zahnarzt erleidet man ja wirklich Schmerzen, und wenn die Leser bei der Lektüre daran erinnert werden, schadet das unserem Image. Außerdem nehmen Zahnärzte leicht übel.«
»Also nichts über Zähne, Chef?«
»Vielleicht sollten Sie über das schreiben, was die Leute träumen.«
»Es gibt auch Alpträume, Chef –«
»Am besten wäre, Sie bringen mir was Lockeres über die Liebe. Natürlich ohne schlimme Worte und Sex. Nur so heiter und zärtlich, das erste Kennenlernen und lange vor dem ersten Krach –«
»Was Lockeres über die Liebe – hm.«
»Und da schreiben wir dann *Satire* drüber, damit der Leser versteht, es ist Literatur, worüber er sich amüsiert.«
»Aha – ich verstehe, die Methode des Satirikers Tucholsky, der manchmal charmante Liebesgeschichten veröffentlicht hat –«
»Tucholsky!« rief der Chef, »das ist das Stichwort. Jetzt verraten Sie mir bloß mal, warum wir heute keinen Tucholsky haben!«
Ich versuchte, mir die Antwort zu verkneifen, aber dann platzte ich heraus: »Chef, das liegt an den Chefs!«
Der Chefredakteur stimmte mir begeistert zu: »Nehmen Sie

den Hildebrandt! Ein Mann mit glänzenden Gaben. Aber die Fernsehbosse zwicken und zwacken ihn wegen der *Notizen aus der Provinz* und herauskommt an Ende leider keine Satire.«

»Wenn er die macht, wird's nicht gesendet, Chef!«

»Sag ich doch!«

»Und so«, zähle ich auf, »geht's überall. Heute ist die Autorenedition das beste Pferd im Stalle Bertelsmann und morgen wird sie als Schindmähre weggegeben. Der Bissinger darf eine Weile bissig sein, aber dann ist er keinen Sterntaler mehr wert. Im *Spiegel* gab's mal einen Morlock, einen Köhler und ich weiß nicht wen noch als satirischen Kolumnisten, heute sind sie alle weggespiegelt. Die einzige einschlägige Zeitschrift *Pardon* hat soviel Angst vor der Satire, daß sie sich seit Jahren schon abmüht, eine Mischung von Sachbuch und Genossenschaftsblatt zu werden. Satire passiert bei uns nur aus Versehen, wenn ein Wachorgan oder Proporzpolizist geschlafen hat.«

»Letztlich«, faßte der Chef zusammen, »liegt der Grund dieses Elends darin, daß es heute keinen Tucholsky mehr gibt.«

»Den«, sagte ich, »gibt es nicht mehr, weil wir keine *Weltbühne* haben – «

»Übrigens«, unterbrach mich der Zeitungsmacher, »neulich der Neuß in der ARD. Der Mann ist vielleicht kaputt. Also geistig war er ja noch da, aber ausgesehen hat er wie – wie –«

»Wie ein Satiriker in der BRD aussieht«, sagte ich.

»Nanana«, protestierte der Chefredakteur, »alles können Sie nicht der Politik anlasten, der Neuß soll ja auch Medikamente und so was geschluckt haben.«

»Wenn er so was geschluckt hat, dann, weil er die Wirklichkeit nicht mehr aushielt. Der Stairiker wird leicht seine eigene Satire. Eine lebende Satire auf sich selbst.«

»Vergessen Sie nicht, Tucholsky mußte sich damals auch verkaufen. Er schrieb Humoresken für bürgerliche Zeitungen und verdiente sich damit ein Zubrot.«

»Neuß kann sich kein Zubrot verdienen. Ihn druckt niemand, ihn läßt niemand mehr auftreten.«
»Also bei uns dürfen Sie alles.«
»Das höre ich gern. Dann schreibe ich als erstes eine Polemik.«
»Polemik? Schöööн. Gegen wen dachten Sie denn?«
»Gegen die neue Zehnpfennigbriefmarke. Weil sie übergroß ist. Mir tut die Zunge weh vom vielen Lecken.«
»Geht nicht. Der Postminister ist SPD.«
»Vielleicht sollte ich gegen jemand von der CDU polemisieren?«
»Keinesfalls. Da wären wir ja unausgeglichen.«
»FDP?«
»Keinesfalls.«
»Gegen die Grünen?«
»Hm. Das ist zu überlegen. Nein. Unser Lehrling in der Druckerei soll mit den Grünen sympathisieren. Den wollen wir doch nicht vergraulen. Ich plädiere für Minderheitenschutz.«
»Also dann ziehe ich eine Polemik gegen einen großen Literaturkritiker ab.«
»Einen großen Literaturkritiker – sagten Sie? Gibt's denn so was?«
»Hm. Darf ich nun oder darf ich nicht?«
Ich las es dem Chefredakteur vom Gesicht ab. Ich durfte nicht. Na wie denn auch. So ein Mann hat schließlich seine Erfahrungen gemacht. Und wenn nicht, macht er sie. Bitterer Lorbeer.
»Hören Sie«, sagte der schwergeprüfte Mann, »Polemik, Ironie und Satire sind frei und immer gefragt bei uns. Nur sollten Sie sich nicht mit der Mafia anlegen.«
»Wollte ich doch gar nicht!« entfuhr es mir. Ich war schon immer vorlaut. Ein Geburtsfehler. Zurück mit euch, ihr Worte, in den tiefsten Schlund.

Mir kam ein rettender Gedanke. Lebten wir nicht in der Bundesrepublik? »Wie wär's mit einem flotten antikommunistischen Artikel?« rief ich aus, ein wenig gereizt, wie ich zugeben muß, doch keineswegs entmutigt oder resigniert. (Man weiß doch, was sich gehört.)
Wie heißt bloß die Farbe bleicher als bleich.
»Nein! Ja nicht! Wir vergeben Billigaufträge in den gesamten Osten. Wollen Sie uns wirtschaftlich schaden?«
»Nein.«
Der Chef sah mich traurig an. Ich merkte, er war wirklich gutwillig. Ein Mensch mit den lautersten Absichten und dem besten Willen. Er hatte ein Herz für Satire. Nur keine Gelegenheit. So ist das Leben.
»Also«, sagte der Chefredakteur, »wenn Sie keinen finden, gegen den Sie polemisieren wollen, dann drucken wir eben einen Originalartikel von Tucholsky nach.«
Es verschlug mir den Atem. Jetzt war ich wirklich erbost. »Das hab ich gern«, schrie ich, »einen toten Polemiker gegen einen lebenden ausspielen. Wenn Tucholsky heute lebend vor Ihnen stünde, dann erginge es ihm genauso wie unsereinem. Er dürfte radikal nichts und gar nichts sagen. Wo aber doch, bliebe er wegen politischer Unausgeglichenheit ungedruckt.«
»Wetten, daß ich Tucholsky drucken würde, lebte er heute?« sagte der Chefredakteur. Nein. Er flüsterte es. Außer mir sollte ihn keiner hören.
»Ja«, sagte ich, »Sie druckten Tucholskys Annonce, in der unser größter Satiriker als Arbeitsloser um eine Stelle nachsuchte.«
»Wir würden ihn sogar bei uns einstellen«, zischte der Mann.
Von der Tür aus zischte ich zurück:
»Ja. Als Zeitungsausträger.«

Charly ewig

Chaplin hat Hitler um leihweise Hergabe seines Schnurrbarts gebeten. Die Verhandlungen dauern an.

Kurt Tucholsky

Es ist noch viel zu wenig bekannt, daß Adolf Hitler anfangs versucht hat, Charly Chaplin nachzuahmen. Eine gewisse Ähnlichkeit der Mimik und des Gesichts war unleugbar, woran Hitlers Bärtchen einige Schuld trug, das ja echt war, während Chaplin das seine meist nur anklebte. Auch was die Bewegungen betraf, gelangen sie Hitler mehrfach täuschend echt, so daß er, im großen ganzen jedenfalls, durchaus in der Rolle Chaplins hätte auftreten können, wäre nicht seine verräterische Stimme gewesen.
Läßt man sich heute die sechs Filme vorführen, in denen Hitler in der Rolle Chaplins agierte, bemerkt man, wie perfekt die Nachahmung gelungen ist, solange Hitler schweigt. Spricht er aber nur ein einziges Wort, fällt jede Täuschung in sich zusammen. Die Sprache verrät den Führer, so sehr er sich auch tarnen mag. Selbst in dem Film »Der kleine Diktator«, in dem Hitler Chaplin geradezu genial spielte, indem er vortäuschte, Chaplin spiele Hitler, wird noch an einigen Stellen kenntlich, wer die Rolle in Wirklichkeit spielt.
Wahrscheinlich ist Charly derjenige Schauspieler, der wie kein anderer auf unseren Nachahmungstrieb wirkt. Es gab wohl keinen in diesem Jahrhundert Geborenen, der als Junge nicht Charlys Watschelgang nachgewatschelt hätte. Sein

Stöckchen, sein Hut wurden Mode. Seine Art, mit den Augen zu rollen, nichtssagend viel zu sagen, den gräßlichsten Abenteuern zu entkommen, nur um sofort in ein weit gefährlicheres verstrickt zu werden, dies alles zählt zu den Insignien unserer Epoche, gleichberechtigt mit dem Düsenflugzeug, dem Konzentrationslager, der Pille und der Kernwaffe.

Insgeheim war mir schon lange klar gewesen, daß Chaplin kein einzelner Mensch sein konnte. Natürlich hatten die Filmbrothers für eine perfekte Biografie gesorgt, unter Berücksichtigung hundertprozentig publikumswirksamer Daten. Da war der junge *Charles* als abgerissener Hungerleider aus England nach Amerika eingewandert. Da hatte er Hunderte von Stummfilmen und hernach Dutzende von Tonfilmen mit seiner Gestalt bereichert. Das saß alles zu genau, um krumme Wirklichkeit zu sein. Schon bei meinen ersten Recherchen verwunderte mich die Tatsache, daß die Mädchen und Frauen, die Charly intim kennen wollten, eine derart hohe Zahl ausmachten, wie ein einzelner Mann sie nie erreicht haben konnte. Selbst bei äußerst potenzierter Virilität konnten die Mengenangaben nicht stimmen.

Wie sich bald zeigte, kauften die US-Filmbrothers, denen es an Dollars nicht gebrach, überall in der Welt diejenigen Männer ein, die die Menschen ihrer Umgebung zum Lachen brachten und nicht mehr als hundertfünfundfünfzig Zentimeter maßen. Man nannte dies das *Lachmaß*. Erreichte ein Charly mehr Körperlänge, wollten die Zuschauer nicht mehr so viel lachen. Erreichte einer das Maß nicht, schien er den Leuten eher pathologisch denn komisch. So klein ist der Spielraum für Humor.

Natürlich wäre ich noch immer unsicher gewesen, hätte nicht der Computer *Lachmaster* Gewißheit verschafft. Ich fütterte dem Computer alle nur verfügbaren Daten ein, die zum Resultat *Lachen* führen, und immer erschien als Antwort des Elektronenhirns der Name *Charly Chaplin*.

Von da an war mir klar, es handelte sich um einen Decknamen, hinter dem sich mehrere Künstler verbargen. Alle großen Lachkanonen der Erde summierten sich zu Charly.
Gemeinhin gilt der Tellerwäscher, der sich in Amerika zum Millionär hochgearbeitet hat, als Personifizierung des amerikanischen Traums. Aber was ist ein Tellerwäscher gegen Charly, was ein Millionär gegen Chaplin. CC kam an und hatte Löcher in den Schuhsohlen, kein Hemd auf dem Leib, einen zerfetzten Hosenboden, und mit dem Gesicht war's auch nicht soweit her, der Hunger sah ihm aus den Augen – Und was machte er daraus? Einen Multimillionär, der alle Leute zum Lachen und Weinen brachte. Das eben bezeichnet auch den Punkt, an dem Hitler seiner eigenen Unzulänglichkeit gewahr wurde. Er konnte ganze Völker zum Brüllen und auch zum Weinen bringen, nie aber zum Lachen. Deshalb nahm er sich 1945 das Leben. Er wäre gerne Humorist gewesen. Er hatte bei Charly abgeguckt, daß große Kunstwerke immer tragisch beginnen und komisch enden. Doch mit Hitler begann es komisch und endete tragisch.
Als die Frau eines Arbeiters im Dritten Reich schwanger wurde, bat der Mann einen Bekannten, der in einer Metallfabrik arbeitete, ihm doch in Schwarzarbeit einen Kinderwagen zu bauen. Der Bekannte versprach es. Zeit verging. Das Kind wurde geboren und wuchs heran. Der Kinderwagen blieb aus. Schließlich beschwerte sich der Vater bei seinem Kollegen. Der entschuldigte sich und erklärte: Dreimal hab ich's schon versucht. Ich kann machen, was ich will, es wird immer ein Maschinengewehr draus.
Im Dritten Reich wurde stets eine Waffe, bei Charly ein Lachen draus. Bekanntlich planten die Alliierten im II. Weltkrieg, Hitler in einer Geheimaktion zu entführen und Charly an seine Stelle treten zu lassen. Der Plan war genial und hätte den Krieg sofort beendet. Ein einziger Auftritt Charlys in der Rolle des Führers vor den Massen, und ein unwiderstehliches

Gelächter wäre durch das Deutsche Reich gebrandet und hätte alle Helden kampfunfähig gemacht.
Bekanntlich aber protestierten die Rüstungsindustriellen in den USA gegen den kriegsabkürzenden Lachplan. Bei einem zu abrupt endenden Weltkrieg wären sie auf großen Posten eben hergestellten Kriegsmaterials sitzen geblieben. So brachte man Charly, die lachende Wunderwaffe, nicht zum Einsatz.
Chaplin verstarb vor einiger Zeit in der Schweiz. Kurze Zeit danach klaute jemand den Sarg mit der Leiche. Natürlich ist das alles Theater. Die Filmbrothers haben es inszeniert. Erstens war Charly gar nicht in dem Sarg drin. Zweitens wurde CC in den letzten hundert Jahren seines Lebens von mehr als drei Dutzend verschiedener Schauspieler gespielt. Allerdings war derjenige, der zuletzt in der Schweiz Chaplin beim Sterben spielte, dem ursprünglichen Charly am ähnlichsten. Das ist auch der Grund, weshalb der Sarg entführt wurde. In Hollywood produzieren sie gerade einen neuen Chaplin-Film. So konnte man auf den, der den Künstler am echtesten nachgeahmt hatte, nicht gut verzichten. Die Filmbrothers, als sie Charly angewiesen hatten, sein Ende zu simulieren, hatten nicht bedacht, daß es schwierig sein würde, einen für tot Erklärten lebend auftreten zu lassen. Doch der eine der Brothers ist gläubiger Katholik und meint, dieses Film-Ende sei allein Jesus Christus vorbehalten. So mußte Charly geklaut werden. Sie brauchen dennoch nicht auf ihn zu verzichten: *Demnächst in diesem Theater.*

Anmerkung

Der Eichensarg mit Charlies sterblichen Überresten ist bekanntlich Mitte Mai 1978 im Maisfeld des Bauern Hermann Brönnimann bei Noville am Genfer See aufgefunden worden. Nicht ausgeräumt ist jedoch eine Reihe von Gerüchten, deren Wahrheitsgehalt von Gerhard Zwerenz zur Zeit mit größter Akribie und hinter einer Mauer strikter Geheimhaltung geprüft wird.

Eines dieser Gerüchte, die bis zum heutigen Tage nicht dementiert wurden, besagt, bei dem Maisfeld des Bauern Brönnimann handle es sich um ein längst aufgekauftes Produktionsgelände der amerikanischen Filmbrothers. Nach einer weiteren Version soll der glücklich wiedergefundene Sarg tatsächlich leer gewesen sein, während andererseits sich hartnäckig ein on-dit hält, wonach im Sarg ein Drehbuch zu einem Film über das Amerika der Carter-Ära gefunden worden sei. Auch will das Gerücht nicht verstummen, der Pole und der Bulgare, die Charlies Sarg entwendet haben sollen, seien mit einem Geheimauftrag nach Europa entsandte Komparsen der United Filmbrothers, Hollywood; einige Beobachter hingegen halten zäh an der Behauptung fest, sie hätten im Auftrag des »Filmverlags der Autoren« gehandelt. Die Version, nach der sie im Sold der sowjetischen Mosfilm gestanden hätten, scheint demgegenüber eher aus der Luft gegriffen.

Das literarische Hauptwerk des Autors, das bei Erscheinen vor einem Jahrzehnt heftige Diskussionen und höchste Bewunderung auslöste. Dieser deutsche Michel Casanova aus Dageran an der Pleiße ist nicht allein seinem Ahnherrn Giacomo Casanova ebenbürtig, sondern bringt mit satirischer Provokation die heutige saturiert-geistige Elite in Aufruhr.

532 Seiten
Leinen mit farbigem, laminiertem
Schutzumschlag

Ein erregender biographischer Roman über Eugene Debs, dem großen Pionier der Gewerkschaftsidee in USA vor der Jahrhundertwende.

360 Seiten
Leinen mit farbigem, laminiertem
Schutzumschlag